潮州市哲学社会科学规划研究课题

潮州密码

苏仕日 达海军 主编

南方日报出版社
NANFANG DAILY PRESS
中国·广州

图书在版编目（CIP）数据

潮州密码 / 苏仕日, 达海军主编. — 广州 : 南方日报出版社, 2024.3（2024.6重印）
ISBN 978-7-5491-2796-2

Ⅰ. ①潮… Ⅱ. ①苏… ②达… Ⅲ. ①文化史－研究－潮州 Ⅳ. ①K296.53

中国版本图书馆CIP数据核字(2024)第006363号

潮州密码

CHAOZHOU MIMA

主　　编： 苏仕日　达海军
出 版 人： 周山丹
出版统筹： 阮清钰
特约编辑： 佃燕婉
责任编辑： 严文玮
装帧设计： 二间设计
责任校对： 阮昌汉　朱晓娟
责任技编： 王　兰
出版发行： 南方日报出版社
地　　址： 广州市广州大道中289号
经　　销： 全国新华书店
印　　刷： 广州市岭美文化科技有限公司
开　　本： 787mm × 1092mm　1/16
印　　张： 23.75
字　　数： 380千字
版　　次： 2024年3月第1版
印　　次： 2024年6月第2次印刷
定　　价： 88.00元

投稿热线：（020）87360640　读者热线：（020）87363865
发现印装质量问题，影响阅读，请与承印厂联系调换。

本书编委会

序

陈平原

哲学社会科学一级教授

北京大学博雅讲席教授

教育部“长江学者”特聘教授

中央文史研究馆馆员

关于古城潮州或潮汕文化的图书其实已经出版不少了，但《潮州密码》依然值得推荐。与专家的个人著述不同，即便同样关注潮州的“文脉”“地标”“英贤”“艺韵”，此书呈现更多新闻视角：热门话题的选择、田野调查的方法、深度访谈的策略，以及以普通人为拟想读者。这当然与此书的成书过程密切相关——三十余篇文章均源于《南方日报·潮州观察》的“潮州密码”专栏。

我很早就注意到《南方日报·潮州观察》，那是南方日报社与潮州市委宣传部合办的版面，致力于打造“政经纸”“观点纸”“深度纸”，希望通过报网端融合讲好“潮州故事”，自2020年6月开始，每周四出版，常有好文章刊发。朋友们知道我关注家乡，且正主持暨南大学潮州文化研究院，见到有趣或相关文章，都会推送给我。比如2021年9月30日的深度报道《潮学研究，热度何来？》，再比如2023年12月7日刊发第二届潮州文化论坛七篇主旨报告的节选等。前者属于“潮州密码”第24期，这也让我从此记住了“潮州密码”这个专栏。事后想起来，朋友们推送给我的文章，似乎大都属于此文化副刊专栏。

在晚清以降的现代报章中，文化 / 文艺副刊始终扮演重要的角色——起码发挥了刚柔相济、举重若轻、化俗为雅的作用。相对于打头阵的政治新闻、财经消息、社论或评说等，版面靠后的副刊，往往更得读者的青睐。二十年前，我发表《现代中国文学的生产机制及传播方式——以 1890 年代至 1930 年代的报章为中心》（初刊《书城》2004 年第 2 期，收入《“新文化”的崛起与流播》，北京大学出版社，2015 年第一版），专门辨析报纸副刊的四大特点：独立性、话题性、组织性、灵活性。八年前，我为《文汇报》的“笔会”七十周年撰写《依旧相信文字的魅力》（初刊《文汇报》2016 年 6 月 30 日，收入《依旧相信》，南京：凤凰文艺出版社，2019 年），其中有这么一段话：“我在不少场合提及，纸媒要想跟电子媒体竞争，办好副刊及专刊最为重要。因为，单就信息传递而言，纸媒在速度、容量及弹性方面，根本无法与电子媒体竞争——这还不包括正迅速崛起的自媒体。唯有深耕细作与文苑英华，是纸媒依旧保存的优势；某种意义上，也是其绝地反攻的武器。”

既然从属于报纸，副刊文章即便有相对的独立性，也还是会突出时效性。这就导致其人间烟火味很浓，好处是切近日常生活，缺点则是相对缺乏学理性，风气一转，很可能过时。如何将副刊文章改造成为可持久阅读的专题图书，有两种策略可供选择：一是事先规划，写作时就有这个想法，故落笔为文比较讲究；二是起初急促赶工，但事后认真修订，最终将众多麻线拧成了一股绳。《潮州密码》似乎两者兼有，报纸文章而列参考文献，显得有点学究气，但保证其基本质量；到了成书时，又有潮州社科联伸出援手，将其列入潮州市哲学社会科学 2022 年度重点课题。不过，我仔细对照了《潮州西湖，一本立体的地方志书》《潮汕歌谣，乡土之声永流传》《“潮州厝，皇宫起”里窥探潮人民居生活》三篇，发现书籍与报纸文章变化不大，可见还是第一种策略为主。

相对于喜欢凸显自家立场的专家图书，本书以记者的视角切入，经常引述某某专家说，且点到为止，不做进一步评述。为读者寻找深入知识宝库的通道，为专家架设沟通大众趣味的桥梁，尽可能平衡学术性与可读性，如此自我设限，我以为是合适的。

此种写作/出版策略，接近最近十年方兴未艾的杂志型图书（或称“杂志书”）。这个 2019 年公布的图书馆·情报与文献学名词“Mook”，是将杂志（Magazine）和书籍（Book）混合在一起。顾名思义，很容易理解其特性——话题性强、多人合作、兼及图文、篇幅短小等，此前的《老照片》《温故》《读库》等已做了很好的尝试。

“如何读懂潮州”，这不是三言两语就能打发的。放眼未来，还有很多话题可以选择，很多方向可以拓展，很多论述可以深化，故我很期待《潮州密码》的第二、第三辑。

2024 年 2 月 24 日（元宵节）于京西圆明园花园

目录

壹 文脉

贰 地标

叁 英贤

肆 艺韵

探寻潮州的文化基因

壹

文脉

浮滨文化是什么？我们为什么要关注浮滨文化？几千年前的历史遗存对于当下的意义是什么？

20 世纪参与河南殷墟发掘工作的考古学家傅斯年提出，“史学即史料学”，认为中国考古学的使命在于重构历史，古史重建由此成为 20 世纪中国史学的重要话题。目光回到粤东，浮滨文化出土的大口尊、酱色釉原始瓷、牙璋等文物，则成为重构粤东乃至广东在商周时期历史的重要依据。

发现与确认
浮滨文化的发现与特征确认

1974 年 7 月，在广东省博物馆文物工作队工作的邱立诚接到任务，前往饶平县参与考古发掘工作。当时，北部浮滨公社桥头大队正在塔仔金山为农业学大寨开展平整土地工作，农民发现古代遗物后经饶平县文化局报广东省主管部门，后广东省博物馆派出彭如策、宋方义、邱立诚等考古工作人员。邱立诚在回忆文章中写道：“我在现场发现遗物后，在器物的周边用竹签清理出墓边，进而画图、照相，取出器物，其艰难可想而知。”

塔仔金山发掘的墓葬中出土带把壶、大型尊等陶瓷器和锛、戈等石器。同年 9 月，发掘成果在饶平县文化馆附近展出。发掘品和采集品用大板车拉去，写了简单的说明，用绳子隔开，供赶集的百姓参观。

现场，联饶公社深涂大队一名农民对邱立诚等人说这类东西他们那里也有，于是一行人又赶往深涂大队的顶大埔山工作。其间，一名参加顶大埔山土地平整的农民挖出的一件铜戈，成为已发现的浮滨文化遗存中时代最早的一件青铜器。这一年，饶平浮滨、联饶的 21 座土坑墓共清理出土随葬品近 200 件，连同抢救清理前已出土的器物，总数达 300 多件。

20世纪80年代起，在福建展开的文物普查中，闽南九龙江流域的漳浦、南靖以及晋江流域的泉州、莆田等地相继发现浮滨类型遗址。经过比较研究，考古学界确定这一文化类型已经具备了考古学文化的各项条件。1983年，在饶平发现的这批墓葬在《文物资料丛刊》第8辑中的《广东饶平县古墓发掘简报》公开发布，邱立诚判断其年代“约相当于商代”。1983年，考古学家何纪生发表《香港的考古发掘与需要探讨的几个问题》一文，首倡“浮滨文化”。

考古学界判断这是一支商周之际地跨粤闽两省，分布在韩江、榕江、九龙江、晋江四流域，连成一片，文化特征相同，埋葬习俗相似的考古学文化。其文化特征为长颈大口尊、圈足豆、带流壶等釉陶组合。

中山大学历史学系教授曾骐认为，浮滨文化的内涵可作如下概括：典型陶器、釉陶、装饰花纹、刻画符号；石器生产工具、兵器、装饰品、礼祭用品；青铜器的出现以及墓葬。其中，陶器以长颈大口尊，敞口深折腹、喇叭形圈足豆，大口高领折肩壶或罐，施酱色薄釉尊、豆最具特色。陶器花纹装饰以条纹最多，方格纹、

右

饶平塔仔金山墓葬群遗址挖掘现场

左|右

左：大口尊是浮滨文化的代表性器物之一，图中的大口尊为泥质灰硬陶，器表灰褐色，有酱釉。1974 年 5 月于饶平县浮滨古墓葬出土

右：陶豆，1974 年 5 月于饶平县浮滨古墓葬出土，泥质灰硬陶，器表灰黄色，收颈，折腹，喇叭形圈足

梯格纹也多见。

丹麦考古学家克里斯蒂安·于恩森·汤姆森在 1836 年根据人类制作工具用的材料，将人类的历史分为石器时代、青铜时代、铁器时代，其中石器时代又分为旧石器时代、中石器时代与新石器时代。

从浮滨文化出土的锛、斧、凿等石器生产工具和石璋等可判断浮滨文化已进入使用磨制石器的新石器时代，而青铜器的出现，则可成为浮滨文化“是南方地区中受到中原商周文化强烈影响的早期青铜文化”这一观点的印证。浮滨文化的青铜器，现有材料显示至少分布于四个地点，现存共约 25 件，包括戈、戚、矛、匕首、斧、有肩斧、刀、铜铃。在联饶顶大埔山墓葬出土的青铜戈，长援、亚腰、直内无胡，长 17.3 厘米。邱立诚在《再论浮滨文化》中表示，正是这件铜戈的发现，使考古学者们推断浮滨文化已属于青铜文化，并由此推论广东地区自商时期跨进青铜文明的门槛。

之前与之后
浮滨文化的分期及与其他文化的承接

浮滨文化可有明确的分期？

邱立诚将浮滨文化的主要遗存划分为三组：第一组以普宁牛伯公山遗址、揭东油柑山墓葬和饶平联饶顶大埔山墓葬为代表，年代上限在商代中期；第二组以南澳东坑仔遗址、饶平浮滨塔仔金山墓葬、大埔枫朗墓葬一期和鸟仑尾遗址二期为代表，年代上限在商代晚期；第三组以大埔枫朗墓葬二期、南靖狗头山墓葬和漳州虎林山遗址三期为代表，年代上限在西周前期。

《浮滨撷英：广东大埔、饶平原始瓷发现与研究》一书中，广东省文物考古研究院研究馆员李岩通过对浮滨文化中尊和折盘豆两类器物进行类型学分析，将粤境浮滨文化墓葬发掘和采集资料分为三期，其年代分别相当于商代的早、中、晚期。“参考大埔采集品中的圈足尊，与盘龙城第五期的弧腹尊形制非常接近，推测第二期的年代应当相当于中商时期；根据折盘豆的变化轨迹，即 I 式折盘豆延续至第二期，因此将第二期亦归入中商偏早时期。”李岩的推断将浮滨文化的年代上限推前至早商。

北京大学考古文博学院教授徐天进认为，虽然现在还没有可靠的地层关系来证明这样的序列是否准确，但从该区域更长时段的考古学文化的谱系来看，李岩对年代的判断应该是可以成立的。

此前，考古学界普遍认为浮滨文化是相当于商中后期至西周早期的考古学文化遗存。根据普宁牛伯公山遗址的碳十四测年数据，浮滨文化的绝对年代是距今 2870—3390 年之间。近年漳州虎林山 M13、M18 墓的碳十四测年数据分别为距今

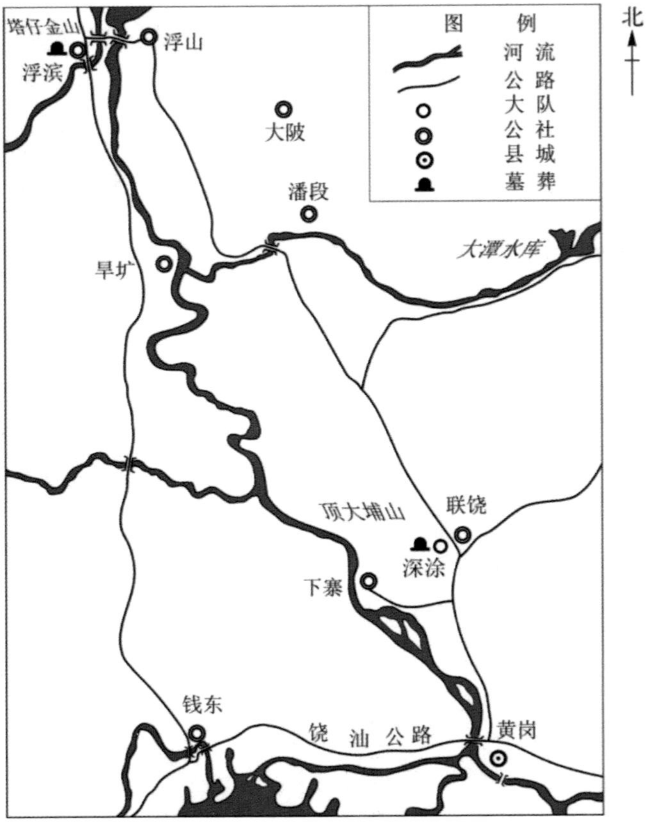

左

饶平县古墓葬位置示意图

3040年和距今3120年，均落在商中期至西周纪年之间。

曾骐将粤东大地的史前历史简要概括为象山人（早期）、陈桥人（中期）、后山人（晚期）、浮滨人（末期）。在浮滨文化之前的普宁后山类型以鸡形陶壶、方格纹凹底陶罐和磨光石器共存为特征，在后山发掘的一批小型土坑墓中共出土了7个个体的鸡形壶，带有强烈的土著性特点。

1997年，香港马湾东湾仔清理出一座浮滨文化墓葬，出土陶器4件，另外有玉石饰物，其中长颈圈足壶、罐、杯等都具浮滨文化早期特征，另一件称为双流壶的陶器，形似皮囊，双小流口，鼓腹，素面平底，提梁消失，形状与后山类型鸡形壶相似但已不见后山类型鸡形壶那种生动形态。曾骐在《揭阳榕江流域的“后山类型”》中认为，后山类型标志物的鸡形壶曾经是图腾神器，生命力顽强，它在浮滨文化的早期阶段时隐时现，或改变原形，但在后来的浮滨文化晚期终归消失了。

浮滨文化各墓地陶器群的差异，可以说明该文化有较长的发展过程。在福建南靖、龙海地区，年代晚于浮滨文化的是云霄墓林山遗址，从器类上看，它们似乎没有很大的区别。但实际上，陶器形态已有很大的变化，釉陶大口尊、折腹豆这类浮滨文化的典型器已完全不见，形式多样的石戈、石矛也所见不多，只有少量石戈还保留着与浮滨文化同类器相同的形制。墓林山遗址的两个碳十四测年数据分别为距今 2450 年和 2635 年，相当于西周晚期。邱立诚推测，当浮滨文化走向灭亡之际，正是墓林山遗址发展之时。但墓林山遗址居民并未有充分发展的机会，随即被更为强大的夔纹陶文化取代。同样的取代发生在潮汕地区，在这一时期，浮滨文化常见的大口尊和施釉陶器消失，夔纹陶器大量出现。

李岩认为，从粤东地区来看，揭阳华美类型可能是浮滨文化的残留，之后似乎一下子被夔纹陶文化取代，答案还有待未来的探索。“浮滨文化原始瓷中，杂有黄绿色的釉是否与夔纹陶的青瓷之釉有关，目前还不清楚。”

文明与扩张
浮滨文化与当时的中原文化已产生联系

2001 年，漳州一座高 30—36 米的低丘山垅虎林山发掘出残存墓葬 20 座。除一、二号墓年代早于浮滨文化，其余 18 座均属浮滨文化时期。从墓地残存布局看，平民、贵族分别葬于东北、西南二区，贵贱差别明显。虎林山遗址的发掘让浮滨文化的面貌更加清晰。

曾骐认为，虎林山墓地是反映浮滨文化时期社会分层的生动材料，十九号墓主人为墓地顶级人物。十九号墓中，出土的兵器有铜戈、铜矛、石戈、铜铃（可能用于军旅），证明了墓主人军事领袖的身份。石璋出土于墓坑北部正中，黑色，制作精细，是礼仪重器或宗教神器，代表了权力。成批石锛（28 件）、三件玉玦、五件陶尊彰显墓主人的财富地位。数量众多、种类丰富的随葬品，凸现出墓主人在虎林山墓地中的显赫位置。

左右

左：当年的发掘现场
右：桥头墓葬发掘绘图

浮滨文化出土器物中，饶平 21 座墓出土石戈 33 件、石矛 7 件；福建南靖三凤岭一座墓出土石戈 10 件；漳州虎林山 10 座有戈随葬的墓共出土石戈 28 件。兵器的出现表明浮滨文化的主人或许身处一个需要面临敌对群体的时代，而将兵器作为随葬品这一行为能让人联想到兵器在当时的重要地位。

有社会分层，有斗争与冲突，即便是数千年以前，浮滨文化也不是以隔绝、固定的状态出现在这一片土地，从浮滨文化的遗存中，能够明显看到中原文化的影子。

璋，呈扁平长方体状，一端斜刃，另一端有穿孔，始见于新石器时代晚期。牙璋原为中原龙山文化至商代的礼仪祭器，多用玉料制作，20 世纪以来，四川三星堆曾大量出土。二里头文化时期，中原玉璋向四周辐射，南至越南境内，东至福建，均有牙璋的出现。在浮滨文化遗存中，先后发现五件牙璋，皆为石质，其中揭阳仙桥山前 2 件、漳浦眉力 1 件、虎林山 2 件。“牙璋的出现说明浮滨文化在当时已经和中原产生了非常密切的联系。”李岩说。

牙璋是如何进入浮滨文化的？湖南大学岳麓书院副教授石荣传在《从闽南、

粤东浮滨文化玉（石）器看中原夏商文明的南渐》一文中认为，岭南地区的璋应该不是由长江中游转折而来的，而极可能由成都平原直接经长江支流乌江或沱江进入云贵高原，之后进入红河流域或珠江水系，到达沿海一带甚或东南亚地区。

1990年，香港南丫岛大湾6号墓出土玉璋一件，大湾牙璋与虎林山牙璋（19号墓出）形态相似。同时，香港下过路湾遗址、广东博罗横岭山等珠江流域出现的浮滨式陶器、石器印证了浮滨文化存在向珠江流域进发的过程。

根据李岩的分期，饶平暂未见第三期的大口尊与折盘豆。李岩认为，这似乎说明，相当于晚商阶段，广东地区浮滨文化有所变迁，且第三期浮滨文化扩张得较为显著，其不仅到达了珠三角地区，而且九龙江地区可以辨认为浮滨文化的墓葬基本为第三期者，若果真如此，则可得出“晚商阶段，浮滨文化大举向东西扩张”的结论。

邱立诚《广东先秦时期考古研究的新进展》一文认为，浮滨文化核心地区在广东揭阳至福建漳州之间，广东的海丰、蕉岭和福建的永定、永春则属浮滨文化的外围地区。浮滨文化的器物，如釉陶大口尊、壶、豆、罐和石戈等，则通过居民的迁徙携带或贸易等途径，到达广东和平、博罗、增城、深圳、珠海、中山和香港等地。

视角与未来
为何要研究浮滨文化

器物与时代的关系在史前无文字记载的年代显得尤其重要。

浮滨文化所处的商周之际，中原的青铜器占据时代主流。但在主流之外，东南地区的原始瓷为人们看待历史提供了一个新的视角。东南沿海地区以原始瓷与几何印纹陶为代表的遗存主要分布在浙江、江西、湖南南部、广东、福建等地区，其面貌与三星堆和中原迥然不同，可以称为印纹硬陶—原始瓷文化圈。

从陶到瓷的发展过程可分为四个阶段：泥质陶器；烧造温度比较高的泥质陶器；有陶衣且高温烧成的泥质陶器，也被称为泥釉黑陶；器表的釉具有明显玻璃质反光的瓷器。《浮滨撷英：广东大埔、饶平原始瓷发现与研究》一书认为，第四阶段大体有两个技术系统，一是以浙江东苕溪为产地者，二是广东大埔和饶平所见者（含闽境者）。二者在胎质上有粗糙、细腻的区别，但共同点为釉出现了前所未有的、明确的玻璃质反光。李岩认为，这是陶瓷史上一次重要的质变。

朴素的造型、低饱和度的色彩，简单的哑光的陶瓷器上分布着斑驳的黑釉，隐隐可见微微的玻璃质反光。这一玻璃质反光，反射出的是从高温陶器到原始瓷千余年的历史。

浮滨文化最鲜明的特色之一是酱黑色釉原始瓷制品的普遍使用。“目前为止，其他地方没有出现浮滨文化这样成组的酱黑色釉原始瓷，可以说酱黑色釉原始瓷是浮滨文化所特有的，潮汕地区是它的起源地之一。”李岩表示，从技术层面上看，酱黑色釉原始瓷在当时中国范围内是领先的，是本土创立的革新性的技术。

李岩认为，国际学术界一般认为青铜器技术是从西亚输入中国的，在中国特别是中原地区开花结果，而原始瓷技术则是东南地区纯粹本土创造和成长起来的技术，并逐步得到发展，形成了与中原地区青铜文化技术传统不同的特色，其不仅是中国文明进程中多样性格局的重要组成部分，更是对后续世界历史发展作出巨大与独特贡献的中国元素。“虽然当时原始瓷不是主流，但如果没有原始瓷，也不会有后来的海上丝绸之路和后来中国辉煌的瓷器。多样性格局提供了多种可能，或许在许多年后，处于边缘位置的就能够站在舞台中央。”

中国人发明了瓷器，追溯瓷器的源头，原始青瓷因分布范围广而得到更多的关注。酱黑色原始瓷基本分布在粤闽相连的浮滨文化区域内，分布区域小得多，但这同样是不能忽视的原始瓷探索成果。对于潮汕地区的陶瓷历史和文化而言，浮滨文化为潮汕地区是中国瓷器起源地之一提供了一个更经得起推敲的证据。

转换视角看浮滨文化，李岩看到了技术传统的变革，邱立诚则思考浮滨文化与古揭阳的关系。在浮滨文化衰弱之后，原浮滨文化区又发生了什么？

“一般来说语言和文化都与当时的地理区域有密切的关系，但一个考古学文化与一个行政区域以及一个方言区基本不是完全重合在一起的，这就不能不引起相关学者的高度关注。”邱立诚观察到，商周时期的浮滨文化区构成了汉晋时期古揭阳辖区的范围，其后更成为闽南方言流行的主要区域。这种线性发展并形成

右

出土文物展出的情况

三位一体的社会历史人文现象是很特殊的也很少见的。邱立诚认为，从古越到古揭阳，再到后来的潮汕文化、闽南文化，其间的发展和演变进程发人深思。

潮学研究资深专家黄挺认为，浮滨文化研究对于当下的意义同样在于提醒人们重视多样性，“至少我们应该承认文化的多样性和文化之间的互相交流。特别是东南沿海的古文化，受海上交通的影响很大”。

关于浮滨文化的研究还有许多工作要做，李岩表示，希望接下来能发现酱黑色釉原始瓷制品窑址。

2021 年 8 月，饶平的富西路正在扩建，工人们在尘土中忙碌，水泥路面被敲开，泥土裸露。建设不停止，考古也不停止。

饶平县博物馆馆长刘小兵参与新版《潮州文物志》的编纂工作时，带去了第三次文物普查中关于浮滨文化的工作成果。之前刘小兵带着中山大学的学生调研，仍然有农民不理解这些灰扑扑的出土物有什么价值。刘小兵认为，这至少能够告诉人们，几千年前就有人在这里活动并创作出这些东西，有实物就不可推翻这段历史。

俗语『潮汕人，福建祖』里的粤东移民史

2021年8月22日，农历七月十五，中元节，文化短片《番客》在潮汕人的朋友圈刷屏。上一代番客远渡重洋造成的遗憾与留守亲人念念不忘的心结在这一天得以解开。跋山涉水也要回家、沧海桑田不忘祖先，对于潮汕人而言，纪念先辈关乎家族的历史与个人的来路。“潮汕人，福建祖”的俗语不知从何时起在潮汕流传，虽是民间俗语，但确可以印证粤东移民的历史与潮州文化的源流。

世泽与家声

潮州市潮安区浮洋镇陇头李的李氏家庙近年重修，重新描绘的彩画让祠堂焕然一新，大门两侧镌刻着世代流传的姓氏楹联“莆田家声远，陇西世泽长”。从浮洋镇陇头李村的李楚东有记忆起，祠堂就有这楹联。陇头李是个规模不大的自然村，关于村子的历史多数人说不出个所以然，李楚东也不太清楚。“村里的老人都会说，我们祖上是福建过来的，就这样一代代传下来。”

“世泽”与“家声”是姓氏楹联中常见用词，介绍姓氏的来历及郡望，记叙本支的迁徙与绵延。除了姓氏楹联，在潮汕的村志、族谱中也常见宗族从福建移民来潮的记载。潮州文祠镇鸭背村的廖氏祠堂，镌有楹联“永定分宗支，登荣聚家族”；汕头潮南田心陈氏祖祠供奉的陈仕颖祖籍福建莆田，宋端平三年（1236年）任潮阳知县，任满落籍城南，之后其后人又迁居普宁、惠来；龙湖鹳巢李氏始迁祖为莆田白沙乡人，在南宋末年逃兵乱至此……

东西走向的南岭山脉和东北—西南走向的武夷山脉在潮汕北部相遇，一道余脉转向西南伸进南海，成为横亘在潮汕西北部的莲花山脉，将潮汕与珠江流域在地理上区隔；一条韩江联结上游的汀江与梅江，“大海在其南”勾勒曲折的海岸线。潮汕地区大多数时间属粤，但其文化却与广府文化呈现出明显的不同。从地理环境上看，潮汕的确属于“省尾”，但也因其“省尾”的偏僻和与广府的阻隔，

上

金山溪流域旸山村的陈氏家庙

潮汕能与接壤的福建在地理与人文上直接往来。

中国漫长的历史上，潮汕地区在很长一段时间都是化外之地，北方中原政权陆陆续续通过驻军、建制等方式开发潮汕，但直至隋唐，潮州土著少数民族的势力仍然顽强。唐初总章二年（669 年），泉潮间蛮僚啸乱，来自光州固始（今河南固始）的陈政奉命平定，招募五十八姓民众为兵。之后其子陈元光为漳州首任刺史，被奉为开漳圣王。陈氏一族与蛮僚斗争多年，直至开元三年（715 年），陈元光的儿子陈珦降服蛮僚，方结束这场持续近半个世纪的战争。陈珦出生于漳州漳浦，开元二十五年（737 年），以年老上疏请辞，归还祖籍，后因延医诊治未果逝于光州。如今潮汕、漳州的部分陈姓认为自己为光州一派。陈氏当有后人留在潮汕、漳州，但对于当时的陈珦而言，落叶归根，他仍然要回到光州。

饶宗颐总纂的《潮州志·民族志》中记载："福老人由福建南部沿海岸而移植，客家则由江西逾岭，在虔、汀、梅之交，即由山脉向闽粤山地逐渐分布。从迁移地理论之，福老从海线来，可名曰海系，客家随山脉而迁，又名曰陆系。"

潮州文史学者陈贤武经过方志和家谱资料的考察，认为迁入潮汕地区定居的汉族人，大致可分为福佬人和客家人两个支系，有三个重要来源：一是宋代官师落籍；二是南宋末随二帝播迁的军民，有部分散居在本区；三是元末到明初，由闽赣迁入的家族。人口规模最大的当数第三个来源。"汉文化的潮州地方亚型，尚赖宋元以后福建移民的迁入，才逐渐形成。闽文化的西渐和潮州的福佬化是潮州文化形成的重要环节。"

福建的开发

是"福老"还是"福佬"？"福佬"是什么？"福佬"与"河洛"的关系是什么？学界至今未有定论，大致共识为福佬指居住在福建漳州和潮汕一带，讲闽南方言的汉族人。有说法认为"福佬"即"福建佬"，即福建人，但"福佬"与"河洛"在闽语中的发音相近。顺着"潮汕人，福建祖"的俗语追溯宗族脉络与文化源流至福建，"河洛"这一概念出现了。

河洛地区指以洛阳为中心、黄河与洛水交汇处的广大地区，西至潼关、华阴，东至荥阳，南至汝颍，北跨黄河至晋南、济源一带，居于中国古代政治版图的核心区域。闽南语有河洛话之称，部分台湾人也自称"河洛郎"。

潮汕与福建的方志、族谱在提到源流时常从"永嘉之乱，衣冠南渡"说起。韩山师范学院副校长陈海忠认为，西晋永嘉年间大量中原汉人进入潮汕的说法不可信，"遇到战乱，中原汉人向南避难，首选应是江南"。东晋至南朝，定都建康（今南京），造成的直接结果为江南地区承接了大量来自今山东、河南、山西、陕西的移民。历史地理学家葛剑雄同样认为，永嘉时中原的衣冠士族如从陆路南迁，到达江淮间即可基本脱离危险，渡江后即可获得政治、经济地位，何必千里迢迢继续南迁入闽？

上

莆田为福建移民的重要输出地和中转地

永嘉之乱后的两百多年，太清二年（548 年），南朝梁将领侯景起兵叛乱，次年攻占梁朝都城建康。之后江南持续多年战乱，又有蝗灾，乱自北方来，移民浪潮推向地理位置上更偏南的福建、岭南。这是福建西晋末年到唐五代时期的第一次移民浪潮，而此后唐代两次大批入闽汉人，都以河南中州人为主。唐代是北方汉人入闽并促进福建开发的一个重要时期。据载，隋代福建人口仅 1.2 万户，到了唐中期的开元、天宝前后（713—755 年），福建人口上升到 93 535 户，为隋代的 7 倍多。福建移民开发地区从福建北部的闽江流域逐渐扩大到闽南、闽西的晋江流域与九龙江流域。唐朝，福建全境开发的格局形成，之后陆续有北方汉人进闽。

人文地理学博士王宜强在《福建移民开发的历史进程》中总结福建移民在空间上呈现近椭圆形开发轨迹，自西北向东沿海岸线向南延伸，复折向福建西南和闽西、闽北地区，最后向闽中、闽东。

至南宋，中国经济中心南移，中原人口陆续不断地涌进闽地，福建成为经济文化发达的大省。农业上不断开拓耕地，建州、南剑州出现“田敷百级阶”的壮

上

潮州市区厦寺区域冬至节的祭拜仪式

丽图景，可知当时梯田已遍及高山峻岭；沿海平原地区则向江河湖海要田，沙滩和海涂辟为良田。

因相对江南而言兵火较少，福建被当时遭遇靖康之难的赵宋视为王朝可靠的后方。福建籍名臣廖刚对高宗提出“惟永嘉（今温州）与福唐（福州）所当留意”，认为朝廷可在不得已的情况下退守福建。而后，南宋宗室也确迁往福州、泉州，甚至到潮州。《建炎以来系年要录》卷三十记载，建炎三年（1129年），西外宗正司迁到福州，属其管辖的180名宗子随之迁入，此后又一度迁往潮州。同年，南外宗正司迁往泉州，随行宗子 349 人定居泉州，其后繁衍生息，到庆元年间（1195—1200 年）发展到 1700 余人，绍定年间（1228—1233 年）达 2300 余人。

2021 年 7 月，在福州举办的第 44 届世界遗产大会上，“泉州：宋元中国的世界海洋商贸中心”项目被列入《世界遗产名录》，成为中国第 56 个世界遗产。从宋元时代辉煌无匹、属于天下万民的泉州港可以窥见当时福建经济贸易的繁荣。这一时期，定居人口中专门从事商业的居民越来越多，福建商业和集市贸易迅速发展，城镇兴起。宋代，福建制瓷业发展到了顶峰。青瓷的烧制工艺和技术受江浙龙泉青瓷的影响较大，青白瓷在闽北则受景德镇青白瓷的强烈影响。王宜强认为，江南陶瓷技术移民的输入是宋元时期福建在这一领域达到先进行列的重要推手之一。

随着经济文化发展，人口剧增，福建的人地矛盾凸显。福建境内面积的 90% 以上是山地丘陵，耕地特别缺乏，人均占田面积少。北宋元丰年间（1078—1085 年），福建路每户平均占有官民田 11.2 亩，只及南方人口密集的五路平均数的 36%，户均田亩数次少的两浙路仍比福建高 80%。人稠地狭的福建在北宋已开始向两广地区移民，临近的潮汕地区成为顺理成章的选择，潮州文化迎来闽文化西渐与福佬化的重要环节。

闽风入潮

“宋元时期，中华主流文化以闽文化为中介，对本地区影响的力度加强。由于闽人对本地区规模空前的移民，闽地风俗濡染岭东。”陈贤武介绍，宋元时期闽文化影响本地区，主要通过两个途径：闽人直接移民和闽籍官师宦仕潮州。

陈贤武考据，宋代潮州职官多闽人，以知州为例：北宋知州籍贯可考者 30 人，闽人 17 人；南宋知州籍贯可考者 63 人，闽人 36 人。陈海忠介绍，宋代潮州官员普遍重视文化教育，尊崇韩愈，大力推行儒家文化。历任郡守长吏均积极筹措经费，倾力举办州学、县学和书院，使之成为儒学教育的主要阵地。

官塘秋溪陈氏大宗祠中有“闽海分藩传旧德，秋溪卜岀振新猷”的记载。官

上

枫溪长美邱氏家庙里集合了木雕、石雕、灰塑等传统技艺

塘清末秀才陈舜臣所著的《心耕谷果》记述，“陈坦父名宗庆，坦由进士知广东潮州府海阳县事（宋元符间），公治邑有惠政。任满，为百姓所攀留，遂卜居秋溪鹤塘，建祠以祀先祖，终后葬于后山山柄”。陈坦祖籍莆田仙游，世居泉州，北宋哲宗元符元年（1098 年）任海阳县知县，在职期间，关心农桑，兴修水利，捐献俸禄，支持海阳县学宫的修建和办学。任满回乡之际，潮州民众极力攀留，陈坦于是决定带家眷长住潮州。

宋代大量闽籍士人出仕潮州，他们任职期间，注重文教，卸任之后，不少人卜居潮州，成为当地望族。明朝“三世尚书”林熙春的祖辈林开佑于南宋末年由福建莆田前往潮安庵埠镇创乡，因地邻庄陇，这一支也称庄陇林；南宋大理学家杨时的孙子杨岚在淳熙十年（1183 年）从莆田迁入揭阳，后迁庵埠；莆田方骧之为淳熙年间潮阳尉，后迁惠来，为惠来方氏始祖……

在迁入潮汕的闽人中，莆田籍官员及其后代占据相当比重。莆田在明朝一度成为朝廷“设局驻员”的移民管理机构的驻地，不少官员停留在此，繁衍生息。此外，莆田当时作为文献名邦，兴学成就显著，培养出一大批登科士子与官员。宋王迈的《兴化军修学增廪记》中云：“莆壤坠褊小，……而家习诗书，多出魁人韵士，为中州冠。”游西泽《通判题名记》中称，“科名之盛，甲于闽中”。宋代，莆阳士子登金榜者为数甚多。据有关志书，宋代300多年，莆阳士子登进士者就有826人。徽宗政和五年（1115年），一科就中24人。终宋一朝，莆阳籍状元有徐铎、黄公度、郑侨、吴叔告、陈文龙五人。熙宁九年（1076年），徐铎举状元，薛奕中武状元，神宗誉莆田为“文武魁天下”。绍兴八年（1138年），黄公度为状元，陈俊卿中榜眼，当时流传有“枌榆未五里，魁亚占双标”之语，莆阳名噪一时。

《永乐大典》卷五三四三《潮州府一·风俗形胜》记载，（宋）孝宗尝问（王）大宝：“潮风俗如何？”大宝对曰：“地瘦栽松柏，家贫子读书。”明代弘治年间的《兴化府志》讲述莆田宋代风俗时，同样提到“家贫子读书”。或许是相似的地理环境与当时鼓励文教的政策背景，当时闽籍仕潮官师，尊崇韩愈，慨然以兴学明道为己任，《永乐大典》中的宋元方志记载，他们兴建州县学宫、学舍，创办书院，办置、扩充学田，保证了办学经费的来源。在这些闽籍官员的努力下，宋代潮州教育比唐代有显著的发展。

明嘉靖《潮州府志·选举志》载，太平兴国四年（979年）海阳人谢言以“草泽应诏，进士及第”，自此后到宋末止，潮州共有139人登进士第。这一批精英，是在民众受教育程度提高的状况下出现的。随着教育的发展，中华主流文化在潮州迅速传播，潮州社会文化的发展水平已经不低于发达地区，故《方舆胜览》有“封疆虽隶于炎方，文物不殊于上国”之誉。

“北宋之初的开宝四年（971年），潮州人口大约15万人；到了南宋之末的咸淳十年（1274年），人口已经增长到75万人，大量新增人口仍然主要来自福建的移民。”陈海忠认为，这使潮州文化带上了浓厚的闽南文化色彩，也使潮州地区进一步福佬化。

福建移入潮从宋持续至明代。嘉靖后期，韩江流域的商贸活动繁荣，潮州因当闽广之冲，成为韩江流域经济中心。潮州进入发展的高峰期，辖县数由明初的4县增加到后期的10县，经济面貌迅速改观。时人王士性不由得惊呼：“今之潮非昔矣，闾阎殷富，士女繁华，裘马管弦，不减上国。”陈海忠认为，到明代，潮汕地区的福佬文化已经成型。

唐山，唐山

来自中原的家族千年来陆陆续续向南移民，山水迢迢，朝代更迭，唯有宗族是长期稳固的单位。

陈海忠说：“当时的移民不是单打独斗的，是一个大的宗族，只有以宗族为单位，才能在漫长、艰难的移民路上存活下来。宗族里面有士人阶层，也有工商业者、艺人、乐师等，形成一个集团，同时也把整个文化保存下来。”不论是进入福建的中原汉人，或是经由福建进入潮汕的汉人，都不可避免地面临以家族为单位的斗争，早期是土著与汉人，之后则是移民而来的家族之间。

王宜强认为，北方移民为取得生存空间，在一定程度上必须以宗族的实力为后盾，从而在兵荒马乱的恶劣环境和交通困难的条件下加强相互扶助，巩固血缘关系。家族势力在谋求生产资料、经济利益以及军事防御方面起着重大作用。

或是出于巩固家族势力和树立正统的需要，或是对祖先的崇拜和对祖源地的追念，福建家族或乡族的建庙造神活动大体上起源于唐末五代，兴盛于宋元明三

左

潮安区文祠镇廖氏宗祠内的谦吉堂对联写着“永定分宗支，登荣聚家族”

代。陈海忠认为，潮人重视宗族血缘关系，很大程度上源自迁潮闽人中的官宦世家重视家族历史的文化传统。

宋元明三代，潮汕的宗族经过多年的经济积累和文化积累，有了一代代出人头地、光耀门楣的子弟，宗族的荣誉感和集体认同不断加强。陈贤武介绍，当一个普通农家子弟通过科举而跻身士大夫阶层之后，除了通过荫封和免役减赋，提高整个家族的社会经济地位之外，他首先要做而且必须做的事，就是宗族建设：修族谱、建祠堂、置立族田以赡族奖学等。经过宗族乡约化、联宗活动和联姻圈的扩展，潮州乡土社会宗族化的进程，到明末已经基本完成。地缘和血缘叠加的乡族社区，成为潮州社会最基本的构件。社区传统的人际关系、思想和行为方式，也成为铸造潮人文化品格的一股重要力量。随着海禁洞开，近代潮人更是依靠宗党亲友关系大规模移民海外。

陈海忠是登塘镇人，在中元节当天参加了宗族里为考上“985 工程”高校的学子颁发奖学金的仪式。在他看来，宗族仍然在发挥着积极的作用，“支持宗族的子女读书，这是宗族的传统功能，现在还在继续”。陈黉利、陈伟南、谢慧如等一批海外潮人回馈故里，反哺宗族，源于其基因里对于文化的认可、对于宗族的认同。

“民国三十八年，敬禀者，天佑唐山，日寇败退，闻兄于今年冬至前回唐，日夜盼望兄长早日归家团聚。”短片《番客》中，恩成弟在信中告知兄长解放指日可待，期盼兄长“回唐山”。潮人把出海打拼称作“过番”，华侨称作“番客”，回国称作“回唐山”。

是潮人，更是唐人，是中华民族。《番客》在视频弹幕网站哔哩哔哩上播放，天南地北的网友在弹幕中报出家乡和自己的出处。艺术无疆，中华文化中有着永恒的怀旧情结，这是人类探索世界的第一步——我从何处来？

葛剑雄认为，没有移民就没有中华民族。对于潮人而言，祖先从福建来；而对于福建的宗族而言，“兰陵”“汝南”“弘农”这些古老的地名在楹联上一代代传承着，提醒着后人家族的起源在北方，在河洛地区。

潮人的故事或许可以从“潮汕人，福建祖”讲起，但却没有办法讲完，在“唐山”沉默的注视中，潮人将走得更远。

天水在潮州　昌黎传后世

世人皆知韩愈治潮仅八月，便开崇文重教之风，从此“海滨邹鲁是潮阳”，殊不知在这背后，赵德功不可没。

赵德，号天水，海阳（今潮安）人，唐宋潮州八贤之一。他辅佐韩愈在潮兴文立教，并在韩离任后完成其未竟之业，开启潮州文明开化之路；又潜心编纂第一部韩文选集《昌黎文录》，为“韩学”提供重要史料，韩愈文脉得以世代相传。

“韩与赵，堪称掀开了潮州文化教育史上的新一页者。”潮州文史专家曾楚楠如此评价潮州先贤赵德。

金石遇明珠

“一封朝奏九重天，夕贬潮阳路八千。”唐宪宗元和十四年（819年），因谏迎佛骨，韩愈由刑部侍郎贬为潮州刺史。

唐朝时期潮州仍属蛮荒之地，韩愈从长安千里迢迢赶赴至此，惊觉“此州学废日久，进士、明经，百十年间，不闻有业成贡于王庭、试于有司者”。州学荒废、人才凋零，让这位文宗名臣深感忧虑，自身更觉“远地无可与语者”，甚是失落。

此时，潮州当地贤士赵德的出现，让韩愈如获珍宝。

在《潮州请置乡校牒》中，韩愈盛赞赵德：“沉雅专静，颇通经，有文章，能知先王之道，论说且排异端而宗孔氏，可以为师矣！”其时州学荒废，亟待能人志士兴文立教，韩愈于是不拘一格提拔赵德，“请摄海阳县尉，为衙推官，专勾当州学，以督生徒，兴恺悌之风”。

韩愈识才惜才，让赵德从一介布衣贤士直接晋升为代理县尉，才华得以施展，后人因此称其为赵德的伯乐。事实上，韩赵二人不仅互为知己，更互为彼此的伯乐。

早在韩愈治潮前，赵德便着手编纂《昌黎文录》，收集韩愈文章。彼时，韩愈虽为当朝名臣，但其文章并未得到社会普遍认可。宰相裴度甚至曾撰文批评韩愈“不以文立制而以文为戏，可矣乎，可矣乎”，

上

韩文公祠内韩愈塑像

还呼吁“今之不及之者，当大为防焉尔”。

然而，身处潮州这个岭南边陲之地的赵德却对韩愈推崇备至。赵德在《昌黎文录》的序言中写道，“蓬茨中手持目览，饥食渴饮，沛然满饱”，形容自己在草屋陋室之中，如饥似渴拜读韩愈之作。序中，赵德更是称誉韩愈为“圣人之徒”，称韩文必能“光于今、大于后，金石燋铄，斯文灿然”。此后，赵德编纂的《昌黎文录》成为历史上第一部韩文选集。

在曾楚楠看来，赵德为《昌黎文录》所写的序言全篇虽仅百余字，“但赵之为文，简练、高古，且平易近人，放在唐代，允称一流作家”。与此同时，赵德独具慧眼将韩文收录为卷，“以生而并世之人，有此远见卓识，赵德堪称韩愈的知己、知音”。

上

韩文公祠内的“韩公别赵子”雕像

今日韩山之上的韩文公祠里，一座硕大的“韩公别赵子”塑像，再现了一千多年前韩愈离潮时与赵德依依惜别的场景。

韩愈治潮八月，毅然提拔赵德主持州学、兴文立教，赵德虽年长韩愈十多岁，但尊韩为师，二人可谓志同道合。因此，当韩愈离潮改任他处时，曾热切邀请赵德同往，可惜受到赵德婉辞，韩愈于是撰《别赵子》诗以志别。

诗曰：“不谓小郭中，有子可与娱。心平而行高，两通诗与书。婆娑海水南，簸弄明月珠。及我迁宜春，意欲携以俱。”赵德誉韩愈为“金石”，韩愈称赵德为“明月珠”，二人可谓相知相惜。

“‘携以俱’则包含了丰富的内涵。一是不愿赵德长期‘婆娑海水南，簸弄明月珠'，被埋没压抑；二是愿与赵德长期在一起，讨论诗书；三是最主要的，韩愈希望赵德能继续在刺史幕下当推官，不愿让赵德摄（代理）县尉，希望赵能取得更高一级的职务，发挥更大的作用。”曾楚楠称，这里所体现的，正是韩愈热心提携儒林人才的古道热肠，也反映了韩赵之间交谊之深挚。

千余年前的韩江边，江水悠悠，草木摇曳，韩愈与赵德就此作别。一代文宗离潮转任他处，留下后世广为传颂的治潮佳话。一代名贤则驻守潮州，继未竟之业，传韩公文脉。

文明自始开

《别赵子》一诗中写道，当韩愈提出同往邀请时，赵德微笑着摇头，说：“我岂不足欤？又奚为于北，往来以纷如？”最后又称：“人心未尝同，不可一理区。宜各从所务，未用相贤愚。”

前者大意为：“我还有什么不满足么？又何必奔波于南北之间，自寻烦恼呢？”后者大意为：“人各有志，各自随心所欲去做就好，不必拘泥于同一道理，也不必计较谁贤谁愚。”明代潮州状元林大钦在《潮州八贤》中赞其：“卓然自信，不为时俗之所移者，其天资可谓刚直不群。”

那么，赵德为何婉辞韩愈盛情之请？

有学者解读，赵德当初应韩愈所委主持州学，已表明他并非一位高隐不仕者。他之所以婉拒韩愈同往任职，原因可能有二：一是赵德要比韩愈年长许多，韩愈被贬潮州时 52 岁，彼时赵德已是逾花甲或古稀之人，有了“时岁屡谢除”的迟暮之感。二是当时唐朝官场混乱，他所钦仰的韩愈便是因“欲为圣明除弊事”，最终“夕贬潮阳路八千”。他自量才能不及韩，更无必要把余年抛掷在浮沉起伏的宦海中。因此谢绝宜春之行看似旷达，实则包含了无限的沧桑之感。

也有学者认为，韩愈治潮仅八月，不可能彻底履行兴学大计，赵德不愿随同此行，除有其隐者之托辞外，应不排除其欲将乡校进一步办好，以报韩愈知遇之恩，完韩愈未竟之业。而这正是韩愈的倡学之所以能取得前所未有之成效的原因所在。

斯人已逝，其个人思虑已无从可考。但无论如何，赵德留潮继续倡儒宗孔，陶范潮风，对潮州来说实属一大幸事。

有关赵德生平及兴学的史料极其有限，难以考究具体过程，不过从遗留的少量文献记载中，依然能寻得其躬身兴学之迹。如赵德所编纂的《昌黎文录》，以及韩愈女婿李汉编成的《昌黎先生集》中，涉及人物、背景等的夹注里均出现切音方面的注解。曾楚楠表示，这些切音的夹注很可能出自赵德之手。

因为彼时官话在潮州还不流行，本地乡校教学只能仰赖赵德这样通晓官话和方言的“翻译”。乾隆《潮州府志·风俗》载：“虽文人学士，其诵读简编，讲论文艺，亦与岭北人迥别。或是他省人为师，往往不能口授，必重译乃通，或书其字于粉板，令其识认……至于训课童蒙，尤须本郡人为师而授以土音，始能成诵。”

又如《永乐大典》卷五三四三引宋元《三阳志·风俗形胜》：“韩公出刺之时，以正音为郡人诲。”可见，韩愈治潮期间，曾经尝试推广官话。而当时赵德“专勾当州学事”，因此其在《昌黎文录》中为生僻字注音，应是“以正音为郡人诲”的应有之义。

“在唐朝潮州尚未推广官话之时，赵德能坚持正音置学，培育人才，可见其对潮州教育事业贡献之大。”曾楚楠说。

总之，韩愈走后，赵德继韩未竟之业，兴办乡校，发展教学，此后潮州学文之风日盛，蛮荒之地正式开启文明开化之路。历代治潮者也纷纷效仿韩愈，兴学育才，使得潮州人才辈出，人文鼎盛。

潮州文明开化，赵德乃一大功臣。明代潮州进士林熙春曾言，韩愈起用赵德为师，是“一时偶合，倾动千载”。苏轼在《潮州韩文公庙碑》也写道：“始潮人未知学，公命进士赵德为师。自是潮之士皆笃于文行，延及齐民，至于今，号称易治。”

“作为宰相级官员的常衮，早于韩愈整整40年兴学课士于潮，其功不可谓不大，但论及者少，原因就在于缺少赵德这样的得力助手，成效自然也不及韩愈。”潮汕文史研究者黄赞发认为，苏轼之言，虽是在赞韩愈倡学之功，但也反映出赵德主持学政，恢复乡校，振兴州学的业绩。

韩文世代传

“僻处无备，得以所遇，次为之卷，私曰《文录》，实以师氏为请益依归之所云。”赵德在《昌黎文录》的序言中表明自己编纂此书，是想以韩愈为请教、依归的对象。实际上，该书对后世“潮学”研究与传承的意义，已远超于此，也超越潮州一地。

世人多以为《昌黎文录》为韩愈亲授赵德所编，但经曾楚楠考证，该书编纂时，韩愈虽知情，但出于对赵德的敬重，对编选一事并未插手，而是采取“尊重编者，绝不干预”的态度。与此同时，因深知赵德多年来偏居潮州收集文章的艰辛，韩愈特将在袁州（今江西宜春）等地撰写的文章抄送给赵德。

《昌黎文录》最终共选录韩愈文章 75 篇，是首部编辑成卷的韩文选集。作为韩愈的尊崇者、知己，尽管赵德在序中称“得以所遇，次之为卷”，但事实证明他编纂该选集时并未来者不拒，而是有自己的倾向与凡例，如其中就没有韩愈在潮州时所作的诗文。

韩愈 36 岁被贬为阳山县令时曾写就《原道》，其中提出了“道统”的思想：即以治国平天下为目的的心性哲学；以维护大一统为目的的政治哲学；以弘扬自我、张扬个性、追求独创为特征的艺术主张。

“《昌黎文录》一书虽篇目不多，却涵盖了韩愈所开创的合学统、政统、文统为一体的儒家道统，使得该书高踞于中原思想文化的最前沿，并在一定程度上影响了晚唐乃至两宋时期的学术文化的走向。”曾楚楠表示，《昌黎文录》是宣扬道统思想最早的一部选本，具有重要的思想文化价值。

作为问世最早的韩文选集，《昌黎文录》也有着极高的史料文献价值，历史上被两宋人整理韩集时视为最重要的底本，其自身甚至可作为考察韩愈思想演变轨迹的重要线索。北宋官员吕夏卿是唐史、韩集版本专家，他评价《昌黎文录》“比它本为最可信者”。

赵德的潜心修纂，让《昌黎文录》成为韩愈文脉在潮州传承的开端，也成为“韩学”研究之重要依据。后人因此对赵德颇有好评——

南宋官员廖德明《八贤赞》写道：“粤始距今，五百载余。风同邹鲁，此其

上

环城东路更名为“天水路”

权舆。簸弄明珠，光联北斗。沾溉者多，实惟师友。”林大钦《潮州八贤》评：“力排异端，师宗孔至，为韩愈所尊礼者，我得之赵德也。”“倡儒学之宗，卫孔氏之传，而陶范吾潮邹鲁之风者，厥功居多矣。”光绪《海阳县志·赵德传》载：“学者称为‘天水先生’，后世思其德，祀乡贤并配享韩庙。”史料记载，后人以赵德配祀韩庙，自宋代以后一直如此，甚至为其单独立祠。

前有恶溪易韩姓，后有路道改赵号。潮人崇韩，也当不忘赵德之功绩。韩文公祠里，矗立在天水园的“韩公别赵子”塑像，让后人时时缅怀韩赵互为知己、开化潮州的千古佳话。2022 年，潮州环城东路更名为“天水路”，以纪念这位被世人尊为“天水先生”的潮州先贤。

◆韩愈之《别赵子》诗◆

我迁于揭阳，君先揭阳居。
揭阳去京华，其里万有余。
不谓小郭中，有子可与娱。
心平而行高，两通诗与书。
婆娑海水南，簸弄明月珠。
及我迁宜春，意欲携以俱。
摆头笑且言：“我岂不足欤？
又奚为于北，往来以纷如？
海中诸山中，幽子颇不无。
相期风涛观，已久不可渝。
又尝疑龙虾，果谁雄牙须？
蚌蠃鱼鳖虫，瞿瞿以狙狙。
识一已忘十，大同细自殊。
欲一穷究之，时岁屡谢除。
今子南且北，岂非亦有图？
人心未尝同，不可一理区。
宜各从所务，未用相贤愚。”

◆赵德为《昌黎文录》所写的序言◆

昌黎公，圣人之徒欤！其文高出，与古之遗文，不相上下；所履之道，则尧、舜、禹、汤、文、武、周、孔、孟轲、扬雄所授受服行之实也，固已不杂其传。由佛及聃、庄、杨之言，不得干其思、入其文也。以是光于今、大于后，金石燋铄，斯文灿然。德（赵德自称）行道学文，庶几乎古，蓬茨中手持目览，饥食渴饮，沛然满饱。顾非适诸圣贤之域，而谬志于斯，将所以盗其影响。僻处无备，得以所遇，次之为卷，私曰《文录》，实以师氏为请益依归之所云。

江畔的韩文公祠，韩愈手植的那棵橡木已不知所踪，但新生的橡树高大笔直，立于祠前，郁郁葱葱。古代潮州以橡木开花作为士子登科的吉兆，韩愈亦成为潮州与中原文化接轨的重要联系。韩愈走后，慢了中原半拍的潮州开始种下儒家文化的种子，并在之后以一座座书院、精舍为载体，培养中华文化血脉之中的士子精神与文人风骨。

发端：潮二书院　他郡所无

韩愈因忧心社稷、秉笔直言获罪被贬至潮州，刺潮八月即走，此后再蒙圣恩，“为朝散大夫，守国子监祭酒，复赐金紫”。但朝代更迭不可变，江山易主难追回。唐末，风雨飘摇，兵荒马乱，官学废弛，南唐当权者在升元四年（940 年）将白鹿洞学馆办成国学（国庠），为官办书院雏形。同时，离乱中的士人自发办学，五代时期的书院被钱穆先生喻为“黑暗中的一线光明”，在乱世之中保留复兴学术的实力，“必大兴于后世”。

韩愈离开潮州后，中原霸主几经转移，但潮州山水却终以“韩”命名。北宋元祐五年（1090 年），潮州知州王涤在城南建昌黎伯庙，祀韩文公。此后，历代知州知府续修韩庙，供奉韩愈。

书院发端于唐，兴于宋，南宋理宗时起，书院制度在全国普遍实施。南宋淳祐三年（1243 年），郡守郑良臣在韩庙故地建书院，“外敞二门，讲堂中峙，匾曰城南书庄。后有堂匾曰泰山北斗，公之祠在焉，旁立天水先生赵德像”。潮州文史专家曾楚楠在《拙庵论潮丛稿》中写明，从宋淳祐三年（1243 年）到元至元二十一年（1284 年）的韩山书院，皆在城南七里的韩庙旧址。

华南理工大学中国哲学专业硕士黄婉怡在《中国古代书院教育思想对现代高等教育的影响》一文中提到，古代书院的发展过程中还有一个非常有意思的现象，即书院和书院领导者所属的学术派别

上

今天的韩山书院延续传统书院的治学、教化功能，开展国学与岭东人文等各类传统文化培训、历史文化课题研究

一体化，如宋代理学与书院一体化，明代心学与书院一体化。

理学创始人周敦颐在北宋熙宁四年（1071 年）以广东转运使的身份巡历至潮州，留下《题大颠堂》一诗。南宋淳祐九年（1249 年），其后人周梅叟任潮州知州，顺应当时宣扬理学的风潮，在如今潮州古城上水门一带建立元公书院。靠近当时州学的元公书院割用了州学教授办公处所的一半，规模与韩山书院相同。

潮州首所书院韩山书院与元公书院皆由地方官倡设，在当时已有州学的情况下作为补充。韩山师范学院文学与新闻传播学院中文系教授吴榕青认为，南宋理宗之后，各地的官办书院也是一种地方官学，学、院并行，互为补充。例如韩山、元公两书院，山长由州学教授兼任，仿照州学模式开展教学管理。《三阳志》对这两所书院的设立如此记载："潮二书院，他郡所无。文风之盛，亦无所不及也。"

除了韩山书院、元公书院，宋元时期的潮州还有地方进士胡申甫私人创办的京山书院以及元代后期官办的得全书院。处于发端阶段的潮州书院未能留下太多记录，但确可印证潮州当时在以科举为目的的州学之外，出现了因人而设、以人为重的书院。

兴盛：试问岩岩诸学士　已闻曾与未闻同

游离在官学与民间办学之间，书院的发展规模与文教政策、政治斗争、官学兴衰密切相关。明初朱元璋下令“改天下山长为训导，书院田皆令入官”，这一时期书院沉寂无闻，此后官学日渐腐败，官学与书院错位发展，至嘉靖、万历两朝，名儒讲学的风气渐起，书院“虽世宗力禁，而终不能止”。

据云南大学硕士研究生孔祥龙《明代广东书院研究》一文统计，明代潮州府范围内共有 30 所书院，书院数量排名广东第三。吴榕青认为，明代潮州书院数目之多，是明代中叶阳明心学在潮州传播的结果。书院在潮州文化的形成中起到重要的作用，主要体现在儒学教育方面，书院的密集出现体现了潮州文化崇文重教的特征。

王阳明，继承陆九渊“心即是理”之思想，反对程颐、朱熹通过事事物物追求“至理”的“格物致知”方法，提倡“致良知”，从自己内心中去寻找“理”，同时强调“知行合一”。王阳明广收门徒，宣传他的思想主张，闽粤众多士子学生入王门，自此王学流播于岭南。其中，潮籍学子薛侃为王阳明高徒，为王学在粤东的传播起到极大推动作用，而其载体，即为书院。

“晨昏二十四敲钟，声彻前峰并后峰。试问岩岩诸学士，已闻曾与未闻同？”薛侃在《离山书院钟铭》中不无自信地发问：来这里的众位学士，你们听讲前与听讲后境界、感悟可曾一样？

在如今的潮安区庵埠镇凤陇村虎尾山麓，可见一个高 1.7 米、宽 3.3 米、深 7 米的岩洞，洞口巨石横刻“中离洞”三个大字，落款“皇明嘉靖五年进士薛侃立”。嘉靖三年（1524 年），薛侃因母亲去世而回到家乡潮州守孝，与其弟、侄依仗天然岩洞在山麓修筑讲学之所，因其“三山并耸，中通外直，又似于离”，遂名“中离山”。

上

当年薛侃讲学，吸引四方学子求学的中离洞

“那时，四方学者、乡里百姓都可以来听，文化在学子间传播的同时，又下移到民间。”韩山师范学院文学与新闻传播学院中文系教授孔令彬介绍。山林秀色中，在潮州就任的外省官员、周边地区的学子儒生，都追随这位王门高徒。《中离行状》记载，彼时“日与士友讲学不辍。四省同志闻风远来，至不能容，各自架屋以居”。

薛侃三次在家乡讲学，第三次在嘉靖十年（1531年），薛侃因被诽谤而削职回乡，倡建怀慧祠，即宗山书院，祭祀王阳明兼聚徒讲学，地方官员又拨款购置院产。《怀惠祠记》中记载，“中为祠堂，左为讲堂，右为经楼，为宴会厅，翼而环之以书舍，萃生儒肄业，可居百人”。

明嘉靖二十三年（1544年），广东考取进士10人，潮州占7人，一时间朝野瞩目，而其中4名皆为听过薛侃在中离山讲学的士子。既游学于山野之间，亦

上

桑浦山宗山书院牌坊

求取功名在庙堂，通过书院，儒学本身亦在行进探索。孔令彬认为，从朱熹到王阳明，儒学都直接或者间接地依靠书院得到补充与传承的鲜活力量。

在潮州，王学的推行还有另外的地域背景。明朝，韩江流域经济因海上贸易发达而蓬勃发展，潮州成为区域经济中心，商贾阶层成为潮州社会重要力量。在传统儒家价值体系中处于末流的商贾在王学中找到自我认同与社会归属。王阳明提出，“虽经日做买卖，不害其为圣为贤”，认为“古者四民异业而同道，其尽心焉一也”，肯定商人的社会价值。谢海生在《潮汕的春天还会到来吗》一书中认为，薛侃引导王学入潮，在传统科举和文教之外，为大众指出了一条超凡成圣的道路，推动了潮汕务实精神和重商传统的形成。

除中离书院、宗山书院外，玉华书院、南溪精舍等聚徒式书院为潮州浓厚的学术氛围、稳固的学术师友队伍提供了固定的场所，以研讨学说、交流学识、推广理论，讨论地方之情况，追求理论之精深。

山阴会稽人季本在嘉靖四年（1525年）被贬至揭阳，在任期间倡建学校，推行乡约，任满离开时，百姓拦路挽留以致车马不能前进。季本曾在中离山游学，写有咏中离山十八景的诗歌，感慨“中离此日藏修地，应作人间胜迹传”。

转场：长岐海邦标劲节　满林秋色入望浓

书院繁荣于明，普及于清。对于书院这样一个摇摆于官方与民间之间的存在，多数当权者的态度一直是暧昧不明的。一方面朝廷不倡导设立书院，认为“群聚党徒”，另一方面又鼓励尊崇理学正统的书院。

吴榕青介绍，即使是在明代及清代前期，书院仍是“妾身未明”，官方书院，尤其是府（州）、县属的书院，实际上仍一直扮演着地方儒学辅助者的角色。在地方志中，我们可以看到官方对书院的态度。方志一般把“书院”条目置于“学校（儒学）”之下，似乎它的规格比府学稍低，经常列在属县的学校名录中。

雍正十一年（1733年），雍正皇帝在一道谕旨中对书院教育作出肯定，并赐拨帑金支持省城书院的建设。雍正、乾隆以来，省、府、县三级书院体系逐步建构，乡村书院逐渐普及，一个多层次、有等级差别的地方教育网形成。清代中后期，书院成了重要的教育、教学场所，它与地方儒学共同承担着科举准备、筛选职能，在分工上，各有侧重：吴榕青认为，清代中后期的书院在实质性教学方面比儒学更显重要。“民国《潮州志·教育志》说，地方儒学自明代以后，只是作为春秋释奠、习礼的场所，其授课、讲学及考试等教学活动，主要归由书院承担。如此看来，府、县属书院实在是地方儒学必不可少的配套。”

游离于官学外多年，书院终于被纳入教育体制中，走上规范化的道路，曾经山野间、家族中群聚讲学的书院逐渐消失。金山书院在清末成为新旧交替的一个快速掠影。

同治七年（1868年），普宁籍官员方耀担任潮州镇总兵。这位饱受争议的“方大人”在就任期间清办潮州积案数千宗，杀戮近3000人，凡积案牵连的乡村，都被烧杀焚毁，民间称为“方大人办清乡”。方耀行伍出身，因剿太平军发迹，在

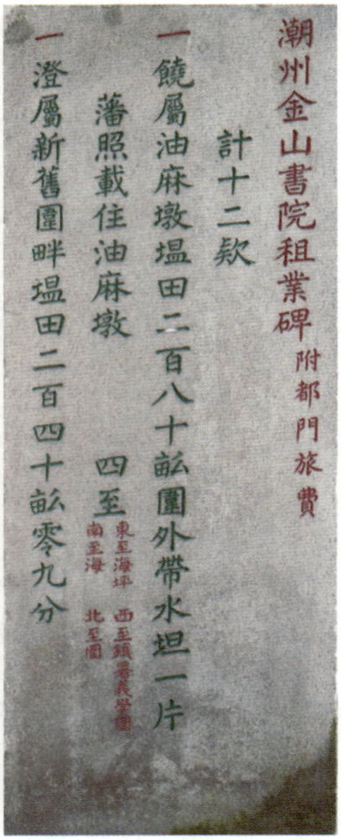

左 右

左：金山书院残存匾额
右：金山实验学校的潮州金山书院租业碑

就任期间却格外重视教育，这位铁腕手段的“方大人”拨出相当一笔款项新建书院。英国人辛盛在《潮海关十年报（1882—1891）》中记录：“他（方耀）也预见到，为了保证这一新创立的安全和繁荣局面持久下去，必须对这一地区普遍存在的极度无知与愚昧状况进行启蒙教育工作……他还发起为全地区建立几百所免费教育学校的计划。”据吴榕青统计，潮汕地区直接由方耀拨款或重建的书院达 15 所，潮属各地绝大部分书院都获得了他丰厚的经费资助。

光绪三年（1877 年），金山书院创建。这座依府署而建的书院成为方耀倾注教育资源的对象。吴榕青《潮州的书院》一书介绍，来自当时广东文化学术中心广州学海堂的弟子陈维岳、廖廷相、吴道镕、温仲和相继担任该书院的掌教，方耀专门对生员进行培养；在新建的书院中给金山书院所拨最为丰厚，共有澄海、饶平塭田 9 处，面积约 4732 亩，还有一批在汕头的行铺、鱼桁等产业，以供书院长远发展。

时代之大潮已起，教育资源的倾斜无法让传统书院起到理想的经世致用功能。1894 年，嘉应籍进士温仲和担任金山书院掌教，虽是传统士子出身，但他对西学秉持温和态度，亲自编写《代数几何算稿》。然而，仅仅是传授算学的温仲和还是因受到潮州“小顽固党”的排挤而于 1899 年底离开书院讲席。

清代郑兰枝咏金山古松，写“金山北枕起高峰，万古凝阴一株松”，诗中秋景萧瑟，一如当时的清王朝，“长峙海邦标劲节，满林秋色入望浓”。

方耀倾力创办的金山书院残影与温仲和落寞离开的身影交织，成为旧时代书院留给人们的最后一瞥。孔令彬认为，书院在不同时期有不同的使命，但书院一直是儒学道统传承和发展的场所，道统的核心则是中国人的家国情怀。

光绪二十八年（1902 年），《钦定学堂章程》颁布，清王朝以期借由新学变革教育，其中提出：“中学堂内应附设师范学堂，以造小学堂教习之人才。”同年，金山书院改为潮州中学堂。1903 年，韩山书院改为惠潮嘉师范学堂，属于书院的时代过去了。

◆流变：书院在今朝◆

近 200 级石阶，从山脚直通金山顶，这一条笔直的主楼梯名为“青云直上”。金山，高四十丈，周围四里，形如覆釜，巨石巉岩，榕木高茂。山西面为西湖，东依韩江，南则俯视城郭，屋宇簇簇。在金山书院之前，金山凭借摩崖石刻已经是文化名山，在书院改制为中学后，数次更名，又培养了洪灵菲、戴平万等一大批知名学子，“金中”二字成为潮汕近当代历史中重要的符号。

林跃文从 2005 年起担任金山实验学校校长，逐渐了解金中的历史与金山的文化，

左

金山实验学校的
青云直上梯

在 2012 年新修的千年园中，状元桥与围墙相连将整个园子环抱。林跃文认为，书院追求的是状元意识，而新时代的状元意识，就是将心中想做的、喜欢做的事情尽力做到极致。“状元是方方面面的，只要潜心、用心去做，人人都可以成为状元。所以要立大志，成大才，担当起民族复兴的责任，这是金山人该有的精神。”

君不见金城山，千寻奕奕高莫攀，古来贤达生其间。如今金山实验学校有面“学子壮志墙”，镶嵌着 108 块黑石板，高挂着 108 个班级的班训格言：“养浩然正气，立鸿鹄之志”“扬理想之帆，耀金山之光”……

金山书院于如今的金山实验学校是一段年岁已久的历史与代代相传的精神，而韩山书院则试图以“重光”之名，唤起曾经“修身齐家治国平天下”的士人风骨与治学传统。

2015年10月28日上午，作为庆贺饶宗颐教授百岁华诞的活动之一，韩山书院在韩山师范学院西区举行揭牌及聘请荣誉山长仪式。韩山书院依托韩山师范学院的师资，通过举办学术研讨会、学术讲座（沙龙），开展国学与岭东人文等各类传统文化培训、历史文化课题研究，推进学术研究和人才培养。韩山麓，《论语》《孟子》《道德经》等经典又重新开始被诵读。韩山师范学院文学与新闻传播学院教授赵松元担任韩山书院副山长，他表示，国学里面有中华民族文化的精神和先贤的智慧，韩山书院的核心就是弘扬中国传统文化。

身着汉服，弹奏古琴，韩山书院的国学与岭东人文研修班和古琴班学子是韩山师范学院独特的风景线。汉语言文学专业的吴菊在进入国学班之前认为韩山书院是一个充满“书香气”的地方。入读研修班之后，她逐渐了解到国学包含文史哲艺之广，“中国传统文化中的大俗大雅之间互相依存、推进和转换，如何做到雅俗共赏也值得思考”。

韩山书院执行山长李伟雄是韩山师范学院1978级中文系学子，“在退休后就想着能为母校做一点事情。韩山书院不仅仅是从国学入手，还能从通识教育、从人文素养来做点事情，到现在是第七届，也培养了200来名学生，我们能做多少做多少”。

韩山书院第二届学生王思宇如今在山东菏泽担任高中历史老师，此前她带过一届国学班，将海滨邹鲁学到的国学知识带回家乡。之前背诵《道德经》的日子，王思远现在想起来还是感到满足，“除了专业的国学知识外，老师还教给我们当今社会知识分子应当承担的社会责任”。

作为韩山书院研修班导师组成员的孔令彬，近年将研究方向转向岭南、岭东等区域文化研究，他认为儒学一直在与它所处的世界进行互动，书院承担的是提供一个思想交锋与研讨平台的功能，他也在有意识地引导韩山书院之外的老师加入区域文化的研究中来。“研究的深度与广度还不够，儒学与当今世界的关系也还在摸索当中，这个需要上百年的探讨。”孔令彬说。

在潮安金石镇宗山书院修复工作中，其周边的中离溪石刻、石尾山摩崖石刻和林大钦墓亦得到关注。华南师范大学马克思主义学院讲师陈椰认为，书院的重建能够整合周边众多优质的历史文化及自然生态资源与产业，保育潮州先贤文化遗产，提升精神文明建设，发展文旅研学。从传统文化研究者与教育者的角度出发，陈椰格外关注研学，“要让文物活起来，让先贤崇文重教的精神传下去”。

『海滨邹鲁』奠定古城崇文重教底色

潮州这座千年古城素有“岭东首邑”“海滨邹鲁”和“岭海名邦”等美誉，在众多名片中，“海滨邹鲁”以其古朴典雅奠定了这座城市崇文重教的底色。

宋真宗咸平年间（998—1003年），四川籍官员陈尧佐因上书忤逆皇帝被贬为潮州通判，赴任后其重视教化，“修孔庙、韩祠，率州民之秀者就于学”。这位勤勉的官员没有在潮州停留太久，不到两年便被召回京，但仍不忘潮州发展。看到进京赶考的潮州学子高中，陈尧佐写下《送王生及第归潮阳》：“休嗟城邑住天荒，已得仙枝耀故乡。从此方舆载人物，海滨邹鲁是潮阳。”全诗大意是，不要小看潮州这“国角”的蛮荒之地，来自此地的举子已金榜题名、衣锦回乡。虽地处海滨，但潮州从此将贤人辈出、载入史册，与孔

左

位于昌黎路海阳县儒学宫前的昌黎旧治坊，额面刻“昌黎旧治”，背镌“岭海名邦”

子的故乡（鲁国）和孟子的故乡（邹国）一样，成为文明昌盛的地区。

陈尧佐的诗文为潮州成为“海滨邹鲁”确立了起点，之后的数百年里，潮州凭借杰出的科举成就，坐实了这一名号。这座城市的发展与命运，也与文教紧密相连。

风物冠南方　文教始兴盛

科举制起源于隋朝，发展并成型于唐代，一直延续到清朝末年，它是古代中国的一项重要政治制度，对中国社会和文化产生了巨大影响，直接催生不论门第、以考试产生的士大夫阶层。科举亦成为衡量地方文教与经济发展水平的一把尺子，折射出区域的转型与变化。

宋代之前，潮州乃至广东，进士数量皆寥寥。据韩山师范学院副教授庄义青考证，以唐代得人最盛的进士科而言，200余年间，潮州仅得三人，即赵德、洪奋虬和黄僚，其中赵、黄两人，由于史志记载不够明确，尚有争议，至明经一科竟然空缺，可见唐代潮州培养的人才并不多。

而到了宋代，事情开始出现转机。

今日位于牌坊街北端罩于玻璃下的太平桥遗址是宋代潮州子城护城河上的桥梁，是宋代潮州城市建设的重要见证。

《永乐大典》中的元代潮州城图，在宋代地形图的基础上又添加了元代的官署名，为研究宋元潮州古城提供了珍贵的资料。从图中可见，在太平桥的西侧是元公书院与路学，西南方向则是县学，足见当时“庠序大兴，教养日盛”。

潮州文史学者陈贤武认为，自唐后期起，受不断南下移民浪潮的冲击和迁入地日益加剧的人口压力影响，不少已在邻区定居的移民又辗转迁入潮州。这对潮州于宋代“跨入历史的快车道”至为关键。“移民的大规模迁入，扭转了此地长期以来地广人稀的局面，为潮州的经济开发解决了劳动力短缺的问题。此外，移民改变了此地汉人与土著的人口比例，汉族在量上的绝对优势为中原文化的广泛传播和成为主流文化创造了前提。而移民主要从闽迁入，其与闽地千丝万缕的联系使潮州文化从此最大限度地带上了浓厚的闽文化色彩。”

宋代，潮州进入“历史的快车道”。人口数量从北宋之初开宝四年（971年）的约15万人，增加到南宋末年的75万人；韩江以东的笔架山麓窑场密集；沿海的盐场“万灶晨烟熬白雪”。

仓廪实而知礼节，潮州因人口增长、经济发达而有余力发展文教，此外，历代仕潮官员秉承韩愈善政理念，致力办好府县儒学，发展书院和社学、义塾，使潮州社会崇文重教的风气在宋代得到空前的发扬。

潮州参加解试的人数增加很快，数量十分惊人，以致试场无法容纳，贡院也即试场多次扩大、迁徙，后迁至北郭城外，广辟巨室，开东、西、南三门，规模达到一千三百楹。

据《三阳志》所载，宋绍定戊子科（1228年）潮州参加考试的士子已增至6000人，淳祐庚戌科（1250年）竟超过1万人。这一记载不一定准确，但潮州

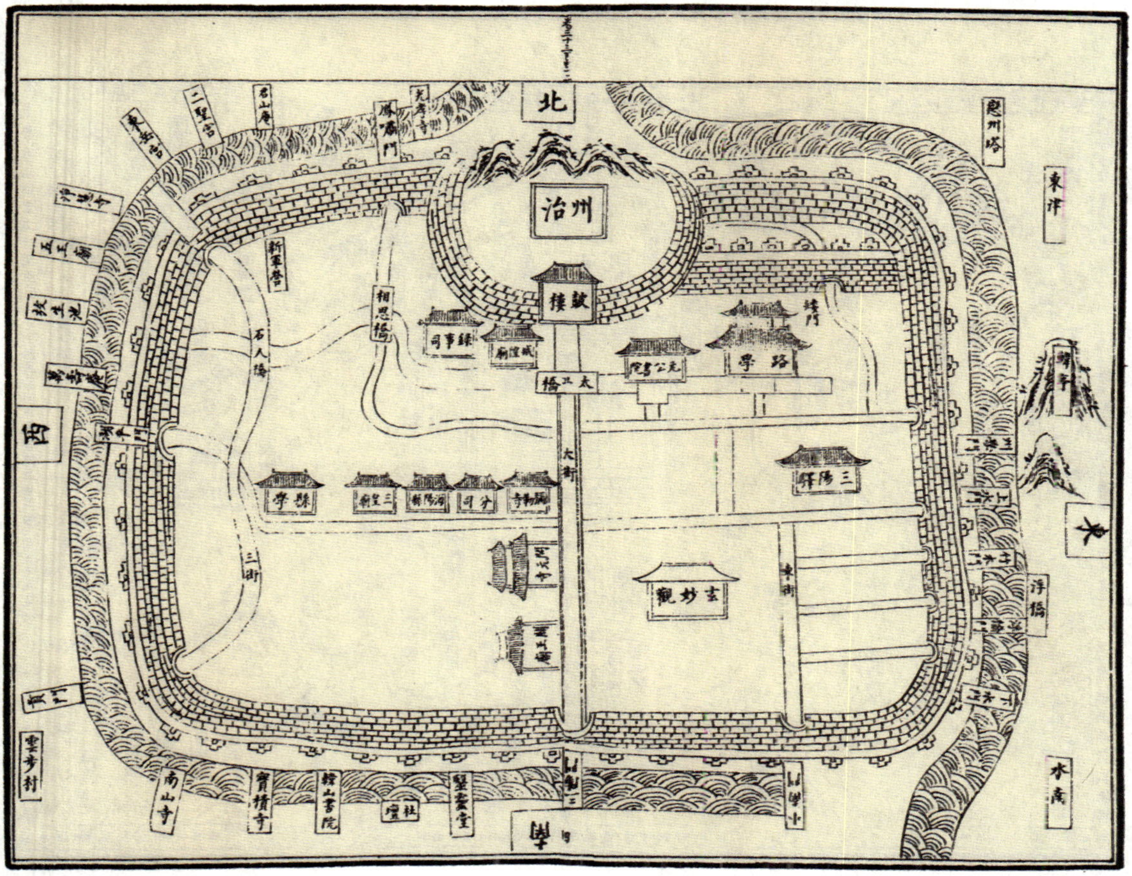

上

《永乐大典》中的元代潮州城图

一地儒学教育至南宋确已发展到高峰。其普及面之广，是广东其他各州郡难以比拟的。明嘉靖《潮州府志·选举志》载，太平兴国四年（979 年）海阳人谢言以“草泽应诏，进士及第”，自此后到宋末止，潮州考取正奏进士 95 名、特奏进士 45 名，总计 140 名。“这是一个骄人的数字，与唐代的三名进士相比，确实不可以道里计，反映了本地科举史上的一段辉煌。”陈贤武说。

宋代的潮州，各类学校纷纷建立起来，有官办州、县学 4 所，书院 2 所（韩山书院和元公书院），成为本地儒学教育的主干。受官方兴学热情感召，私人创办的书舍（书庄）、私塾之类的教育机构也不断出现，成为官学的重要补充。

以科举谋进取　士大夫集团确立

夕阳下，昌黎路上的海阳县儒学宫古朴而庄严，红墙有些斑驳，游客穿过棂星门，走过状元桥，进入大成殿，一如数百年前的潮州学子。

清乾隆《潮州府志》载，县儒学宫“旧在府治西偏附郡学右”。海阳县儒学宫始建于南宋，宋绍兴年间（1131—1162 年）县令陈坦迁到锦坊（即今址），后毁于火灾。明代重建之后，历代屡有增修，海阳县儒学宫成为一座规模宏大、保存较完整的建筑群。沧海桑田，现学宫内仅存大成殿、大成门、泮桥、照壁和重建的棂星门、前后院的东西两庑、泮池，还有明清维修学宫的碑记 6 块，其余建筑、院落均已不存。但海阳县儒学宫仍寄托了潮州人对于学子登科的美好愿景。如今，许多潮州学子每逢开学或大考，仍会前往学宫祈求考试顺利、学业进步。

明初，朱元璋下诏天下州县皆立儒学，并建学校，延师儒，招生徒，讲道论德以复先王之旧。海阳县儒学宫是明初大规模修建的学校之一。经过了元代科举的消沉后，潮州科举在明代又迎来一次高潮。

左
右

左：海阳县儒学宫的棂星门
右：大成殿内的孔子像和“万世师表”“生民未有”牌匾

经过明代前期的休养生息，潮州政治经济稳定发展，大量移民陆续迁居入潮。16 世纪，韩江流域经济兴盛，工商业发达，货币经济增强，但传统农业模式面临困难。

据《中国与重洋：潮汕简史》，16 世纪，征收赋税依据的图册已经徒具虚文，每十年续修也难有实效。赋役的繁重甚至令中小地主也难以承受。传统农业生产模式陷入“力作未足糊口”的困境。

摆在大量普通潮州家庭眼前的是两条路：一是求功名以取得社会地位，减轻赋役负担；二是从事工商业以提高经济地位，加强纳赋应役的能力。潮学研究资深专家黄挺认为，求学之风造成了 16 世纪潮州科举之盛，士大夫集团的形成，又在商业经济的背景下，触动了学术的发展。

明代，潮州共有 160 人考取进士，162 人考取举人。正德元年（1506 年）至嘉靖三十年（1551 年），潮州府有 45 人考中进士，占广东进士总人数的 24.1%。嘉靖十一年（1532 年），海阳人林大钦高中状元，成为潮州历史上唯一一位文状元。嘉靖二十三年（1544 年）甲辰科，广东产生进士 10 人，其中 7 人来自潮州，即同榜进士林光祖、章熙、黄国卿、郭维藩、陈昌言、苏志仁、成子学等“明代前七贤”。崇祯元年（1628 年）戊辰科有同榜进士辜朝荐、郭之奇、黄奇遇、宋兆禴、梁应龙、杨任斯、陈所献、李士淳，被称为“戊辰八贤”“潮州后八贤”。

通过科举改变自身命运的士大夫，在功成名就后做的第一件事便是修族谱、建祠堂、置立族田嘉奖后生等。黄挺表示，登科举子通过荫封、免役减赋、宗族建设等提高整个家族的社会和经济地位。宗族的建构不一定与士大夫有关，但只有士大夫才能够以国家文化正统保证宗族建构合法性，或者换句话说，只有在士大夫控制下的宗族，才可能成为国家文化正统控制地方社会的权力代理。

入明以后，潮州有许多宗族，例如凤陇薛氏、举丁翁氏、鹳巢李氏等，都是从一个普通的乡村家族，经过几代人的经济积累和文化积累，终于于 16 世纪前后在科名方面取得了成就。宗族与士大夫相互助益，促进正统文化在地方的构建与稳固。

上

乾隆《潮州府志·坊表》：“七俊坊，在东门内。为嘉靖甲辰科进士林光祖、章熙、黄国卿、郭维藩、陈昌言、苏志仁、成子学建。”

科举衰落　时代更迭

黄挺比较了清代潮州的进士数量，发现乾隆二十二年（1757 年）是一个特殊的年份。

乾隆一朝进士考试，开科 28 次，1757 年之前开 10 科，潮州登科进士 52 名；此后潮州登科进士仅 10 名。如果以 1757 年为界统计，上溯到顺治元年（1644 年），进士考试开科 66 次，取士 11 425 名，潮州登科进士 107 名；此后至光绪三十年（1904 年）恩科考试止，进士考试开科 69 次，取士 15 343 名，潮州登科进士 39 名。

为何潮州进士数量在 1757 年后出现骤减？

地处韩江三角洲下游的澄海县（今汕头市澄海区），有久远的海洋经济传统。在明代海禁制度下，农业逐渐成为经济主流。建县不久，漳州月港开港，澄海的海上贸易复兴，即使在明清之交动乱中也未曾断绝。乾隆二十二年（1757 年），康熙撤销江、浙、闽三海关贸易，粤海关独存，广东地方的海上贸易得到更快发展。在澄海，海洋商业经济取代农业经济成为主流。科举随经济转型。整个清代期间，澄海县一共考上进士 21 人，其中前四朝登科的有 20 人，后五朝登科的只有 1 人。而若以 1757 年为界，此前澄海县登科的有 16 人，之后有 5 人。整个潮州府的情况大抵如是，只有地处内陆的大埔县稍微不同。

“任何社会现象的变化，都和国家制度与经济运行有内在关系，人们会根据这两方面的情况相应作出自己的选择。历史上如此，现实也是这样。”韩山师范学院副校长陈海忠认为，经过清初一百年休养生息，全国经济得到恢复，人口增长，老百姓不用再瞒报户口（因为新增人口不用再增加赋税，即盛世滋生人丁永不加赋），学额基本不变，科举竞争异常激烈，得到举人以上功名的难度非常大。“这也反映在清代的小说中，例如我们熟知的范进中举。这种情况全国皆然，潮州当然不例外。另一个方面是，乾隆年间的南洋大米贸易及重开的捐纳制度，给潮州等沿海港口带来了致富的机会以及在科场之外获得功名的机会。”

一个阻力，一个吸引力，形成了一个奇特的氛围，即潮州府的学校、书院、社学、私塾等办得蒸蒸日上，但大家并不热衷于科举，而是热衷于商业以及文化艺术，清代潮州的易学、诗文、绘画乃至各种工艺美术都取得了很大成就。

潮州人敏锐地察觉到了时代的方向：书院中的琅琅书声逐渐式微，精致华美的大厝竞相盖起，沿海的商埠相继建起潮州会馆。

陈海忠认为，这种氛围对潮州社会的影响很大：一方面，其推动了潮州社会的商业化进程，这是潮州商帮声名鹊起的重要推动力；同时又进一步营造了潮州社会崇儒重商的社会氛围，商人文人并非泾渭分明的两帮人，商人治学、文人营商都不是奇怪的事情，并逐步形成了清末新学以来潮州文化研究的传统。但是在另一方面，清代后期到民国时期，潮州人在政治上少有成就，在全国有影响的政治人物几乎凤毛麟角。

光绪三年（1877年），潮州总兵方耀创建金山书院，倾注大量教育资源。方耀试图通过文教治理潮州，但一个时代即将落幕，金山书院并没有为潮州带来文教的复兴。

光绪二十八年（1902年），金山书院改为潮州中学堂。1905年9月2日，清政府发布“上谕”，宣布“自丙午（1906年）科为始，所有乡会试一律停止。各省岁科考试亦即停止”。

科举不再，但文教并未停止，“海滨邹鲁”仍给潮州留下了深刻印记，造就了崇儒重商的社会氛围，也影响着潮州之后的历史走向。

百年韩师，从何而来？

湘子桥头，韩江东岸，韩山师范学院（下称“韩师”）白墙红瓦的教学楼巍巍屹立。在这个以师范生为主要组成的学校里，随处可见“为人师表”的标语。自1903年的惠潮嘉师范学堂起，韩山脚下的这所学校已经走过百年的风霜岁月，还在滋养着一代代的师范学子。

百年韩师，从何而来？韩师的百年，也是中国巨变的百年，战乱频仍、朝代更迭、体制变革。但以“师范”为名，以韩山为依，是韩师从未变过的坚持，也是百年校史延续的根基。

筚路蓝缕　以启山林

现在的韩师本部就在韩山之麓，紧邻着韩文公祠。元和十四年（819年），韩愈被贬至潮州任刺史，开启潮州兴学育才之风，备受百姓拥戴。韩愈离开后，“潮人以思韩之故，而有庙祀，而有书院，扁以韩山”。韩师的历史可以追溯至宋元祐五年（1090年）的韩山书院，而以“师范”为名则在一百多年前。

光绪二十八年（1902年），经历了甲午海战与庚子国难，风雨飘摇的清王朝试图抓住最后一丝机会，将目光转向“中体西用”，颁布了《钦定学堂章程》，以期借由新学变革教育，其中提出：“中

左
1903—1912年的惠潮嘉师范学堂

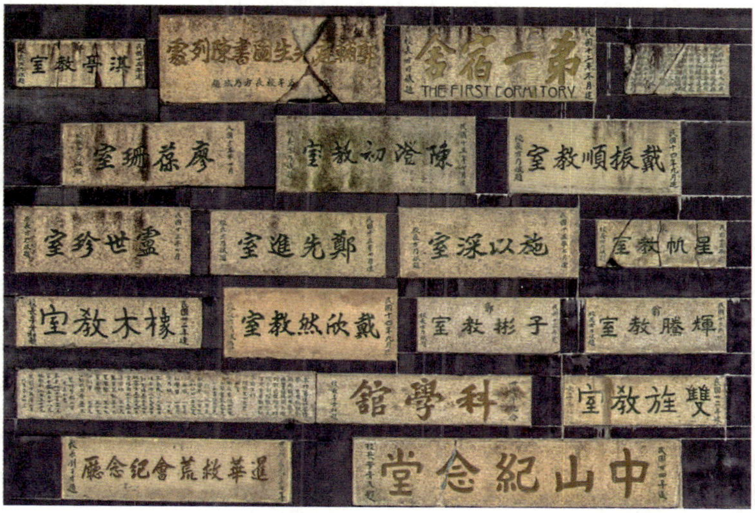

右

历任校长题词

学堂内应附设师范学堂，以造小学堂教习之人才。”次年制定的《奏定学堂章程》明确了师范学堂的组织形式。

新学之风并非骤然而起，在潮州还要吹得更早些。远离京师，当时的粤东沿海丘陵平原区，是经济繁荣、人口密集的地区。韩江流域经济区繁盛一时，潮州作为府城当之无愧成为粤东的经济、政治、文化中心。早在《钦定学堂章程》颁布前，兴办新学的主张在潮州就已有实践。爱国志士丘逢甲受当时潮州知府聘请，到韩山书院掌教担任山长，认为科举必废，除讲课外兼讲科学，以满腔热情投入教学。

当时风气未开的岭东没有给丘逢甲的远见以优待，遇到极大阻力的他在 1897 年底离开了韩山书院。7 年后，在当时惠潮嘉分巡道褚成博与潮州乡绅柯树荣、蔡桂清的襄助下，韩山书院改建为新式师范学堂，称“惠潮嘉师范学堂”，设简易师范科，后增完全师范科。

与惠潮嘉师范学堂同一时间兴办的学堂不在少数。专于中国史历史地理学研究的黄倚兰在《近代广东公共教育资源配置的历史地理学分析》中曾统计，1905 年至 1911 年间，广东各地兴办的师范学堂和师范讲习所共 59 所，在 1907 年已有新式学堂 1500 余所。但惠潮嘉师范学堂的背后，是教育资源丰富的潮州府及其所在的惠潮嘉道。黄倚兰在上文中统计道，1908 年全省六道中，惠潮嘉道以十一万三千六百零一两的学堂经费居全省之冠，高于广州府所在的广肇罗道，论各类学堂数量潮州府则以 433 所排名第一。

民国初创后，惠潮嘉师范学堂改名为广东省立惠潮梅师范学校，后又更名为广东省立第二师范学校，校长由省教育厅任命，省属的性质延续至今。民国时期的韩师，沿袭了韩山书院的名声，又有饶宗颐、王显诏、詹安泰等名师，教授政治、体育、数学、经济等新兴学科，吸引了惠潮嘉道的诸多学子前来求学，办学“著有声绩”。

参与制定《奏定学堂章程》的张之洞数次强调：“师范学堂为教育造端之地，关系尤为重要。”当时儒学昌盛的潮州，在崇文重教的氛围中迎来这样一所“教授教师”的新式学堂，不是石破天惊的壮举，却也大胆地迈出了近代师范教育在粤东的正式第一步。

动荡岁月　文明曙光

文明的烛火勉强透过陈年的腐木照出一丝光亮，风雨交加又使其微弱。格局动荡，思潮碰撞，内忧外患，对于教育那是一个最好的时代，也是一个最坏的时代。

1917 年底至 1922 年初，潮州一直战火延绵，军队数次进驻惠潮嘉师范学堂，校舍变为军营。地方秩序不定，省政府拨款补助难以下发，原本作为重要经济来源的佃租也因天灾而难以收回。1917 年，广东省教育经费仅有 41.3 万元，占总支出的 1.03%，是民国时期广东教育经费占总支出比例最低的一年。《广东代表团上教育部书》中写道，“虽奉令开课，然多有学生而无教员，有教员而无学生，或数人而成一班，竟日未上一堂”。

1922 年 8 月 2 日，潮汕地区遭遇史无前例的台风袭击，史称“八二风灾”，人员死亡数达 3.45 万，建筑物倒塌无数，损失异常惨重。有当事人回忆：“民国十一年八月二日飓灾，本校楼舍多半倒塌，风雨无庇，弦诵将辍。广东省教育委员会特委派乃斌来校视事，所见之处，满目荒凉，几无完室。”原先的校长自知复校无力，辞职未返，时年 27 岁的方乃斌临危上任。

民国初期，政局未定，省政府财政不稳，依赖无望，方乃斌亲撰《劝捐韩山广东省立第二师范学校建筑校舍启》。启文中道：“所望热心教育之家，资财丰

左右

左：1939 年在揭阳古沟乡办学
右：1944 年，因时局紧张，学校迁至条件极差的揭阳县灰寨乡继续办学

裕之户，解囊捐赠，大笔标题，俾韩山省立二师学校复其旧观，再睹新制，庶莘莘学子，共沾长者之仁。渺渺鄙怀，克慰观成之愿，是为启。”

之后方乃斌又到南洋募捐，最终募得银圆 5 万余元，建教室、宿舍、图书馆、音乐亭，扩充班数，扩大办学规模，名师汇聚。在方乃斌的努力下，1922 年的风灾不仅没有导致二师停办，且至 1926 年在校师生的数量比 1922 年增加一倍之多。

另一位在危难关头挽救韩师的关键人物是李育藩。韩师图书馆研究馆员陈俊华研究韩师历史，她认为“李育藩对于韩师是厥功至伟的，非常值得去纪念他”。

李育藩上任的 1936 年，中日关系日渐紧张，李育藩一上任就加强军训，后又将图书装箱运往潮安存放以保万全。1939 年初，各地中小学陆续迁往内地安全地带。4 月中旬，李育藩也开始寻找安全地带，考察迁校场所，最终择定揭阳县古沟乡（今揭阳市揭东县白塔镇广和村）未用之房屋及祠堂为临时校址。

李育藩在迁校前的公开信中交代了搬迁原因与地点，表示：“本校当仰体政府作育人才至意，负责妥为管教保护，以期无负贵家长殷殷期望焉。谨布区区，诸希垂察！”随后安排四肚帆船 10 艘运送图书仪器，师生多数步行至揭阳古沟。当年 6 月汕头沦陷，韩师在 1 个月前完成迁校。

抗战全面爆发后，各地停办中学增多，金山中学与汕头女中因新迁校址沦陷向韩师求助，李育藩上报后获准接收 155 名失学金中学生就读。之后韩师因迁校及时且地点合适，而未被战事波及，收容澄海中学、金山中学等被迫停办的初、高中生，成为完整的中等学校。在此之后韩师借势发展，成为抗战中广东东部重

要的学校。

广东高等学堂、两广优级师范学堂、徐闻县立简师、中山县立简师……这些曾经伴随着期待出现的学校，或因教学经费不足、战乱暴动，或因合并改制，最终都在历史的尘烟中消散。韩师无法脱身于时代，但有人给时代以期许，给了动荡岁月一点文明的曙光。

勤教力学　为人师表

教育的本质是育人。校名几经更改，校址数经迁移，校园也不断扩大，但关于韩师的记忆，经久不衰的是一代代从这里走出的人。

韩师党委宣传部部长卢裕钊向来人讲起“中国核潜艇之父”黄旭华与韩师的故事：“抗战期间，韩师保留了粤东基础教育的种子，黄旭华就是在那时候来韩师就读的。他本来在汕头聿怀中学，后来停学，韩师迁到揭阳古沟，他爱学习就过去了。”黄旭华至今自认是韩师的学生，韩师也保留着他的学籍。“我没书读的时候是韩师给我书读。”他说。

1975 年，越南潮籍华人周鲁被越共中央和越南政府授予国家最高荣誉“国家抗战英雄勋章”和国家烈士证书。周鲁为越南革命作出了突出的贡献，将他生命的后期奉献在南洋异乡，但他革命生涯的启蒙是在韩师的青年时期。1925 年，出身殷实人家的周鲁进入当时已经涌动着革命暗流的韩师，接受新式教育与革命思想的启蒙，见证国民军东征与“潮州七日红”。在从韩师毕业后，周鲁加入共产党，

左|中|右

左：建于 20 世纪 30 年代的中山纪念堂和科学馆
中：复办师专时期的韩山师专
右：1986 年韩山师专时期的校门

开始了热血而颠沛的一生。

爱国实业家陈伟南在 15 岁时考上了当时名为广东省立第二师范学校的韩师，成为当年年纪最小的在校生，那是詹安泰、王显诏还在校任教的韩师，陈伟南受益良多。他时常在山顶的树下望着不远处的湘子桥，南下北上的船只来来往往。毕业后陈伟南没有成为乡村教师，而是去了更远的码头，搭上了前往香港的货船。

历史学博士陈嘉顺在《生存与交易——李育藩治校与西迁前的韩师》中，记录了 1937 年 7 月时为饶平南山公校校长的林绍翰对当时广东省长李汉魂到韩师演说的回忆：“这些话太激励人心了！‘枪在我们的肩膀，血在我们的胸膛，我们要捍卫祖国，我们要齐赴沙场……’这就是我们当时唱的歌。那样的勇气啊，才二十多岁的青年们就把天下当成是自己的。”

翟肇庄 1921 年考入省立金山中学，是金中招收的第一届女学生中的一员，1927 年赴日本，就读于东京东亚日语学校。1934 年，翟从中国学院毕业后即执教韩师生物科，一教就是 30 年，是潮州第一代自然科学工作者。翟肇庄与其丈夫杨金书都是 20 世纪潮州知名的植物学家、教育家，现代潮汕药用植物研究的开创者，毕生致力于潮汕药用植物的研究。他们合著《潮州植物图集》，按植物分类系统排列，

上
二十世纪五六十年代，翟肇庄老师指导韩师学生做实验

详细记载了300多种潮汕药用植物，使潮汕植物名称第一次与世界通用植物学名取得统一，为潮汕生物学的科研工作奠定了坚实基础。

陈俊华从北京大学等不少高校的图书馆复印回韩师当年自办的校刊。“中国教育之病症与其补救之术”“怎样做一个非常时期的小学教师”“怎样做一九三六年的中国人”……稚嫩而鲜活的选题，充满热情与勇气的文字，从校刊中，可见一个关切国家命运、关心国民未来的校园风气与时代面貌。有学生在校刊记录自己迷茫期的困顿，也有人发表对学校的见解，认为“韩山确是可以读书的地方”。

汉学大师饶宗颐曾于20世纪30年代在韩师任教。他在韩师建校90周年之际，欣然题写“勤教力学，为人师表”，这八个大字亦成为韩师的校训。

“师者，所以传道授业解惑也。”韩愈的《师说》历经千年犹响。一所以“师范”为立身之本的学校从韩山书院脱胎，并在百年间延续不断地传道、授业、解惑，并为粤东培养出最早一批以“传道授业解惑”为职业的现代教师。如今，粤东的教师或有半数来自韩师，韩师培养出的全国优秀教师、全国劳模、南粤优秀教师不在少数。

截至 2023 年 6 月，韩师已拥有 3 个国家级特色专业及专业综合改革试点、19 个省级科研平台、4 个中央财政专项资金资助科研平台……聚焦“新师范”“新工科”的韩师，面临着时代的新要求。

◆大学与城市共荣共生共进退◆

翻开韩师的千百年发展历史，不难看出这样一个规律：当潮州得到相对较好的发展机遇时，韩师也迎来相应的辉煌；当潮州相对落后时，韩师发展的步伐也慢了下来。可谓一荣俱荣，一损俱损。

解读系列“潮州密码”的过程中，我们发现潮州并非如外人所谓的保守。相反，在近代史上，潮州曾是开放、兼容并包、激荡着先进思想、革命志士辈出的一片热土。也是在开放、激荡的时刻，在潮州诞生的韩师，走出了诸如中山大学第一任校长邹鲁、著名哲学家陈唯实、国际摄影大师陈复礼、旅港爱国实业家陈伟南、马来西亚实业家林进华、泰国实业家陈汉士、台湾地区著名书法教育家陈其铨等名人大咖。国学大师饶宗颐、“中国核潜艇之父”黄旭华，亦在彼时与韩师有着不解之缘。

大学与城市应该是什么样的关系？无论是审视潮州与韩师的发展历程，还是放眼更广阔的世界，互促互进、共荣共生都是当代大学与城市关系的主旋律。诚然，知名学府多建在历史悠久、经济发达的城市中，但对于中小城市和驻扎其中的大学而言，更应有携手并进的共同理念。

生于城市的大学，或多或少带着这座城市的气质、品位和精神。韩师生于潮州，潮州这座城市的经济结构、产业结构和文化结构，必然影响着韩师这所高等学府的学科专业设置，以及人才培养的类型、层次和模式。这在韩师对自己的定位中也可窥见一斑：师范性、应用性、地方性、开放性。它所要聚焦的党建、新师范、新工科、潮汕文化、陶瓷与非物质文化等五大领域，也有明显的地方特色。

毋庸置疑，潮州以其独特的地域文化、经济发展历程，在有形无形之中影响着韩师的发展。韩师也用自己的方式滋养潮州乃至粤东，在培育了系列名人名师之外，为粤东输出了大量的基础教育教师，参与了化学与精细化工广东省实验室潮州分中心（陶

上

韩山师范学院校区

瓷材料、食品科学与技术）共建，建设了中国潮州菜研发和人才培养基地等。

随着现代社会的发展，如何更好地发挥城市中的大学功能，在更大格局中为所在城市甚至是周边城市群服务，吸引更多力量参与到城市的经济社会建设的大潮中，这既是学校也是地方政府应该加以考量的。

无论这所大学是城市所属的大学，还是省属、央属驻地大学，城市与大学之间都要有互动、互补、互育、互哺、互塑，这样才能共生、共荣、共进退。

这样的交互需要更直接的联系，需要更直接的转化。我们了解到，不少教授学者的研究课题虽然以地方的产业经济、非遗文化为题，但是成文之后却束之高阁，并没有走向地方、走向民间、走向企业。另一方面，地方政府、企业、手艺人也应更主动地走进高校点题，一起解题。

大学对城市最深刻的塑造，在于无形的滋养和引领——开放课堂、讲座、图书馆、艺术馆、实验室等，用理论和实际的结合来引导行业和城市发展。相对地方行业而言，学院的体量虽小，但可以推动整个行业生态发展。高校要发挥引领和推动行业发展的作用，真正发挥积淀百年的人文底蕴和科学精神的作用。

交互，这必然要求大学与城市在一个框架内发展。摒弃归属和行政的壁垒，真正互动起来，这样才能产生 1+1 > 2 的效果，才有共荣之道，才能携手再创辉煌。

◆韩山师范学院时间轴◆

1903年 惠潮嘉分巡道褚成博与潮州乡绅共倡新学，将韩山书院改建为师范学堂，称“惠潮嘉师范学堂”，是我国近代教育史上第一批效仿西方教育制度培养师资的新式学堂之一。

1912年 惠潮嘉师范学堂改名为“广东省惠潮梅师范学校”。

1921年 10月，惠潮梅师范学校奉省令改名为“广东省立第二师范学校”。二师时期学校规模不断得到扩展，方乃斌校长在“八二风灾”后领导校园重建。

1935年 二师奉省教育厅令，改校名为“广东省立韩山师范学校”。“韩山”入校名沿用至今，叶青天继任校长，在任期间修中山纪念堂和图书馆。

1939年 潮州沦陷，校长李育藩带领韩师举校迁往原揭阳县古沟乡尾寨。又扩容招收高、初中生，成为完整的中等学校。

1944年 因战火燃近，韩师在时任校长陈传文的带领下辗转迁往地处大北山区的原揭阳县灰寨乡下舆村。

1946年 抗战胜利后，韩师搬回潮州原址韩山，中学部移交金山中学。

1958年 升格为高等师范专科学校，校名为“汕头韩山师范专科学校”，面向惠潮梅地区招生。

1963年 师专停办，返办为中师和教师进修学校。

1978年 经国务院批准，复办师专，校名称“韩山师范专科学校”。

1993年 12月，经国家教委批准升格为本科师范学院，称“韩山师范学院”。

1995年 4月17日，韩山师范学院正式挂牌。

2003年 10月20日，韩师举行建校100周年庆典活动。

2008年 12月，决定与潮州市人民政府合作成立市、校共建的“潮学研究院”。

2018年 12月，成为硕士学位授予立项建设单位。

2019年 1月23日，中国共产党韩山师范学院第四次代表大会召开，提出坚持聚焦“党建、新师范、新工科、潮汕文化、陶瓷与非物质文化”。4月3日，化学与精细化工广东省实验室潮州分中心在韩师陶瓷工业研究所揭牌。

2020年 6月24日，“中国潮州菜研发和人才培养基地”在韩师揭牌落成。韩师烹饪与营养教育专业是国内唯一以培养潮州菜应用型人才为特色的本科专业。

2023年 10月20日，韩师举行建校120周年庆典活动。

不止海内一个潮州，还有『海外一个潮州』

人们常说“海外一个潮州”，以表现海外潮人的大量存在。从最初的东南亚到之后的美国、欧洲、大洋洲，潮人足迹的散布，是华人海外移民的重要组成部分，亦是潮汕这一族群故事的延续。

荡到无，过暹罗

潮人移民海外从什么时候开始？个别的情况或许可以溯源至唐宋。南宋诗人杨万里至潮州时写下“须臾满眼贾胡船，万顷一碧波黏天。恰似钱塘江上望，只无两点海门山”。往来海上的潮州商人在秋冬季节刮北风时下南洋，过完冬天，等西南季风刮起来的时候再回乡，称为“住冬”。华侨华人研究专家黄晓坚认为，虽无明确文献记载当时的潮人在海外定居，但这种情况是有可能的。之后，明代潮州沿海的海上武装集团与朝廷关系疏密不定，时有出走南洋定居。

潮汕的地理位置为潮人出海提供了天然的便利。刺潮八月的韩愈在《送郑尚书序》即记载“蛮夷悍轻……其南州皆岸大海，多洲岛，帆风一日踔数千里，漫澜不见踪迹”。乘船出海，便可“不见踪迹”，这是唐代尚未完全开化的潮州土著便有的意识。潮汕在宋代经历福佬化，迎来中原传统儒家文化的兴盛，以农耕为本的文化带来安土重迁的思想。潮人真正大规模出洋侨居，要等到清代乾隆年间。乾隆十二年（1747 年），因人口增长带来的土地压力越发明显，清廷稍放松海禁，准许沿海地区的居民从事大米和木材贸易，“红头船”风帆鼓胀，由此产生潮汕人民移民海外的第一个浪潮。

暨南大学历史学硕士谢杭锋认为，清代潮州樟林港与暹罗（今泰国）的贸易与移民活动是古代潮州地区对外移民活动的高峰，它奠定了潮州移民以暹罗为主要目的地和暹罗华侨以潮州华侨为主体的格局。

曾有研究人口迁移的学者提出，影响移民的主要原因有：迁出地的推力，主要是迁出地的经济因素；迁入地的引力，主要表现为

上

海禁稍弛，潮人从樟林古港出海下南洋

迁入地的生存空间对于移民者的吸引；迁入地与迁出地的中介因素，主要表现为迁出地与迁入地的地理位置关系；心理以及文化因素对移民者的影响。

据《潮州府志》记载，在康熙、雍正、乾隆年间，潮汕各县发生涝、风、蝗、瘟疫、地震等灾难248次，有“鬻妻弃子，饿殍载道，甚至寻死者、迁徙者十之八焉”的记载。晚清的潮汕，人稠地狭、时局动荡、灾害频发，下南洋是迫不得已的出路。

潮州歌谣中有大量关于过番的作品。“一溪目汁（眼泪）一船人，一条浴布去过番。钱银知寄人知返，勿忘父母共妻房。火船驶过七洲洋，回头不见我家乡。是好是劫全凭命，未知何日回寒窑。”“所扛大杉楹（大木头），所做日共夜，所住破寮棚，真真惨过虾。”……

迫于生计的自由移民尚且能争一个盼头，“猪仔劳工”则于极端苦难中饱受煎熬。

清人林大川在其笔记《韩江记》卷八中这样写道：“咸丰戊午（1858年）正、二月间，有洋舶数十，买良民过洋者，名‘过咕哩’。初则平买，继则引诱，

再则掳掠。”据不完全统计，1852 年至 1858 年，从南澳、妈屿掠贩出洋的“猪仔”达 4 万人之多，妈屿岛海滩上被抛弃的华工尸体约 8000 具，约占总人数的 20%，跳海自杀者尚不在其中。

马来西亚亚庇潮州公会署理事长曾锦明于 1959 年在马来西亚出生，是家里最小的孩子。小时候，曾锦明家里经常住着很多过去打工的潮汕同乡。曾锦明觉得父亲很了不起，在当时就能把妻子和子女一起接过去。许多下南洋的潮汕人一生骨肉分离，到了节日，有些同乡会向曾锦明的父亲“借”来曾锦明这个排行第六的“孥仔”（潮语意为“小孩”），来热闹一下。

1860 年，英法强迫清政府签订了《北京条约》，其中写明允许招募华工出国，外国人贩卖“猪仔”的活动正式合法化。与此同时，汕头正式开埠，外国人在汕头设立了近 30 家公司招募华工出国。据《汕头海关志》记载，1864 年到 1911 年，潮汕地区出国谋生的人数高达 294 万。“猪仔劳工”的情况一直持续到辛亥革命，这是潮汕人移民海外的第二次浪潮。

晚清到民国成形的海外华人社区中，潮州人集中在泰国、印尼、新加坡、马来西亚。之后，抗日战争、解放战争等引起的躲避战乱、政治避难需求，陆陆续续迫使潮人移居南洋。“海外一个潮州”的雏形逐渐开始形成。

从落叶归根到落地生根

1844 年，上莆都金砂寨（今潮安区彩塘镇金砂一村），自幼丧父、艰难度日的少年陈毓宜被“卖猪仔”到马来西亚彭亨州做苦力。还清了“卖猪仔”的债务后，他改行贩布，沿街叫卖。

因性格耿直、买卖公道，又年少英俊、谈吐风趣富有感染力，陈毓宜给当地居民留下了很好的印象，他在做买卖的时候受到马来贵族天猛公阿武峇卡的赏识，阿武峇卡在尊卑贵贱悬殊的情况下与他结为兄弟。后来他又与阿武峇卡的表妹结婚，被潮人称为“番驸马”。“陈旭年”这个由当地媒体误报道的名字取代“陈毓宜”，成为潮人翻身的传奇符号。之后，陈旭年开发柔佛州，成为马来半岛上最大的港主，管辖蜂蜜、胡椒的出口等。1870 年，从熙公祠动工，陈旭年不计成本的投入和潮州工匠的巧夺天工成就了这座华美的公祠。

并不是每个番客都能有陈旭年的才能与运气，随手便可豪掷千金起大厝。对于更多番客和他们的家人而言，一封封侨批，是动荡年代那一根维系亲情与经济的线。从陈植芳《漫谈潮汕民间侨汇业》一文的数据中可得，潮汕侨批业发展的

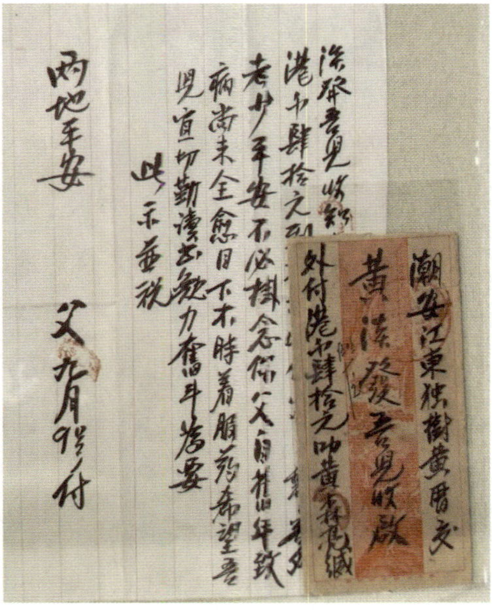

左 右

左：“猪仔劳工”是潮人过番的血泪史
右：侨批是当时番客与家人的重要联系方式

高峰期 1934 年，汕头市月平均批封数 183 744 封，月批款额 2 759 730 银圆。

澄海隆都镇曾流传一句俗谚：“古宅擎灰匙，潭尾做蚝箕，后陈食番钱，新乡劏竹篾，陇尾鏨大钱，侯邦辮畚箕，何厝割猪核，鸭（溢）洋淙东司。”其中“后陈食番钱”指后陈村依靠侨批侨汇生活。无可奈何过暹罗，但总能搏出一条出路。潮汕移民从中原南下，一路辗转，永远在与土地、天灾、人祸斗争，永远在寻找出路，永远在找下一片蛮荒而等待开拓的土地。

黄晓坚认为，潮州籍的海外移民普遍经商，参与到所在地不同层次的经济活动中。由于前期主要分布在东南亚，潮汕人对东南亚的经济、社会发展起到了非常大的作用。

陈旭年对当时柔佛王国的经济起着支柱作用，是柔佛王国财政、税收的主要来源之一，甚至在柔佛苏丹出现经济危机时，帮助柔佛渡过难关。1875 年后，陈旭年从柔佛移居新加坡，从潮州请去工匠并运去原材料，按从熙公祠的规格和式样，在克里门梭道和槟榔路间建成被该国列为国家第五古建筑的“资政第”。陈弼臣、谢国民、苏旭明三位潮商，先后登上泰国首富的宝座；在新加坡，“涂料大亨”吴清亮多次荣登新加坡富豪榜；除了东南亚，在欧洲、加拿大等地，华人首富亦出现过潮汕人的身影。

当年是“番畔钱银唐山福”，赚到银钱也还是要落叶归根，即便是在海外富甲一方、奋斗一生，陈旭年最终仍选择终老潮州。之后，越来越多的潮人选择落地生根，且以家族为纽带，帮助更多潮人在南洋谋生。陈慈黉的次子陈立梅在黉利家族的发展史上承前启后，继往开来。因同乡到泰国谋生，可免费乘搭黉利的轮船，到了泰国，也给予就业、食宿等诸多方便，故有俗谚称“梅座山下好乘凉”。

泰国工商总会副主席、泰国潮州会馆执委周桂扬 1975 年出生于潮州，20 世纪 90 年代，他看中了泰国的市场。在他小时候，“海外一个潮州”已经是极为明确的存在。周桂扬的曾祖父是初代番客，落户泰国，到了周桂扬爷爷这一代，家里经济情况好转，周桂扬爷爷选择留在潮州当教书先生，退休后在潮州市侨联工作。周桂扬对“海外一个潮州”的最初印象来自他家的客厅，“那时候家里总是会有很多华侨过来，小时候也不懂，就是为了吃糖，听着听着也就渐渐知道了东南亚那边的生活情况”。

据泰国潮州会馆主席黄迨光介绍，目前在泰国的潮汕人在700万到800万之间。周桂扬说：“第二代、第三代的潮侨、华侨在泰国的很多领域做到比较高的位置，而且也都是比较正面的存在，所以我们潮州人在泰国也能够得到平等的对待，不会有人把我们看低。”

厝边头尾世界阔

2021年8月14日上午，一场“出花园”成人礼在线上举办，数十名马来西亚的潮籍青年在云平台上接受民俗专家的指导，在自家穿红衣、着木屐、吃“头彩食”。这场活动由柔佛潮州八邑会馆主办。柔佛潮州八邑会馆会长陈周平希望海外潮州人能够在更多方面与原乡接轨。

柔佛新山直律街上有一座传统的潮州风格建筑，名为柔佛古庙，由新山的潮帮、客帮、福帮、广肇帮和琼帮共同奉祀五位主神，是为“五帮共和”。脱胎于潮汕民俗“营老爷”的古庙游神是新山华人社区的活文化，元宵过后，一连三天，热闹非凡。马来西亚政府在2012年春节把柔佛古庙游神盛会列为国家文化遗产。

马来西亚柔佛潮州八邑会馆董事孙彦彬认为，这项出游庆典源自中国粤东潮汕地区，后由先人从原乡潮汕传承过来，扎根马来西亚新山，历经百余年的演变，如今已发展成集当地色彩、宗教及民俗活动于一体的庆典。原本属于潮州人的游神，现在已发展成每年数十万人围观和参与、跨帮群、跨籍贯的华人宗教信仰盛会。

近年来，关于潮州文化的异地传承研究颇多，学者们注意到潮州文化中较为原汁原味的部分在潮汕本土渐渐式微，但在海外却得到保存。在海外潮人聚集社区，有可能看到潮州菜中传统的功夫菜，各式各样的人生礼俗与几近失传的俗谚和歌谣。曾锦明一直非常骄傲于自己的潮州人身份：“在文化展示上，我们潮州会馆一直都是做得最好的。这些年，我带了很多潮州人回潮州，就是想告诉他们祖先有这么多的历史文化。”

黄晓坚提到，文化可分“小文化”与“大文化”，海外华人社区中，民间信仰、民俗、建筑属于“小文化”，即民间的俗文化。由于早期的海外移民为下层平民，所以这一部分文化的移植出现得非常早。至于“大文化”，即精英文化，则要等到后期潮州会馆开设华文学校，组织华文教育才开始形成。

陈周平介绍，全马来西亚目前有超过30所华文小学，“这些学校不是为了营利，而是为了保存我们的语言和文化”。许多海外潮人社团一直将创办华文学校视为重要工作，于是在韩江滋养不到的地方，出现了韩江小学、韩江书院、义安女校、义安书院……

柔佛潮州八邑会馆名誉会长陈再藩将自己与家乡的联系分为三个阶段，第一个阶段是小时候听母亲讲家乡风物，第二个阶段是寄侨批回家，第三个阶段是与潮州本地开展文化交流。近十年来，陈再藩多次回潮州，积极促进潮州与“海外潮州”的文化互动。

2022年农历新年，陈再藩与一名马来西亚的潮人长辈通电话，聊到当下的形势，长辈说了一句“平安当大赚”，陈再藩觉得这与潮人过番的精神状态吻合，“这个精神状态是典型的潮州人面对苦难能够自我安慰，在低谷的时候能够忍得住、不放弃的状态”。于是，

右

左

左：马来西亚亚庇市，中秋节游街晚会上出现潮州特色鲤鱼灯

右：潮人将游神赛会的民俗带至海外

陈再藩策划了线上潮语对谈节目“厝边头尾世界阔”，邀请海内外的潮人用潮语谈潮人的故事，他认为这是通过互联网进行潮州文化交流的一个新阶段，称为“潮起云端”。

“文化是很具体的东西，是分层次的，从家族扩展到地域、国家。如果没有小范围内的文化认同，如何达到中华民族整体的文化认同？中华文化之所以博大，就是因为它是由不同的地域文化组成的。”黄晓坚说。

比利时潮汕同乡会会长沈翼的家族从晚清开始移民，起初定居越南。1970 年，沈翼到比利时上大学。20 世纪 70 年代中期，中南半岛出现社会动荡，越南在

1977 年实行“净化边境地区”方针，开始有计划驱赶华人，大量潮人难民再移民到欧洲、美洲、大洋洲等地。沈翼加入比利时国籍，家人跟着移民比利时。

沈翼是潮安彩塘人，已经是第四代移民，他最近和堂兄弟商量打算重修祠堂。沈翼给他的侄女看祠堂的照片，已经不会讲潮州话的侄女也觉得这是很重要的事情。沈翼自己也说不明白为什么这么看重祠堂，“我要和我的孩子、我们家族在比利时的下一代讲，我们那边还有‘根’，那栋房子代表着我们的‘根’”。

◆花宫村陈再藩的自述◆

陈再藩，1953 年出生于马来西亚柔佛新山，为二代潮籍华人，著有现代诗集《小曼诗藏》《茧》，现为柔佛潮州八邑会馆名誉会长。陈再藩讲述的过番故事里，有欣喜，有遗憾，有“无可奈何花落去”，也有“似曾相识燕归来”。

我是潮安浮洋镇花宫村人，花宫村是个很漂亮的名字，“花开香满座，宫向水朝宗”。我的母亲是隔壁的南门桥（现为刘厝村）人。南门桥种柑，花宫村种稻。

我祖父有四个儿子，我爸爸是老幺，四个儿子都过番。1926 年，我的父亲 15 岁，就跟着我的伯父们到南洋。20 多岁的时候，我的父亲第一次回乡和我母亲结婚，有了我哥哥。之后 1941 年太平洋战争爆发，父亲多年未回。1952 年，我父亲回家办手续，把我母亲从潮州接过来。家里人说祖母还在潮州，要把哥哥留在身边陪祖母，我哥哥就没过来。

父亲告诉我关于家乡的故事不多，他 15 岁就下南洋，之后回去过两趟，对家乡并不很熟悉。1953 年，我出生在柔佛新山，母亲给我讲了很多家乡的事情。

从母亲那里，我知道祠堂前有一条小溪，端午节的时候有赛龙舟；祖父在村里是一位德高望重的人，村里人有纠纷、嫁娶都会请他去。“日本天”（日军侵略时期）的时候，我母亲和哥哥两个人相依为命，碰上饥荒，我哥哥从水稻田里抓老鼠吃才熬过那时候。我们的村庄靠近桑浦山，那时候山上有很多山贼，他们会在月黑风高的晚上结队到山下的村庄打劫。

因为战争，父亲和家里的联系断了几年，音信全无。“日本天”结束的时候，村里有男人过番的家庭都能收到南洋寄过来的侨批，起初我母亲和哥哥一直没有收到父亲寄来的。派侨批的水客到村里来的时候，我哥哥都跑着去等，一轮又一轮，总是没有。一天，在房间里的母亲听到哥哥在外面喊：“阿爸的侨批来了！”哥哥从祠堂的前埕飞奔进来，跌跌撞撞，跌在地上爬起来继续跑到母亲跟前，兴奋得不得了。

母亲给我唱了很多潮州歌谣。“拥啊拥，拥金公。金公做老爹，阿七阿八来担靴”“天顶两只鹅，阿弟有嬷阿兄无。阿弟生仔叫大伯，大伯听着无奈何，打个包裹过暹罗”……

我母亲过来后，这边能渐渐稳定寄侨批回去给我哥哥，这是我们和家乡联系的方式。过年过节的时候，由我来写信、汇钱回去。

20 世纪 80 年代，我母亲办了手续回潮汕探亲，从新加坡坐油轮到汕头。我帮她准备了很多衣服和饼干带回去。母亲说，哥哥从家门口出来，一见到她就跪下来抱着她的腿哭。母亲一脚踢开，说：“没出息，哭什么！”

我哥哥那时候已经成家了，有了两个儿子、一个女儿，都生活在汕头。我哥哥是一名画家，被派驻到澄海的潮剧班里画布景。他郁郁不得志，终日借酒浇愁，后来患了胃溃疡。有一天，我们收到一封电报，到电信局去，翻译过来是我嫂嫂发来的四个字——你哥病危。于是，我此生都没见过这位胞兄。

20 世纪 90 年代，我终于回了趟潮州。我和母亲一起回到浮洋镇。当我走进花宫村的时候，就好像回到家，一点陌生的感觉都没有。可能因为我母亲给我讲了很多家乡的事情，又讲得很生动，我感觉好像不是一个出生在南洋的二代移民寻根探亲，而是一位从潮州过番的番客回到了家乡。

潮汕人过番回来有个习惯，要吃一碗甜面、两个鸡蛋。那天，我在堂哥家里吃了三碗甜面、六个鸡蛋。

后来我和母亲到南门桥想找找母亲的娘家人，我的大舅、二舅都去世了，只有排第四的舅舅还在。因为很早就断了信息，所以事前也没有通知。我们走到南门桥的一个巷口，看到一名瘦瘦的老年人蹲在地上晒一些作物。我母亲说了我小舅的名字，问老人，我小舅住不住这里。老人抬起头，盯了我母亲好一阵子，站起来，叫了一声“阿姐”，哭了。他就是我小舅。

这是我们家族过番的故事，是我记忆中跟家乡的关系。

借东风，潮学研究薪火相传

2021 年 9 月，暨南大学潮州文化研究院成立，北京大学博雅讲席教授陈平原被聘任为潮州文化研究院首任院长，同月，《潮州文化丛书》第一辑出版。潮学研究的花园中又冒出一朵鲜花。“潮州文化”成为近年来的热词，而乘势而上的这股东风背后，是历代学者做学问的“冷板凳”。学问无穷，因而薪火相传，代代接力，生生不息。

借东风　热炉灶

2020 年 10 月 12 日，中共中央总书记习近平在潮州视察并指出，潮州文化具有鲜明的地域特色，是岭南文化的重要组成部分，是中华文化的重要支脉。

潮州古城的“一桥、一楼、一街”游客如织，从团体到个人，各界如探宝般走进潮州文化这一矿藏，热度带来的关切自然延伸至学术研究领域。

下

2021 年 9 月，暨南大学潮州文化研究院成立，北京大学博雅讲席教授陈平原被聘任为首任院长

在这之后，近一年潮州文化的研究有许多进展：2021年5月13日，广东省社会科学研究基地——潮州文化研究基地揭牌；广东省社会科学界联合会、中共潮州市委、潮州市人民政府、华南师范大学、韩山师范学院联合主办的首届“潮州文化论坛”暨“潮州文化传承与创新”学术研讨会在10月22日举办；2021年度广东省哲学社会科学规划“潮州文化研究”重点委托项目申报工作正式启动，项目通过省社科规划办平台向全省发布申报通知，全省共135个团队报名……这些有资金支持、落到实处的项目是对于潮州文化研究最直接而有力的推动。

东风非凭空而起。从高校的区域文化研究者到民间的传统手艺人，都能明显感觉到社会对地方文化的关注度连年上升。“最近这几年，潮州文化研究的宏观环境更好，可以说，中国人民在历史上从来没有像今天有这么强大的文化自信。”韩山师范学院副校长陈海忠认为，根源于中华传统文化的潮州文化，因其独特的气质及其在海外华侨华人社会中的强大影响力，使人们更能体会到它的魅力。

马来西亚柔佛潮州八邑会馆名誉会长陈再藩认为，侨批时代过去后，如今已进入海外潮人与原乡联系的新阶段。2021年9月23日，马来西亚柔佛潮州八邑会馆的线上潮语清谈节目《厝边头尾世界阔》迎来第七场，陈再藩同马来西亚柔佛潮州八邑会长陈周平、副会长孙彦彬通过直播平台与潮州市李伟雄、杨锡铭对谈“潮来潮往十四载”，回顾新山潮人与原乡过去频密的交流互动所取得的成果，并展望未来两地潮人合作的方向。新加坡国立大学中文系副教授、博士生导师李志贤提出，在学府之外，潮团、潮州会馆等民间团体纷纷开始关注文化领域，虽然不一定符合学术规范，但在文献搜集、整理、研究上有很大贡献，同样推动了潮学研究的发展。

汕头大学潮汕文化研究中心主任陈景熙认为，在全球化背景下，随着中国综合实力的增强，海外华人华侨有明显的“再华化”倾向，对祖籍国的向心力增强，与原乡的联系增多，而联系首先是通过文化达成的。

振臂一呼　群声响应

在东风来之前，早有人埋头在脚下的乡野默默耕耘，在乱世中守一张书桌。

潮籍语言学家、博士生导师詹伯慧认为，没有饶宗颐这么一位大奇才、大学者的擘画和统筹，地域文化研究中异军突起的潮学的兴起及其持续发展，几乎可以说是不大可能的。

饶宗颐出生于 1917 年的潮州，旧承家学，父亲饶锷是潮州首富，也是学者，勤于治学，立志编撰《潮州艺文志》。然而 1932 年，年仅 42 岁的饶锷因病去世，弥留之际留下完成《潮州艺文志》的心愿。时年 15 岁的饶宗颐为完成父亲的遗志，开始了三年的爬梳钻研，最终修订完成《潮州艺文志》，已故著名潮学学者蔡起贤誉之为“一部潮学开创性巨著”。

饶宗颐对潮学发展厥功至伟，但从《潮州艺文志》的编撰可看出，在饶宗颐之前，地方已有饶锷等贤达对潮州地方历史文化进行研究，如编著潮州乡土历史、地理教科书的翁辉东与黄人雄，数次主持编修地方志的学者温廷敬等。

陈景熙认为，饶宗颐对前人的研究成果进行了系统性总结，是潮学研究的集大成者。饶宗颐以潮学研究起家，之后这位天才式的学问家在文字学、敦煌学、词学、史学、民俗学等多个领域均有高深造诣，但仍不忘潮学发展。方言学家、国际潮学研究会学术委员会主任林伦伦认为，潮人本身对其乡土文化，有着高度的文化自觉和文化自信。

1989 年 11 月 18 日，第五届国际潮团联谊年会在澳门召开，饶宗颐在会上发言："我们如果真的有诚意去发扬潮人的传统文化……（就）应该做出一些有建设性的行动，例如设置某种有计划有意义的学术性基金和奖金，来鼓励人们去寻求新的智识，继承唐代常、韩两位地方刺史'兴学'的精神，与海外培养一些人才，发展某些学术研究，这样才能使潮人传统文化有更加灿烂的成果。我想各位必会同意我的建议而努力去促其实现的。"

1990 年 11 月，汕头大学潮汕文化研究中心成立，为国际潮学研究领域中第一家专门性学术机构；1991 年 1 月，韩山师范学院中文系设立潮汕文化研究室，后更名为潮汕文化研究中心，即潮学研究院前身；1991 年 8 月，民间学术团体潮汕历史文化中心创建。

1991 年，中国历史文献研究会以"潮州历史文献与文化学术"为专题在汕头大学召开第十一届年会暨潮汕历史文献与文化学术研讨会。饶宗颐认为，此次会议将潮州历史文献与文化学术的研究提升至全国性的层次。1993 年 12 月，在香港潮州商会支持下，首届潮州学国际研讨会在香港中文大学召开。饶宗颐发表著名的《潮州学在中国文化史上的重要性——何以要建立"潮州学"》一文，正式提出"潮州学"这一概念。同年，饶宗颐策划创办《潮学研究》并担任主编。之

左 右

左：饶宗颐登高一呼，竖起"潮学"大旗

右：潮州学国际研讨会的召开，是潮学研究进入新时期的标志

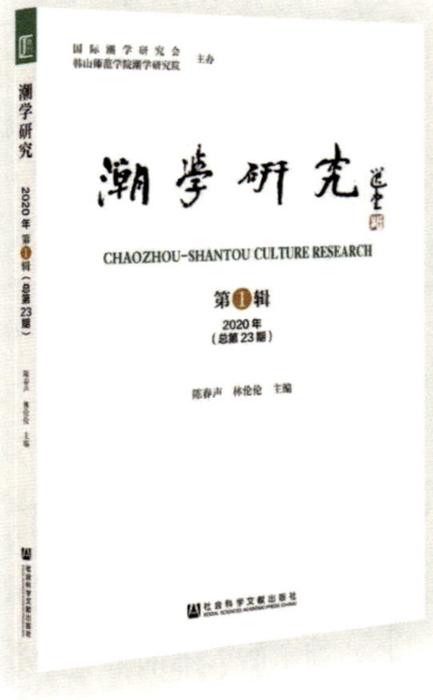

上

饶宗颐策划创办《潮学研究》并担任主编

后的 1997 年、1999 年，汕头大学与韩山师范学院相继承办潮州学国际研讨会。2005 年，在澳门举行的第十三届国际潮团联谊年会上，潮团领袖陈伟南提议成立国际潮学研究会。

据暨南大学教授甘于恩、周洪涛《20 世纪 90 年代潮汕文化研究概述》一文，20 世纪 90 年代，在内地、香港刊物上，潮学研究者发表的文章约有 1200 篇。

陈海忠归纳饶宗颐提出的“潮学”：潮学是以潮州地区人文现象为研究对象的专门学问，是涉及历史学、文学、人类学、经济学、社会学等现代学科门类的综合性学科，是一门具有鲜明国际性特色的学问。

“以海外潮人的研究为例，此前海外潮人依附在海外华人概念下，没有专门开辟研究领域。而如果我们要深入研究潮人，就要使其成为独立的学术领域，至少能够与其他学术领域进行独立对话，潮学才能够进入到更大的学术平台。”李志贤说。

薪火相传　弦歌不辍

陈景熙在硕士研究生阶段跟随黄挺、林伦伦学习潮汕方言与区域文化，博士阶段跟随中山大学历史系教授、潮籍学者陈春声学习民间历史文献学。陈景熙认为，从饶宗颐到黄挺、林伦伦、陈春声，潮学的发展离不开一代代学者的耕耘。而他从事潮学研究的原因有自身对于潮汕文化本身的自觉与自信，也与他从历代学者们的研究成果中得到的养分有关。

1985 年，林伦伦从中山大学硕士毕业，到汕头大学中文系任教，完成《潮汕方言考释》一书，后凭借国家社科基金青年项目“潮汕方言语法研究”的成果获得中国社会科学院的青年语言学家奖（后更名为中国社会科学院吕叔湘语言学奖）。黄挺的研究方向为社会史、文化史、区域史，曾主持数个国家级、省级重要课题，著有《潮汕文化源流》、《潮汕史》（合著）等著作。

“黄挺、陈平原和我现在成为老一代了，应该说是承先启后的一代吧。”林伦伦说。在林伦伦这一批学者之前，潮汕地方文史界的老先生是潮汕文化研究的重要群体，往往出于自身兴趣爱好和乡土情怀做些掌故性质的研究。

林伦伦认为，这些年来，变化最大的不是某个研究者的研究水平，而是从个别研究者的单打独斗发展为成规模成学科的研究。

陈景熙出生于 1972 年，自认为是林伦伦这一代“老先生”带出来的“学徒”，此前也担忧过潮学研究者断层的问题，如今看到有越来越多的“弟弟妹妹”加入，“越来越多遵循学术规范的研究人员继续进入潮学领域，而且研究人员梯队在年龄层次上有连续性，梯队分布比较均衡，整体而言是让人觉得很欣慰的一个现状”。

2019 年，在新西兰奥克兰召开的第十三届潮学国际研讨会上，陈海忠做如下总结：一批在国内外著名高校、研究机构学习工作的青年才俊已成为潮学研究的主力，他们的学术志趣将主导未来潮学研究的走向。与上一辈的潮学研究者相比，他们对该学科基础理论体系的掌握更加系统，更擅长使用外文文献或用英文写作。这有利于提升潮学研究在国内外学术界的对话能力，提升潮派学者的影响力。

林伦伦表示，这些中青年博士、教授从学术理论到研究方法都有创新之处，相信能做出超越前人的研究成果。

2021年，汕头大学潮汕文化研究中心讲师李国平完成在德国莱比锡大学汉学专业博士研究生阶段的学习后回国。对于李国平这一代学者而言，乡土情怀不再那么经常被提及，更关键的在于自身的兴趣与价值判断。李国平关注的领域是民间信仰，他对学术研究的理想状态是结合田野调查与历史文献对某一对象进行研究，希望能够走出书斋体验，又能回到书斋钻研。经学术训练后养成批判性思维，再反思自己原先所熟悉的本土文化，李国平慢慢走进潮学研究这个领域，但他并不以地域为局限，“跟着自己的问题，判断哪一些问题比较有学术价值，然后再去展开研究”。

登高望远　天地广阔

在《潮州学在中国文化史上的重要性——何以要建立“潮州学”》一文中，饶宗颐写道：“具见潮州文化若干特殊现象，已不仅是地方性那样简单，事实上已是吾国文化史上的重要环节与项目。”饶宗颐认为，国家的历史研究应该从地区做起，假如不从地区做起，就没有办法写成比较可靠而且可以传之永久的全国性历史。

2003年8月，“历史人类学系列讲座”在韩山师范学院举办，陈春声做《从地方史到区域史——关于潮学研究课题与方法的思考》主题演讲，提出潮学研究要超越地方史的传统。“我们这些做中国史研究的人、做中国社会和文化研究的人，总是希望我们这样的研究，最终对整个中国历史的重新建构或者重新理解，会有一些帮助。同时，我们也希望在辛辛苦苦做了那么多的研究之后，这样的工作可以与整个人文社会科学发展的主流有一些对话，可以参与到一个更大的学术共同体的一些共同关注的问题中去。”

比较饶宗颐与陈春声的表述，陈景熙认为二者的核心观点是一样的：“其实就是不要画地为牢，不要站在潮汕看潮汕，更不要站在潮汕某个市来看潮汕。”

如何理解作为社会史分析工具的“区域”？潮州、潮汕、潮州府、潮州人，这些基础概念该如何界定？在民间舆论场上，潮汕三市总是争论不休，但对于学术研究而言，大部分学者都认为应在具体语境中看待、使用，不必纠结于特定名称。林伦伦认为，“该怎么用就怎么用，该怎么写就怎么写，不必强求一致。心中不存芥蒂，园地自然不必修藩篱”。当学者对所研究的对象、时间、层面都清晰、明确，区域概念也自然明了。

从饶宗颐起，潮学研究即已开始注重海内外两端，潮学研究者有意识地将潮学放在中华民族、国际性的背景下进行考察。陈平原认为，必须把国内各地、港澳台以及东南亚的潮人叠加起来，潮汕的重要性方才可能得到某种呈现。“我之所以勉力出任暨南大学潮州文化研究院的院长，是希望为潮学研究搭建较大的平台，保留众声喧哗的局面，而又呈现大致方向，这样才能加强辨识度，便于走出去，参与国际及国内主流学界的对话。”

在全球史、中外文化交流史、海上丝绸之路的视角下研究马来西亚槟城的某一个潮州人聚落，同样大有可为。潮州人如何来到这里？与其他民族如何交流？与原乡如何联系？其间搭建了怎样的交通网络？陈景熙认为，潮人的流动以及与其他民族的交互是潮学研究应关注的问题。

陈春声认为，如果我们只是机械式地、像做拼图或者像叠积木那样，每一个地方的学者，都把这一个地方的区域史的研究做好了，我们才会有一个新的中国历史的解释的话，那么，这个工作是永远也不会有结果的。“当我们用某一种特定的方法重新解释一个区域的历史或一个区域社会文化的时候，其实已经在一个比较根本的层面上，一个合乎学术规范的、有深度的、有对话能力的层面上，改变了你对整个中国历史的看法。”

海外求学阶段，李国平最大的感触是国外汉学学者的“他者视角”。“我们做研究最终的目的是要理解中国文化、理解中国，但因为我们本身就身处在这样的文化氛围里，所以很少会去思索这个问题。当跳出中国文化的圈子，换一个角度看自己的学术研究，也会思考原来的理解是否公允、是否正确。”陈景熙也提到，目前大部分潮学研究者都是潮汕人，自然有其优势在，但也需要注意时刻提醒自己，避免以自我为中心来观照某个现象，以至于没有办法很理性客观地来进行学术探讨。

◆而立之年潮学研究的未来◆

若从 1989 年饶宗颐在于澳门召开的第五届国际潮团联谊年会上倡议潮人研究潮州历史文化开始算起，潮学研究已过了而立之年。饶宗颐在 20 世纪 90 年代竖立起的“潮学”大旗交给了下一代的潮学研究者，学术基金的来源、研究方法的使用，都已产生变化。潮学研究风华正茂，未来的发展，也有了新的关注问题。

北京大学博雅讲席教授陈平原：十几年前我在香港中文大学教书，得以深入观察香港潮商会的活动，注意到他们与当地学界的良好互动，包括直接或间接地资助潮学研究。国内也有类似情况，只是相对零散些。对于今天的潮学研究者而言，来自潮商团体的资助变得不那么重要。可我依旧看好潮人的这种学—商互动模式，它提供了资助学术的另一种可能性，且管理不太严苛，没有那么多条条框框限制，更为灵活多样。更为重要的是，此举反过来让潮商团体因不断地资助教育与学术而亲近风雅，进而提升自己的精神境界，变得更有文化趣味。

方言学家、国际潮学研究会学术委员会主任林伦伦：目前潮学研究的队伍力量还不够强大。一方面，大部分撰写论文参加潮学研讨会的作者，是研究别的专业的，写潮学的论文，是应时而作，不能算是潮学研究者；另一方面，热心潮学研究、撰写文章者众，但真正符合论文写作要求者寡，因为能读完硕士、博士，受过真正的学术研究和学术论文写作训练的人数还是远远不足。《潮学研究》虽然在汉学界同行中具有较高的评价，但未入 C 刊，受限于科研管理办法导向的评定标准，作者惠赐的高水平论文不多。

韩山师范学院副校长陈海忠：首先，海外有大量潮学研究相关文献，外文的文献还没有得到有效系统的整理，特别是保存在日本、英国、荷兰和美国的档案，还有保留在泰国、马来西亚等的外文文献，这些都有助于研究海外华侨华人。其次，对潮州文化品格的形成有重要影响的是王阳明的心学，目前在这方面的研究还有很大的空间。

汕头大学潮汕文化研究中心主任陈景熙：杜经国教授在此前担忧潮学研究人才后继问题，提出过建设潮学硕士点。虽然几十年来潮学研究未断代，但杜经国教授的担忧不无道理。长远来看，潮学要海纳百川，接纳不同学科的人才，但只有建立一个稳定的平台，保证潮学研究团队的硕博人才培养，才能不断把潮学研究这个领域做大做强。

另外，我们可以多关注闽粤赣边界这样一个区域。同处在闽南文化下，潮州学与泉州学的互动还太少，从雷州半岛到海陆丰，甚至海内外的闽南文化与潮州文化，都有许多研究的空间。

新加坡国立大学中文系副教授、博士生导师李志贤：今天我们看到一些年轻学生，借鉴了不同学科的研究方法，在文献之外，利用田野调查等方法，探讨源自潮汕原乡的宗教来到海外之后，经过什么样的变化，跟海外地区其他的社会因素如何互动，又如何影响到原乡，这是有国际视角的表现。新马泰地区这样一个多元种族的社会背景下，潮学研究有很大空间，希望之后潮学研究能够推广至西方学术界并与其进行交流。

下

聚焦中国式现代化视域下的潮州文化研究与传播，第二届潮州文化论坛在暨南大学举办

贰

地标

广济桥是潮州人的精神地标

“我觉得湘子桥对于潮州而言就好比天安门之于北京，或是长城之于中国。”年过八旬的潮籍知名作家李英群在谈起湘子桥的意义时这么说。

湘子桥即潮州广济桥，是中国四大古桥之一，著名桥梁专家茅以升认为其是世界上最早的启闭式桥梁。“到潮不到桥，枉向潮州走一遭”的俗语诞生于没有城市营销的清代，几百年来直到如今依然是大部分来潮游客选择广济桥作为目的地的理由。

为何一座桥能与潮州有如此密切的联系？为何不到广济桥就“枉向潮州走一遭”？为何广济桥能成为海内外潮人回忆起家乡时最先浮现的意象？

从一座桥，看一座城，一定意义上，广济桥的历史，就是潮州的历史，就是潮人的故事。

一条江　一座桥

桥是水上的路，广济桥的故事，要从韩江讲起。从武夷山发源的汀江一路向南，在三河坝与梅江汇合，合称韩江。韩江入海，恩惠潮州。韩江使兴梅各地与潮汕平原得以沟通，是粤东连接闽西南、赣东南、海外各地的要道，又是粤东平原的主要创造者。潮州的文明史，韩江是见证者，更是参与者。

潮州历史文化名城保护专家委员会委员吴志敏认为，潮人对于水是有敬畏之心的，在韩江上造桥的历史，实际就是探讨人跟水怎么共生的历史。

韩江流经潮州的河段，河面开阔，江心水急。《永乐大典》记载，“由东以入广者，至潮有一江之阻”，“老于操舟者且自恐”。直至南宋乾道七年（1171 年），潮州知州曾汪以 86 艘船相互连接而成浮桥，结束了韩江两岸东西相隔的历史。历任知府知州接力修桥的历史也从这时开始了。从南宋乾道七年（1171 年）始建至明嘉靖九年（1530

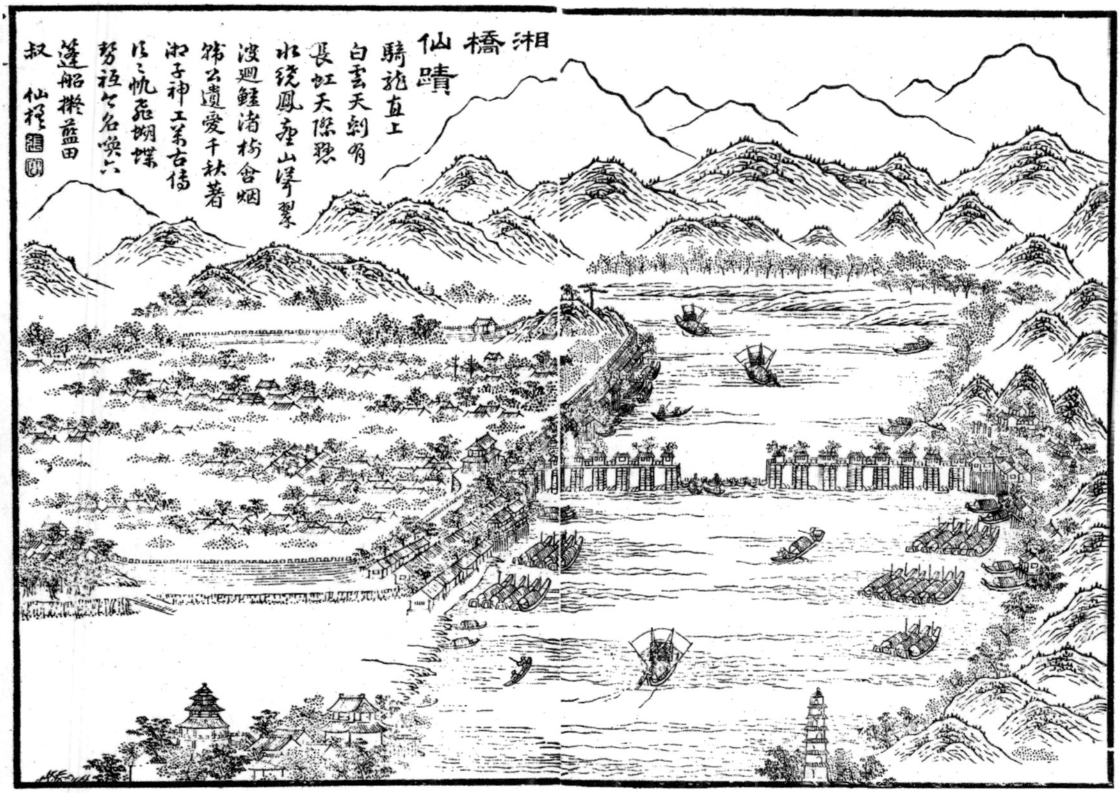

年）形成“十八梭船廿四洲”的格局，历时359年，令人惊叹。

打开广济桥史，维修是不断出现的主题。从洪水、飓风、地震等天灾到炮火轰炸、工程事故等人祸，有史可查的，广济桥重修重建达二十余次。不论损毁如何，建桥的执念一直在政府和百姓的心中。以“康济桥”为最初的名字，这座横跨韩江的桥在潮州百姓的眼中渐渐长成。

不论主政者是谁，桥名为何，是否有亭屋，坐拥宽阔江面为背景，作为两岸交通枢纽，广济桥成为潮州无可争辩的地标。

嘉庆年间（1796—1820年），云游四海的张宝初到潮州，选择了广济桥作为潮州的标志性景观，画下了《湘桥仙迹》。这也成了目前所能见到、年代最早的描绘湘子桥的图卷。

上

清代张宝的《湘桥仙迹》图

从城市设计的角度，开阔的水面是展示地标的最佳空间场所。当某一建筑物或构筑物具有景观异质性时，它就自然地从背景中凸显出来，从而形成视觉上的城市地标。“广济桥在两岸之间、韩江之上，在现代都是非常突出的一个景观建筑，更何况是在建筑更加平矮的古代。”吴志敏说。

一里市　一座桥

“潮州韩江桥也许是中国最值得一提的桥梁之一。它和伦敦老桥一样，都为城市提供了一个可供居民做生意的地方。”1870 年，英国摄影家约翰·汤姆逊来到潮州，惊叹于广济桥的桥市，并为广济桥拍下第一张照片。

下

广济桥第一张照片，摄于同治九年（1870 年）

桥市何时开始，尚不可考，但桥上建亭则在建桥之初已有。南宋淳熙六年（1179年），知州朱江在三个洲上分别建亭，开启墩上建亭的历史。明宣德年间（1426—1435年），潮州知府王源重修广济桥，东西两桥全用亭屋覆盖，十二座华美的楼阁分布在亭屋间。“五丈一楼，十丈一阁，华棁彤橑，雕榜金楠。”明代李龄《广济桥赋》如是记载。

潮州文史学者陈贤武经考据后，在《潮州广济桥》一书中写道，到了嘉靖后期，韩江流域的商贸活动开始兴起，潮州因当闽广之冲，成为韩江流域经济中心。潮盐自盐场出发后，都要经海运直抵广济桥掣配，然后赴各地销售。航行于韩江和海上的盐商往来如梭，广济桥下成为“四方盐商辐辏之所”。明代天顺年间，两广总督在广济桥设置税厂，对来往盐船抽税，广济桥税厂的税收数额居全省之冠。

明代中后期，潮州的海外贸易开始发达。具备冒险精神的潮商乘着风浪，往来海上，带回白银，又刺激陶瓷、纺织、制糖等手工业兴起，货物通过湘子桥往来南北。到清代，潮州城已成为仅次于广州的广东省第二大商业中心。

取材于清代广济桥的潮州木雕《湘子桥图》体现了当时“一里长桥一里市”的广济桥风光。有人提篮叫卖，有人摆起摊位，有人凭栏远眺，浩瀚江景与趣意市井尽在广济桥上。“茶居酒帘闹其上，水榭笙歌喧其下”，饶宗颐总纂的《潮州志·丛谈志》中描述了昔年潮州的繁华。清代，韩江之上广济桥下，六篷船扬着蝴蝶帆，兼具载客与游乐功能。其时六篷船上风月之盛，引来“名士题咏，骚客品花，踵相接也”，亦推动了潮州工夫茶品饮文化的发展。

广济桥再现“一里长桥一里市”已到了数百年后的2015年。广济桥的活化利用重启了新时期的桥市——非遗集市，民间工艺成了桥市的主角。

一城人 一座桥

普通的潮州人，很难说清楚为什么广济桥会成为潮州的地标，乃至海内外潮人的精神地标。广济桥于潮人，是如此理所应当的事情。

“潮州人在日常生活中总会提到广济桥，就是因为它日常，才是乡愁。”吴

志敏出身营造世家，参与了 2003 年广济桥重修的工作。重修之前的广济桥，虽然没有亭屋楼阁，但依然是一代潮州人宝贵的记忆。

1958 年，潮安人民政府在中间原浮桥部分增建 2 个高桩承台式桥梁，铺设路面。1979 年又再次扩建，原 7 米桥面作为行车道，桥两侧各加宽 2 米作为人行道。改革开放的东风吹至潮州，广济桥成了“公路桥”，又换新颜。

在吴志敏的印象中，作为公路桥的广济桥充满了生活气息。春天时看“做大水”（洪水），成了潮州八景之首的湘桥春涨；夏天，桥上很多人唱歌、烧烤、喝啤酒、吹江风……

有潮水的地方就有潮人，广济桥的身影也就随潮人传播四海。“湘子桥确是潮州人的乡愁象征。”马来西亚柔佛潮州八邑会馆名誉会长陈再藩如是说。

上
中
下

上：1934 年的广济桥
中：1958 年改建后的广济桥
下：2007 年修复后的广济桥

“玉壶冰底卧青龙，海外三山堕眼中”“渚雾惊看虹卧久，天空疑见鹊飞遥”……文人墨客以诗画重现广济桥的风光，民间百姓则选择以“仙佛造桥”“两只鉎牛一只溜”“桥脚鲤”的传说、以“到潮不到桥，枉向潮州走一遭”的俗语、以广济桥图案的木雕、瓷板画等来纪念、赞美广济桥。

广济桥东岸桥墩上，重修的冲天牌坊式石结构上书着“民不能忘”，以纪念清代太守刘浻、吴均当时修桥的功绩。广济桥的修建，离不开历任知府知州的推动，但更离不开潮州的百姓，从第一任修桥者曾汪开始，官民合修广济桥就是传统。至2003年重修，除了本土的潮人，那些扎根海外的侨民也大力支持，捐赠资财，感恩故乡，怀念故祖。“民不能忘”，不能忘的是家乡。

2023年1月19日，以广济桥为主角的“凤城之光”灯光秀正式恢复。广济桥从西岸东门楼延伸出一段，从东岸仰韩阁延伸出一段，在江心断开，桥上的灯光在这几日雨水浸润的韩江水面上映出镜像。

南面的韩江大桥车流繁忙，北面的金山大桥炫光多彩，交通早已不是广济桥的主要功能。下午5时许梭船开启，东西两桥隔断，夜晚无人在桥上走动，广济桥静默自处。潮人漂洋过海，广济桥的模样几度变换，潮州的发展也日新月异，但在潮人的时空地图中，广济桥依然以最鲜明的符号，为潮人指明家乡的所在。

◆海内外潮人眼里的湘子桥◆

“十几年前看到我爸爸提起笔构图潮州古城图时，广济桥在画上就占了个‘C位’。可见，在潮人心中，它是整个潮州的中心，整个城市的缩影。”80后工艺美术师郑烨娃说，对于潮州人而言，广济桥承载了一代又一代人的记忆。

“潮州湘桥好风流，十八梭船廿四洲。廿四楼台廿四样，两只鉎牛一只溜。”这首潮州人耳熟能详的民谣，在海内外潮人中不断传唱。湘子桥，这是潮人对于广济桥的日常称呼，无论是留在本土的潮州人还是海外潮人。

是美好记忆　也是乡愁

然而湘子桥“十八梭船”的浮桥模样却在很长一段时间里消失了。生于20世纪70年代末的钱燕璇，记得年少时经常徒步走大街过大桥，到韩江东岸的姑姑家，或是到韩师求学。做大水、桥上唱歌、能夜宿、桥上卖豆浆包子、晚上修自行车……在钱燕璇的记忆里，这是一座充满着生活气息的大桥。

即便是彼时作为“公路桥”的湘子桥，依然让钱燕璇时常想起长辈们所说的“十八梭船廿四洲”，心向往之。2007年，机缘之下，这份向往成了真，钱燕璇成为广济桥文物管理所的一名工作人员，她感到很荣幸，能与800年历史、与潮州人的文化地标如此贴近融合。

2007年，浮桥、亭阁模样恢复，那是许多人心中早已期许的湘子桥。

1972年出生于潮州的林顺于2002年独自前往菲律宾创业，如今身兼多职，是菲律宾海岸警卫队辅助执行队副队长、北伊罗戈省办公室中国事务部主任、菲律宾菲华潮汕联乡会副会长。

林顺记得自己五六岁的时候，父亲带他到广济桥旁，印象中只看到老城墙和那座老的桥，还有父亲告诉他两头鉎牛被水冲走的故事。

2015年第六届粤东侨博会在潮州召开时，林顺以海外代表的身份参加盛会。看到修复后焕然一新的古城和广济桥，心里充满喜乐，在讲解员的讲述中，林顺知道了很多关于广济桥的历史。“八百多年前的先贤竟然能有这么伟大的构思，把船当桥使用，太了不起了！”而关于湘子桥的民谣，则成了他和许多海外潮人的乡愁，深刻于心。

是家乡地标　也是骄傲

湘子桥不仅是个体的记忆，更成了海内外潮人的集体记忆。

潮人广泛分布在东南亚。新山是马来西亚柔佛州的首府，是马来西亚的第二大城市和南方门户，从早年开港拓荒到当下，潮人在其中均起到了不可或缺的作用。由潮籍著名港主陈旭年等先贤倡建的柔佛古庙是新山五帮华人共同参拜的寺庙，成为联系当地华人的重要纽带，其每年农历正月的游神盛会是当地一大华人活动品牌，更成了马来西亚的非物质文化遗产。

柔佛潮州八邑会馆会长陈周平说，会馆在2019年推出以湘子桥为主题的花车参与柔佛古庙百年游神的夜游活动，2020年则以湘子桥的图案制作潮州会馆的游神衣，“通过湘子桥等潮州八景把潮州介绍给当地人认识”。

“说起潮州一定会想到湘子桥。”陈周平介绍，事实上，湘子桥的形象在新山非常常见。当地的书画家常以此为题材来创作，不少潮人会馆也是以湘子桥图案来增添

上 广济桥灯光秀

左
中右

左：柔佛潮州八邑会馆 2019 年度柔佛古庙游神夜游的花车以广济桥为样式
中：柔佛潮州八邑会馆 2019 年度会庆时供来宾摄影的湘子桥摄影站
右：陈周平夫妇在柔佛潮州八邑会馆 2019 年度会庆中的湘子桥摄影站留影

潮味，标榜潮州血统。

作为侨二代的陈周平在马来西亚出生长大，如今年届七旬的他还记得小时候常听父辈们讲述从青龙古庙出发、离别湘子桥的场景，讲述“十八梭船廿四洲”的故事。

25年前第一次返乡时未能踏上湘子桥的遗憾终于在10年前再次返乡时得以弥补。“赞叹！”多年后，陈周平依旧对湘子桥念念不忘，他感叹于古人的智慧、感叹于中华文化的磅礴，抚今追昔，他也感叹中国成了世界上造桥技术最顶尖的国家。

2019 年底，40 位马来西亚青少年来潮寻根，参加潮州市冬令营，陈周平特地带他们在广济桥上留影，晚间再次去参观夜景及灯展。“小朋友很兴奋，有的甚至不敢相信这是桥。”

2020 年度广东省文物古迹活化利用典型案例宣传推介活动中，全省共有 25 个项目入围最终评选名单，潮州广济桥活化利用项目成为潮州市唯一入围项目。

有着 800 多年历史的广济桥在近年再现活力。潮州广济桥文物管理所所长余小洁介绍，依托古桥古文物资源，广济桥上有了常态化非遗展示与动态化非遗集市。

桥上部分亭台楼阁成了潮州非遗的最佳展室。桥上六大展室分别陈列潮州手拉朱泥壶、潮州木雕、潮绣、潮州麦秆画、潮州陶瓷以及综合类非遗项目，免费向公众开放。

每逢周六日和节假日，展室内外，非遗传承人的绝技在此上演。

在悠扬的曲乐中，手拉壶从业者蔡镇双的手或松或紧，旋转的泥坯逐渐变成一个茶壶的形状，游客们的嘴也不禁忽大忽小做出各种惊讶状。

广济桥作为桥市，仍是历史上的模样。2015年，非遗集市再现了“一里长桥一里市”的盛景，潮州麦秆画工艺美术师郑烨娃看到了广济桥历史上的样子——古老又充满了烟火气息。“让广济桥复活，让灵魂回归，需要非遗文化的注入。”郑烨娃说，把潮人的记忆用非遗工艺展示分享给游客，感觉是件很有意义的事。

广济桥与非遗的结合，让潮州非遗走得更远，二者相得益彰。“桥市的重现，让我们的麦秆画有机会亮相在潮州文物建筑上，它给麦秆画做了有力的宣传。”郑烨娃说，桥市对传统工艺的宣传作用很大，游客们不用问，就能感知到这一定是某种特有的手工艺，才能在此出现。

非遗集市活动得到潮州市民与外地游客的大力追捧，桥上游客如织。余小洁介绍，活动持续3天，广济桥共接待游客近万人，相比前后同一时段，参观人数足足多了6倍。

随着潮州旅游业的日益发展，广济桥已成为游客到潮必打卡观光景点之一。广济桥很老，它已经有800多年历史。广济桥又很新，这指的不仅是千百年来不断的修缮——最近的重修是2003年动工至2007年完工的这一次，也是活化利用，是非遗与古老建筑的碰撞，是灯光霓裳穿在800年肌肤上的时尚。

◆潮州广济桥时间轴◆

南宋

乾道七年（1171年）
潮州知州曾汪主持建桥，江心矗立一菱形石洲，东西向86艘梭船连接而成浮桥，历时3个月，命名为“康济桥”

淳熙元年（1174年）
韩江大水冲走过半梭船，时任知州常祎将梭船改小，数量由86只增加至106只

元代

大德十年（1306年）
判官买住将木梁改为石梁，但经验不足，架了四孔，石板过薄，不久便折断，后又换成木梁，开石板代替木梁的先河

至正四年（1344年）
府判乔贤对全桥大修，结束东西桥异称，专用“济川桥”

明代

宣德十年（1435年）
在知府王源的主持下，古桥迎来规模空前的维修，东西两桥全用亭屋覆盖，十二座楼阁分布其间。竣工后，因“取济百粤之民，其功甚大也”，更桥名为“广济桥”，沿用至今

嘉靖九年（1530年）
知府丘其仁继续“易梁以石”，将原有的24只梭船减去6只。至此，“十八梭船廿四洲”的格局才确立，并开创桥上设管理机构的先河

2003年
修复工程一期实施，加固21座古桥墩，拆除1958年增建的中墩和桥面，恢复石梁桥面和石栏杆

2007年6月18日
广济桥修复竣工，重现明代风格的“廿四楼台”与“十八梭船”历史风貌，向海内外游客开放

2018年2月
潮州一江两岸夜景正式亮灯，广济桥成为灯光秀最亮眼的主角。后命名为“凤城之光”

2021年
建桥850周年，《潮州广济桥》专用邮资图及邮资明信片在全国正式发行。中国邮政发行的《中伊建交50周年》纪念邮票中，广济桥与伊朗的郝居桥一同作为两国友好交谊的象征

淳熙六年（1179年）
知州朱江在曾汪的基础上从江岸向江心建两个桥墩，并在三个洲上分别建亭，开启墩上建亭的历史

淳熙七年（1180年）
通判王正功在靠西岸的江面增建一墩，并尝试铺架梁板，解决浮桥妨碍上下游航运的矛盾，进入浮桥与梁桥相结合的阶段

淳熙十六年（1189年）
知州丁允元从西岸增建四墩，至此西岸至江心便有八洲七孔。潮州百姓将这段桥称为“丁侯桥”

庆元二年（1196年）
知州陈宏规建东三、四洲。进入东西桥异称的阶段，西桥称“丁侯桥”，东桥称“济川桥”

开禧二年（1206年）
知州林会一举而建五洲，是建墩规模中最大的一次，至此，东桥十三洲遂告完成

绍定元年（1228年）
知州孙叔谨在西岸八洲的基础上增筑二石洲，西桥十洲宣告完成，全桥二十三个洲全部落成，格局初定

清代

顺治七年（1650年）
郑成功围攻潮州城，久攻不下，广济桥毁于兵火，总兵蔡元修复，三年后复遭兵毁

道光二十二年（1842年）
大水冲毁东岸桥墩，一只铁牛跌入河中。此后，有“潮州湘桥好风流，十八梭船廿四洲，廿四楼台廿四样，二只鉎牛一只溜”的民谣

新中国成立后

1949年10月
中国人民解放军韩江纵队第四支队从凤凰山根据地出发，经过广济桥进入潮州城，潮州城宣告解放

1958年
潮安人民政府加固旧桥墩，在中间原浮桥部分增建2个高桩承台式桥梁，铺设路面。次年4月1日，正式通车，改名“跃进桥”，这是有史以来汽车第一次驶过广济桥

1979年
再次扩建，原7米桥面作为行车道，桥两侧各加宽2米作为人行道

潮州牌坊街的存在与变迁

潮州古城太平路北端与上水门交界处，往来的游客和本地居民打量着太平桥遗址，隔着透明玻璃，这座宋代的古桥在2020年国庆假期前终于重见天光。宋元时期潮州府志《三阳志》记载：“自太平桥直抵三阳门，桥之四维，旧有四塔，外疏两渠，中为官街。”太平桥南北朝向，北面靠着州治即当时的潮州府衙，南面则是作为古城中轴线的“官街”。官街，即后来的大街，现在的太平路，其更通俗的名字是牌坊街。

旅游的东风为许多古老的街区带来了涌动的人群。在古城里，每一条街、每一座城自有其故事与密码。作为潮州府城政治、经济、文化的中轴线，当我们谈起牌坊街时，我们在谈什么？

牌坊街的牌坊

在取名这件事情上，民众永远能够捕捉到最显著的特征——23座牌坊次第展开，“牌坊街”这个称呼如此顺理成章。

“坊之多而知风化之美，巷之多而知民居之密，坊与巷俱以多为贵，而巷多又不如坊多之可贵。”潮州有牌坊街，更是座牌坊城。潮州文史学者陈贤武考据了历代的潮州地方志，写就《潮州牌坊街》。书中记载昔日潮州府古牌坊共有570座，至多3.3平方公里的府城范围内有103座，平均每平方公里内建有牌坊31座。昔日长仅1.6公里的太平路，有过43座牌坊，平均每35米就立有一座牌坊。

建牌坊不是潮州独有的风气，牌坊作为纪念性建筑而存在的时间约从明清开始，此前，坊门是中国古代城市规划中重要的功能性构筑物。“匠人营国，方九里，旁三门。国中九经九纬，经涂九轨，左祖右社，面朝后市，市朝一夫。”《周礼·考工记》中所记载的

右

民俗活动中的牌坊街

王署仙班
大理司平

王城规则制度始于西周，但其以政治中心为轴心、其他建筑设施对称分布的中轴线布局方式沿用至封建王朝的末期，经纬交错形成方格网，坊门是分割点也是关卡。唐代以后，坊市制度被打破。宋代以后，生产力发展，大规模建造石坊成为可能，坊门演变为具备旌表功能的牌坊。

三世尚书、状元坊、理学儒宗、戊辰八贤……从牌坊街上牌坊的坊名就可见牌坊所旌表的人物，“四朝大老”林熙春及其父亲与祖父、“穷不夺志”的状元林大钦、岭海士大夫仪表唐伯元、任职吴楚军务的林炳星……忠臣孝子、登科文人，

一座座牌坊背后是崇文重教的古代潮州。史书记载，宋代潮州府属县有 172 人登进士榜，明代进士及第者有 160 人、举人达 162 人，是广东乃至全国及第进士较多的州府之一。“老一代的潮州读书人，都会去抱状元坊的两条大柱，长辈会带着家里的小孩到牌坊街告诉他们要好好读书。”陈贤武说。

建筑学上，牌坊划分空间，强调空间序列，民居不得高于牌坊，营造庄严恢宏的氛围。传播学上，牌坊属于易于长久保存但不易于远距离运输的时间型媒介，有利于规范的传承和国家的持久稳定。不论是空间上的牌坊还是具备媒介属性的牌坊，其作为礼制与儒家思想象征的意味是难以抹去的。

太平路的牌坊分布之密集，在全国范围内都为罕见。在唐代都还是官员流放之所的潮州远在岭南，中原移民南渡后迁移至此，对于传统礼制的尊崇在这里却更加严格，牌坊次第重叠，与遥远的政治中心有力地呼应着。

左
右

左：牌坊街南段夜景，图中最前面的是“榜眼·秋台”坊，乾隆《潮州府志·坊表》记载：“秋台坊，为尚书王大宝建。”
右：状元坊前的传统布马舞表演

上

牌坊街上的百货大楼

牌坊外的“牌坊街”

许多时候人们谈起牌坊街，并非仅仅指那条不足两公里的大街，更包含了整个古城区。

让我们暂时从牌坊林立的太平路上离开，到牌坊外的古城区看看。

向右拐进卫星一路，58 岁的李炳炎健步如飞，指着路尽头的堤坝：“这里以前有斜坡，是货运码头，货物就是从这里运输。”李炳炎是潮州府城人，在打银街长大，20 世纪 90 年代后期开始研究潮州窑，认为“要研究潮州的陶瓷就一定要研究潮州的文化”。

潮州古城东临韩江，韩江发源于武夷山，汇合梅江和汀江，下游分流为北溪、东溪和西溪出海，流域面积广，联通闽粤。明清时期，潮州凭借韩江水上交通的地理优势，形成了以府城为中心的繁盛商业贸易，成为韩江流域经济中心。

如果说潮州古城以太平路为中轴线布局的思想，体现了对于传统秩序的尊重，那么东平路的商业则是潮人重商务实的体现。东平路原为东堤，属堤外江岸，淤泥堆积后改筑为砖石堤，城墙外移，东堤成为东街。《古城概览》中描述历史上的东平路“多酒楼茶室、旅舍戏院、赌场妓馆，官吏宴会，商贾迎宾，多聚于此”。

潮客共饮一江水，潮州古城的上水门、竹木门、东门、下水门等韩江码头一带，曾是潮客商品的集散地，有不少来自韩江上游地区的客家人，在潮州城经营纸业、瓷业、银庄、批局……民国时期，潮州的工商业得到极大发展，蔗糖、陶瓷、绣品远销南洋，商贸发达。至1934年，府城中初具规模的坐商已有146个行业、2418家，其中太平路坐商有372家。

潮州从来不缺商业传奇。19世纪初的吴雪薰从在开元街头张元昌染布坊门口摆卖扇子做起，1919年开创“吴祥记”店售卖日用小商品，之后扩建为楼上经营批发，楼下经营零售的大型“吴祥记百货商店”，全店占地面积679.25平方米，还在上海、广州设店批发。

时过境迁，如今的牌坊街上已经见不到占载阳巷到柳衙巷一个街区的吴祥记百货。即便是老一辈的潮州人，提起牌坊街的百货说得更多的是曾经的国营百货大楼。

现在的潮商老字号文化馆的橱窗里悬挂着一个铃铛。1958年，潮州市百货大楼正式投入使用，计划经济时代，古城四郊的消费者一早到门口排队。早上8时铃声敲响，十多扇大门一齐拉开，顾客涌向柜台。李炳炎是潮商老字号文化馆的策展人，他在百货大楼从销售员做到副总经理，赚到第一桶金。当统购统销成为历史，他开始回望国营百货大楼时代之前的牌坊街，策划“至诚至信——近代潮州城老字号”展览。

展览的结语李炳炎写了一个礼拜：“每天一早，太平路沿街的商铺陆续开店，准备着迎接四方来客。大街就逐渐热闹起来，这种人来人往的繁华景象，会一直持续到深夜，而这种浓郁的商业气息，也已经延续了数百年。”

活的历史古城

蔡澜祖籍潮州，在《府城》一文中写道：“老家府城，旧时相等于日本的京都，到处是古迹。看过照片，一条街上有数十个牌坊。从望远镜的角度，重叠又重叠，煞是优美。”

从宋代潮州古城图也可以看出，自宋代起，太平路北端就与州治相连，直到民国时期洪兆麟建百花台。潮州历史风起云涌之时，其暴风眼必经过这条从南到北的太平路。

“牌坊街”这个称呼是近年才开始的，在很长一段时间里，太平路被称为“大街”。在近代的半个世纪里，大街上并没有牌坊。

2004 年 4 月，潮州市委、市政府动工修复潮州牌坊街，登出“寻宝”启示，不断有热心群众向文管部门提供遗存构件的线索。当时拆坊主事人请清末秀才刘逸少，将牌坊坊主的生平、功勋和官职详细抄录成《潮安县城关镇亭坊简略史》，为多年后的重修提供了宝贵资料。2009 年 10 月 1 日，牌坊街竣工，正式对外开放，

下

这张拍摄于 1909 年或 1910 年的老照片，牌坊林立，
很接近蔡澜先生描述的那个像日本京都的潮州府城

共修复古牌坊22座，其中太平路20座、东门街2座。此外，昌黎路上还有一座“昌黎旧治”坊。

“80后”的丁铨从2009年开始收集潮州老照片，出版了《旧影潮州》一书。他思考过太平路名称的变化，“老一辈人觉得这是很大的路，以前潮州人叫牌坊为‘亭’，没有叫‘亭街’，因为是人们生活的一部分，所以重点在街。当本地年轻人见过更大的路，和游客一样用普通话称呼的习惯去称呼它，它或许就变成一个游人的视角。”

潮州文广旅体局古城保护与发展工作科科长陈夏阳，是潮州市历史文化名城保护专家委员会委员。研究潮州古城已多年的他认为，古城保护的实质并不是要回到哪个年代，而是拼贴各个年代的精品。“只要古城不走向衰败，业态都会置换，要让古城呈现出历史的堆叠感，成为活的历史古城。”他说。

距离潮州建城已经过去了一千多年，距离第一座牌坊“柱史”坊在太平路建起已经过去了五百多年。现在，牌坊重新竖立在太平路上，重叠又重叠。没有了封建的规制，人们观赏坊上的书法远甚于瞻仰先贤，在旅游市场持续红火的背景下，新兴的业态在街巷里出现。失落的秩序与重构的空间依然以牌坊街为南北轴在东西纵横的街巷里展开，重叠又重叠。

◆牌坊街的年轻人们◆

精湛网络科技公司的总经理刘益俊，经常被古城的观光三轮车师傅询问是否要搭乘。1996年出生的他有着稚气的一张圆脸，上班时背着双肩包从南桥市场向北走过大半条牌坊街，到达位于分司巷的潮州市青年文创中心。

刘益俊是清远人，2015年作为大一新生进入韩山师范学院的时候没想过留在潮州，“本来想的是读个4年就回去了”。刘益俊大学就读网络与新媒体专业，希望组建自己的视频团队，大四时通过老师蔡志海接触到孵化青年创业团队的青年文创中心，就此留在潮州。

“莫春者，春服既成，冠者五六人，童子六七人，浴乎沂，风乎舞雩，咏而归。”

青年文创中心不远处是周游2020年4月上线的民宿咏而归，他喜欢《论语》这一篇里曾点描绘的场景，把民宿的名字定为“咏而归”。周游是江西宜春人，辞掉在杭州的平面设计工作后，在云南逛了1年多，潮州朋友邀请他到古城做民宿。见过丽江、大理饱和的民宿市场，周游说：“感觉潮州这边做民宿还是有机会的。”

回到牌坊街上继续向北走。1140年，潮州知事徐璋在如今的上水门边建潮州府学宫，潮州府的青年英才荟萃于此。800多年后，沧海桑田，府学不再有琅琅书声，但文创园创始人陈吉其仍然将它命名为“府学旧地”。府学旧地文创园在潮州市“旅游立市”的背景下创办，以潮州文化为基本方向，年轻人正在向这里聚拢。

陈稠桐是府学旧地文创园的新人。2020年6月，她将原本在城新西路的茶馆迁至此，“我外地的客人比较多，搬来这边（牌坊街）比较好接待。在牌坊街住的吃的都有，他们冲着牌坊街来，然后再去看灯光秀、滨江长廊。”陈稠桐1992年出生在单丛茶产地凤凰山，2012年陈稠桐从韩山师范学院潮州师范分院毕业后，没有选择专业对口的幼师工作，而是先后在凤凰镇和市区住宅区开茶店，眼见着茶叶订单随着潮州旅游的发展增加，她决定把沐桐茶馆搬到牌坊街。

出生在府城的郑烨娃，见过牌坊街百货大楼的琳琅满目，也在发大水的时候跑上过东城门门楼，她认为牌坊街不只是景点，也是潮州生活的缩影。郑烨娃传承潮州传统麦秆画技艺，2017年将工作室定在牌坊街这个天然的潮州文化展厅。“保存完好的各式老建筑可以让游客感受到浓厚的潮州文化氛围，潮州传统工艺以此为窗口可以更好地展示其非遗内涵及魅力。”她说。

背心、短裤、自行车，三件套与七朵民宿老板佘创煌如影随形。他在古城更常用的名字是小迪。从2013年成立摄影工作室开始，牌坊街一带就是他镜头中的常客。交通不那么便利的年代，老城区以外的居民管到古城叫“进城”。对于出生在枫溪工业区的小迪，古城有天然的吸引力。

“咏而归”在牌坊街靠韩江的一边。民国时期客商在这里来往，货物在江边卸下运至上东平路附近，一批与潮州普通民居外形不同的货栈集中出现。门正上方开窗，内有天井，以便滑轮装卸货物。周游自己装修民宿，天井装上玻璃，书架上是《现代艺术150年》，墙边放着《巴齐耶的画室》挂画，除了桌上的工夫茶器很难看出潮州的痕迹。

上

2019 年 10 月 25 日，潮州牌坊街，国家级非遗项目潮州抽纱代表性传承人薛建铭在演示抽纱技艺，引得年轻人俯身仔细观看

有人将自己的品味带到潮州，也有人被古城独特的生活意趣驯服。

刘益俊的团队刚刚忙完潮州市招商推介大会的直播，他没有仔细想过自己为什么会留在潮州。但在说起潮州的猪脚圈和炸豆腐时，刘益俊流露出发自内心的幸福感，他一脸自豪地说："上东平路的叔叔阿姨都认识我了。"

古城晚起的游客还没有睡醒的时候，下水门边的早市已经开始了自己的喧嚣，市井气息浓郁而温暖。小迪说："让我想到了小时候，有 30 年前的感觉。"小迪的儿子在古城里的民宿度过了他的 4 岁生日，更加年轻的一代人关于牌坊街的记忆正在建构。

历史总是看似理所应当又充满因缘际会。与牌坊街的年轻人接触，会发现他们的过去难以归类，当下也各自不同。他们或长或短地停留在这里，有的翻出古老的潮文化，有的向千年府城伸出新鲜的触角，他们的人生选择纵横交错，汇集在牌坊街。于是新的历史正在写就，一刻不停。

潮州府镇海楼的前世今生

夕阳西下，位于潮州古城北部的镇海楼前渐渐热闹起来。一辆人力三轮车悠悠靠近，看见已亮灯的镇海楼，车上的游客都发出了一声充满惊喜的感叹。

在2022年底完成复建后，镇海楼就成为市民游客的“新打卡点”。原本冷清的古城北部，也因为它迎来了一拨拨游客。但镇海楼不仅仅是个打卡点，它还承载着使命——作为复建建筑，它是见证潮州作为粤东地区政治、经济、文化中心这一辉煌历史的文化载体；作为文化地标，它是破解潮州古城“南热北冷”现象、重塑潮州古城文旅新格局的重要引擎。

一府管九县，一楼见千年。或许，解读镇海楼的前世今生，就是在解读潮州古城的前世今生。2023年4月11日下午，潮州市2023年新时代文明实践活动暨金山书院2023年度文化活动之“金山观潮　大家读城”活动举办以“解密镇海楼　V观潮州府”为主题的读城分享会，以专家读城、VR（虚拟现实）体验等方式，带着人们“穿越”历史、现实与未来，探秘镇海楼的前世今生。

前世：“府楼钟声”曾为潮州内八景之一

潮州府曾有“一府管九县”的辉煌历史。潮州文史专家曾楚楠所著文章《重建潮州府署刍议》提到，自东晋义熙九年（413年），海阳县升格为义安郡，隋开皇十一年（591年）改称潮州以来，郡城（即今之潮州市湘桥区）一直是郡、州、路、府治所之所在。明洪武二年（1369年），潮州改路为府，称潮州府。至乾隆三年（1738年），潮州府下辖海阳、潮阳、揭阳、饶平、惠来、澄海、普宁、大埔、丰顺共九县。

文中写道：“体现1600多年的历史沿革，以及郡城作为潮州‘首善之区’的标志性建筑，自非‘潮州府署’莫属。”

从明洪武二年到清朝灭亡这500多年的时间跨度里，潮州府署

上

复建后的镇海楼

一直是潮州府政治权力中心。当时，府一级官员都在此办公。作为潮州府署配套设施，镇海楼既是头门，也是谯楼、鼓楼，是整个府署建筑群中的重要建筑，潮州人称其为“府楼”。

根据潮州文史学者陈贤武所著文章《从此波平鲸鳄徙　登临不用杞人忧——潮州镇海楼谈片》，潮州府署及镇海楼均创建于明洪武元年（1368 年），此后每隔百年左右重修一次。陈贤武介绍，过去镇海楼叫揭阳楼，乾隆年间潮州知府把楼名正式定为镇海楼，寓“雄镇海疆，拱卫家邦”之意。

从乾隆时期的潮州古城图中，可看到昔日镇海楼位于义安路与昌黎路交界处。在镇海楼对面有一面照壁，两侧有八字墙，照壁两侧的围墙与八字墙相连。“旌善”“申明”二亭分立照壁左右，又在围墙东侧洞开一门，可通今昌黎路。

“潮州府衙将门屋升高为两层门楼，兼为全城报时的谯楼，也称鼓楼。”陈

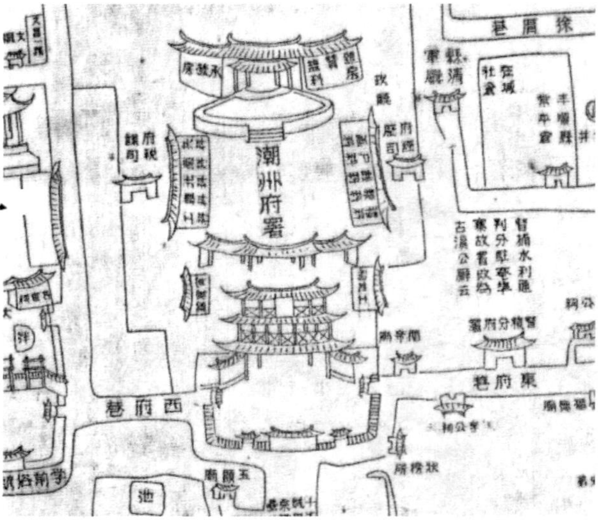

左 右

左：清乾隆末年手绘的古城街巷格局图（局部）
右：镇海楼旧影

贤武说，当时，府衙的大门成为全城的制高点，更突出了大门的地位。清光绪八年（1882 年）潮州知府张联桂还曾写诗赞叹："凤山晓翠当窗入，鮀浦春潮绕郭流。从此波平鲸鳄徙，登临不用杞人忧。"

昔日镇海楼什么样？陈贤武在文中写道，屋宇式大门是中国建筑的一大特点，其形制受到法律、礼制的严格限制，无论多大的府，大门都只能是三开间，每间各安两扇黑漆门扇，总共有六扇门，所以衙门也往往俗称"六扇门"。这六扇门平时很少会全部打开，一般只开启东面的两扇供人出入。目前全国幸存的两座府署——河南南阳、江苏淮安府署均为此规制。潮州府署大门也不例外。

据文中所述，镇海楼楼下设有门房，由皂隶把守，严禁闲杂人等出入。二、三楼面南为三开间，每间各安两扇黑漆门扇，总共有六扇门。楼中置有鼓、钟、漏刻各一，取"伐鼓鸣角，以警昏昕（早晚），下漏数刻，以节昼夜"（宋·曾巩《广德军重修鼓角楼记》）之意。

镇海楼最让人称道的是"大门槛柱皆刻木猴而饰"。陈贤武说，古代的行政区划——府，相当于古诸侯方国，故或以诸侯别称知府，略称"侯"。作为府署的象征物，塑"猴"以寓"侯"，祈望为官一任，造福一方，能"封侯拜相"。

"镇海楼具有多方面的社会功能。"陈贤武介绍，镇海楼起到司晨、报时、警朝夕的作用，从晚上的一更到拂晓的五更，整夜须敲击五次，当年的“镇海晚钟”还是潮州内八景之一，也有说法是“府楼钟声”。此外，镇海楼还有作接诏场所、报告灾异、供观赏游览之用。

镇海楼最终毁于一把火。1911 年辛亥革命，革命军为攻克府衙，火烧府楼。镇海楼就此消失在历史的尘烟中。

定格：高清老照片还原烧毁前景象

在 2023 年 4 月 11 日下午举办的“金山观潮　大家读城”读城分享会上，《旧影潮州》作者丁铨特意展示了现存的唯一一张镇海楼高清老照片。被烧毁前的镇海楼，在这张老照片中定格。

从 2009 年便开始搜集潮州老照片的潮州人丁铨，于 2020 年辗转求得这张照片，并决定将它加入他不断校正、完善的著作《旧影潮州》中。时年正式发行的《旧影潮州》增订本中，首次呈现了镇海楼的正面影像。经过多次搜罗、查证，丁铨还挖掘、梳理出关于这张老照片的许多信息。

1909 年 3 月，一群德国人乘着格本号邮轮首航来中国旅行，南国潮州府成为他们此行的目的地之一——可见当年潮州府的地位。来到潮州后，其中一人正对着镇海楼，拍下了这张照片。

从照片可见，镇海楼下层为砖石结构，楼上二层为木结构。三楼上悬有“潮州府”三字竖匾，二楼挂“镇海楼”匾额。两旁有楹联，能隐约看见两联首字的“海”和“楼”字。在该楼东侧的墙角，立着五块石碑和一只石狮，西侧墙角树立两块石碑，两侧的灯笼写着“头门”二字。

“在这张照片重现于世之前，虽然潮州古城还有众多古迹遗存，但当‘潮州府’三个字以府牌楼匾的形式出现在照片中，客观地、直白地、清晰地呈现在眼前时，我们才得以具象地感受到它曾经的辉煌。”丁铨说。

在部分残损的木栏杆上，可见正面有 6 只形态各异的木猴站立着。这便是有名的“府楼猴”——传说原本府楼上有 108 只形态各异、传神生动的木猴。之所以用猴子作为装饰，原因是州府在古代为百里方圆的侯郡，“猴”谐音“侯”，

左

收藏在潮州市博物馆内的两只仅存的木雕猴

故用猴子装饰。

《旧影潮州》一书中写道，民间有“灵过府楼猴”的俗语，盛传木猴久而成精，只要摸过府楼猴便能心想事成，很是灵验。因此，有一些便被民间盗去当神像供奉。在府楼被烧时，木猴一同化为灰烬，其中在此前被盗的两只却留存至今，收藏在潮州市博物馆内。

据丁铨推测，这张照片摄于 1909 年至 1910 年间，即被烧毁的两年前。“所呈现的是潮州府衙在最后两年较为衰败的景象。”

照片所定格的瞬间便可说明这一点：楼前，有人在摆地摊卖东西，旁边还围着一群孩童；东侧墙上，粘贴着多张香烟广告；大门之内，甚至还有一只鸡在“散步”。

“府衙是非常威严肃穆的，但此时的潮州府衙前，人们却是如此散漫随意，给人一种王朝即将覆灭、已无力修复的垂暮之感。”丁铨说，“或许，那把火烧掉的不仅仅是潮州府楼，也连带着将最后的封建制度一并焚毁在火光之中。”

重现：承载传递历史信息和潮州特色

辛亥革命以后，潮州府衙旧址成为潮安县政府的办公所在地。中华人民共和国成立后，这里是潮安县、潮州市（县市合并时期）政府所在地。1991 年 12 月潮州市升格为地级市，这里是潮州市政府所在地。政府迁址后，这里拆建为古城公园。

但不可否认的是，镇海楼既是潮州作为历代县、郡、州、路、府治所的象征和标志，也是潮州作为粤东地区政治、经济、文化中心这一辉煌历史的有力见证。一直以来，民间重建镇海楼的呼声十分高涨。

为顺应百姓期盼，重振古城历史荣光，2016 年，潮州市启动旧府衙（百花台）片区规划，复建镇海楼被列为古城区旅游发展规划项目之一。2021 年，潮州启动复建镇海楼（旧府衙）计划。当年 5 月，复建工程正式动工，2022 年底复建完成。

“复建”二字看似简单，实施起来却有着许多困难。在潮州市历史文化名城保护专家委员会委员陈夏阳看来，从初建时的巍峨宏伟，到烧毁前的衰败没落，镇海楼历经了沧海桑田，原样如何早已不得而知。但复建镇海楼并不是原样复原

建筑，而是要复建一个能体现潮州府曾经辉煌的文化载体，让它承载起真实的历史信息，让人们可以从中读到更多的历史和故事。

“定位”和“定代”成为复建关键。丁铨所搜寻到的老照片，也在其中起到了重要作用。

其中，“定位”依据的是乾隆时期的潮州古城图，再经过史料推导，确定镇海楼位于义安路与昌黎路交界处。由于潮州改路为府是在明洪武二年（1369 年），按明代传统谯楼建筑进行仿古设计并参照同时期官样建筑进行复建成为共识。

“粗大明，精细清。明代建筑造型简洁恢宏，镇海楼展示的就是明代的潮州建筑，这也正是我们想要让观者从镇海楼读到的历史信息。”陈夏阳说。

此次复建还使用了潮式斗拱“胶拍作”，这样的斗拱在全国非常少见。另一种具有潮州特色的元素——府楼猴也得到重现。潮州市相关部门邀请木雕大师根据藏于市博物馆的两只府楼猴进行创作，按照分析出来的几何比例还原，尽量重现府楼猴的灵动气质。

在陈夏阳看来，独一无二的潮州特色以及深藏在文献中的文化信息，必须在复建的文化地标展现出来。“这样才能让镇海楼贴上潮州的标签、呈现潮州的特色，这也正是文化地标所带来的价值。”

历经多年考究与设计，镇海楼以复建的方式重新亮相。陈贤武说，当他登上复建完成的镇海楼上眺望，看到眼前的义安路、昌黎路，竟有一种穿越之感：“1000 多年的潮州历史，就摆在我的面前。”

今生：旧府衙在数字世界里“复活”

镇海楼复建完成后，原本冷清的潮州古城北正悄悄发生着变化。

潮州古城有着“南富北贵，东财西丁”的空间格局。“南富”指古城南片为古代商贾财富聚集之地，包括潮州十大名巷及众多大型宅邸。“北贵”指古城北部，为历代府衙县署、学宫、城隍所在，位置居全城之上，统领全城，是重要的政治、教育、军事署衙、商业生活中心所在。“东财”是因古城东面临江，水陆交通便利，

左
右

左：镇海楼前的英歌舞表演
右：复建使用潮式斗拱“胶拍作”

左
右

左：陈泽林带来以 3D 游戏技术复原明清时期潮州府衙的视频作品
右：观众戴上 VR 眼镜，沉浸式“游览”数字世界里的潮州古城

故行栈栉比，商贾云集，是闽、赣经水路贸易之地。“西丁”指古城西片作坊集聚，为手工业生产基地，工匠云集。

由于潮州古城以北为工业区和乡村、郊区，潮汕高铁站、潮州市区主要居民区皆位于古城西南方向。游客多数从古城南部进入牌坊街，再步行至广济桥，到开元寺后，很多游客已觉得疲倦。古城北部的城隍文化、旧府衙历史、金山的摩崖石刻、学宫等时常被游客遗漏。“南热北冷”的现象十分突出。

复建镇海楼，成为激活古城北的关键之一。与此同时，位于古代潮州府衙所在地的百花台民俗文化综合体项目也已于 2022 年中正式开工。未来，这一项目将和镇海楼交相辉映，成为潮州文化旅游的新地标。

如今，随着镇海楼复建完成，潮州这片最具历史厚重感与文化底蕴的区域再度“活”了起来。每当夜晚降临，科技感十足的激光投影秀就会在镇海楼上演，吸引游客驻足观看。越来越多的游客不再只是逛游南边，而是会继续向北走，到镇海楼前停留观赏。

在未来，镇海楼还将成为潮州历史文化新的展陈空间，将有更多人通过它了解潮州历史。陈夏阳表示，镇海楼一、二楼将设置一府管九县疆域图、潮人出海等展陈，三楼将作为文化空间使用。

以实体建筑复建的镇海楼，还在数字世界里得到“重生”。

在新式创筑团队创始人、“00后”大学生陈泽林创作的视频作品中，明清时期潮州旧府衙建筑群全貌以3D游戏技术重现，在视频中可以清晰地看到仿若颗粒积木搭建起来的镇海楼、仪门、大堂、穿堂、后堂、宝云楼、听潮书屋等建筑。视频里，一个方块人举着小木斧飞行着，一边将小木斧挥向镇海楼，在陈泽林看来，“这是年轻人在向古老建筑致敬”。

陈泽林还开发了VR（虚拟现实）项目。戴上VR眼镜操作手柄，就可以在古城中步行、跳跃甚至飞行，沉浸式“游览”数字世界里的潮州古城。未来，这些技术将可在博物馆进行应用，用于开展“线上+线下”数字展览。

“我们希望通过深入挖掘传统建筑文化内涵，基于元宇宙技术，以更加直观、有趣、新颖的场景及动画形式，让古城的魅力和文旅焕发新生。”陈泽林说。

在先进技术的支持下，潮州古城还实现了“文化出海”。陈泽林说，目前旧府衙作品在海外平台十分受欢迎，播放量超5万。

◆匾额用字背后的故事◆

在已复建的镇海楼上，两个匾额引人注目：“潮州府”大气，“镇海楼”灵动。而在匾额用字的背后，也有一段故事。

“过去，我们有些古建筑花了很大财力物力进行修复，但在用字问题上不够重视，有的甚至用电脑字或江湖字直接挂上去，削弱了古建筑应有的韵味与风采。”潮州市文联主席程小宏说，“匾额用字问题应当重视、不容小觑。”

程小宏表示，此次“潮州府”匾额用字选项有三：一是老照片匾额用字，但“潮”字受屋檐影子遮挡，并不清晰，后来由潮学研究资深专家黄挺将“潮州府”三字外轮廓勾勒出来；二是发现于潮安区江东镇一古村落的旧石残碑，是明代嘉靖年间所立的关于田地边界的石碑，上有“潮州府”三字，但边缘残损，字口风化不清；三是留存至今的清乾隆年间印刷的《潮州府志》，封面有隶书“潮州府”三字。

“匾额用字应当来之有自、用之有由。”程小宏说，在一番讨论后，确定使用由黄挺从旧照片匾额将“潮州府”三字外轮廓勾勒出来的方案，既有明清时期年代气息，

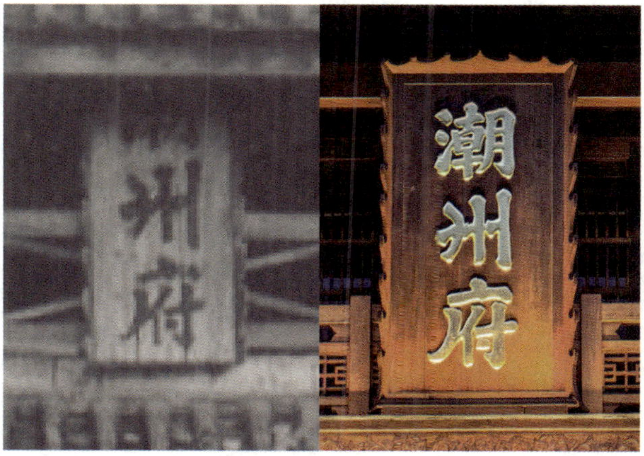

右
左

左：复建的“潮州府”“镇海楼”两块不同书法风格的匾额
右：旧影中和复建后匾额上的“潮州府”字体比对

也有榜书效果。

程小宏很快召集了对明清大字楷书有专门研究的书法家孙泳辉、修过公安文字比对笔迹学课程的李仲昕、熟悉电脑操作并有临帖经验的年轻小伙林奕宏一起进行攻关，将镇海楼老照片中的“潮州府”三字逐字放大，对每个点划进行逐一还原修复。

在放大过程中，他们还发现一个重要的、不为肉眼所见的痕迹——老照片中现在所看到的“潮州府”三字是笔画油漆掉落后的样子，与原作有所不同，这也解释了“府”中广字头的撇划变成鼠尾、单人旁竖划突然变小的原因。

为此，他们按遗留剥蚀痕迹进行复原。通过反复比对，多次在电脑中与原照片中的字进行闪叠验收，终于还原出能够体现原来书写气象的“潮州府”三个大字。

对于“镇海楼”三字，由于未能留下原牌匾照片，他们决定从明清时期大书法家或与潮州有渊源的古贤墨迹中进行集字，且必须在存世字迹较多、适合榜书效果的字中选择。最后，确定采用以苏轼大字行书集成的“镇海楼”为匾额式样。程小宏认为，该式样横排后，三字之间相互揖让呼应，厚重中又不乏灵动，呈现难得的书写节奏，左右“镇”与“楼”两字紧紧撑住匾面，稳重如山，极具古意，十分契合“镇海楼”的理想效果。

“如果平视复原的匾额，会发现‘潮’字比‘府’字大一些，这是因为考虑到了仰视的视角。”陈贤武认为，“这体现了书写者的智慧。”

◆府楼猴究竟有 18 只还是 108 只？◆

木雕猴可谓是府楼上最生动的点缀。潮州文史专家曾楚楠评价，这些木猴造型生动，形神不一，刀法明快、洗练，重在传神而不注重细节刻画，显然是明初潮州木雕之特有风格。

一直以来，府楼猴到底有多少只，文献记载和坊间传言均有18只和108只两种说法。

民国《潮州志 · 丛谈志》“湘桥仙”条注语曰：“府楼上原有木猴一百零八只，雕刻极精致，颈系木锁，盖形家（即堪舆家，俗称风水先生）所谓‘镇三十六天罡、七十二地煞’。鼎革（指辛亥革命年）时陈守兆棠拒民军，府楼被毁，今已夷为平地，猴亦无有矣。”

下

复建的镇海楼栏杆上安上了当代木雕大师新刻的府楼猴

曾楚楠则有不同看法，他认为，潮州市博物馆收藏的府楼猴均无“颈系木锁”痕迹，且府楼面宽仅三开间，而木猴体型颇大，以 2 米立一栏杆柱计，108 只木猴需周长 216 米之栏杆方能容纳。因此，木猴之数量、功能、安装位置等问题，尚须进一步研讨，不能轻信“形家之言”。

潮州文史学者陈贤武则提供了黄少白先生所著《我的一生》，为曾楚楠的上述质疑提供了有力佐证。

黄少白是辛亥年潮汕起义军的指挥者之一，见证了起义军攻打潮州府楼的经过。其回忆录性质的《我的一生》当有特殊的史料价值。该文称：

“辛亥（1911 年）九月十九日，同盟会会员在汕头参加起义推翻满清政府，光复潮汕……起义军分六个队……我（黄少白）任第五队队长……直至九月二十七日经过一星期战斗，潮州府难以攻取，因为当时府楼建筑结构坚固，用石砌成围墙，左畔（有）楼梯可上，右畔有一个大钟，里面刻有梁山泊一百零八名好汉名字，早晚要敲一百零八次，中间立有一位关羽塑像，楹头有十八只猴头堵住。（楼）里面有数百名巡防军带着步枪，巡视严密……本人与孙丹崖、张禄村商议：清政府府楼结构坚固，若要攻破必须使用火、炮共攻，于是提议用火油泼入府楼，然后扔下土制炸弹火烧府楼，结果终于攻下潮州府。”

据上引资料，楹头上猴头的数量明确只有 18 只。然而，从丁铨提供的府楼烧毁前的老照片上看，当时楹头上已有不少木猴“不在其位”了，这和同时期描写的“楹头有十八只猴头堵住”又有些出入。

那么，究竟有多少只猴子呢？这种有趣的争议，继续留给后人遐想的空间。

笔架山潮州窑见证的千年陶瓷史与海上贸易史

2021年10月，国家文物局印发《大遗址保护利用“十四五”专项规划》，公布“十四五”时期大遗址名单，该名单包括150处大遗址，其中广东有石峡遗址、南越国宫署遗址、大鹏所城遗址及笔架山潮州窑遗址。

何为大遗址？《大遗址保护专项经费管理办法》中明确，大遗址主要包括反映中国古代历史各个发展阶段涉及政治、宗教、军事、科技、工业、农业、建筑、交通、水利等方面历史文化信息，具有规模宏大、价值重大、影响深远特点的大型聚落、城址、宫室、陵寝墓葬等遗址、遗址群及文化景观。

笔架山潮州窑何以成为大遗址？它又是怎样被发掘的？在潮州历史上，陶瓷与海洋是两个绕不开的关键词，而笔架山潮州窑的背后是潮州悠久的陶瓷史与海上贸易史。

韩水之东的百窑村

1922年10月，潮州处于军阀混战之中。军队在潮州城西的云梯村挖战壕时挖出一个小石室，石室中藏着四尊青花白瓷佛像和一个雕满莲花花瓣的瓷香炉。

佛像头戴发髻，髻前饰一粒白色明珠。面部庄严静穆，有须，两耳垂直。身着袈裟，右手抬在胸前，趺坐于须弥座上。髻、眉、须绘褐彩。须弥座束腰部分刻铭：“潮州水东中窑甲女弟子陈十五娘同男刘育发心塑造释迦牟尼佛散施永充供养，奉为刘弟七郎早超生界，延愿合家男女保平安。熙宁二年己酉正月十八日题。匠人周明。”

该佛像明确年代为北宋，但潮州水东的瓷窑是否就是潮州韩江东岸的笔架山窑？疑问尚未解答，这一系列出土瓷器被军阀转卖，于私家收藏。

1940年，西方人麦康（Malcolm F. Ferly）在福建、广东做了考古调查后在《亚细亚杂志》上发表《中国古代窑址》（“Ancient

上

拍摄于 20 世纪 80 年代的笔架山潮州窑 Y10 窑址

Chinese Kiln-site”)一文，提到笔架山窑废弃的瓷片，分布在长 1—1.5 英里、宽 0.25 英里（1 英里约合 1.609 公里）的地域内，河边含有瓷片的积土层高达 10—15 英尺（1 英尺约合 30.48 厘米），这是他在中国所见过的最大的一处古代窑址。1953 年至 1954 年，笔架山麓的韩山师范学院要扩建校舍，发现 4 座龙窑。1954 年的《文物参考资料》报道：“由笔架山东南山脚，至西北涸溪塔山脚，四五公里均为窑址并在笔架山东约一公里多之窑址地区，发现砖砌窑口一个，宽约 1.50 米，砖破火烧，变成红褐色，内部砖满粘褐色釉。又在笔架山拾回各种瓷片。此古窑址之正式发现，在目前乃为首次。”

随后，国学大师饶宗颐关注到这一现象，发表《潮瓷说略》，大胆推断潮州云梯出土的瓷器产地“潮州水东中窑”即为笔架山窑。1958 年，笔架山潮州窑的

上

国学大师饶宗颐题字“笔架山潮州窑遗址”

考古工作正式开始，陆续发掘出 6 座窑址。1980 年，广东省博物馆和潮州市文化局配合韩山师范学院理化楼的基建，在笔架山中部的虎头山清理出 7 号、8 号、9 号窑址，发掘出一座带有铭文的佛像座，上有“纪年治平三年”“匠人周明”“潮州水东中窑甲”等信息。这一佛像座的出土证实了饶宗颐的推断。

几次考古发现明确笔架山潮州窑的年代为北宋。至今为止，笔架山潮州窑遗址发掘整理出 12 座斜坡式龙窑，年产出的陶瓷数量以百万计。韩江东岸笔架山南北长约 2 公里，在沿江的笔架山西麓，北起虎山，南至印山，窑址鳞次栉比。在民间，笔架山山脚沿江一带的村落被称作“百窑村”，虽有可能为“白窑村”的误称，但也可印证窑址密集的实况。

建造瓷窑需要怎样的条件？一为优质瓷土，二为燃料，三为港口。据潮州市工艺美术协会会长、潮州市颐陶轩潮州窑博物馆馆长李炳炎《宋代笔架山潮州窑》一书，笔架山山后东南面的水缸山和距离笔架山北端约 1.5 公里的飞天燕矿有大量瓷土，有效节省了陶瓷烧制成本。另笔架山周边草木茂盛，古代龙窑为柴烧窑，笔架山可大量砍伐柴草取用。临近韩江的地理位置更是为笔架山潮州窑陶瓷的水上运输提供了极大便利。李炳炎感慨于古人的智慧："从韩江逆流而上，笔架山周边是最先出现的有瓷土集中的地方。"

《笔架山潮州窑遗址保护规划（2016—2025）》认为，笔架山潮州窑的科学选址综合考虑了制瓷原料获取、窑场生产需求、成品输出交通等系列因素，反映了北宋时期潮州的制瓷产业已经有了系统布局，对我国陶瓷窑址的选址、布局思想和建造技术研究具有重要的科学价值。

率先采用阶级窑　年产量以百万计

唐末至五代，北方移民一批批南下至潮州，带来先进技艺。从唐代的北关窑到宋代的笔架山窑，从陶瓷可见潮州发展史。

粤东考古中心原主任黄舒泓在《唐代潮州北关窑上埠窑址调查述略》一文中介绍，唐代潮州城郊的窑场遍布南北郊，从北堤头至上埠的北关窑场就有唐代古窑 20 多座，南郊尚未列入，可知唐代潮州城郊韩江西岸窑业的发达。其生产的青釉瓷，是潮州经济的一个重要部分，窑业的发展促进了经济的进步。潮州作为广东陶瓷的重要产区，于四郊一带窑具、瓷片分布，从民房用废匣钵和瓷片作建筑材料，可见陶瓷生产规模之一斑。

至北宋，陶瓷烧制技艺继续发展，龙窑取代馒头窑散布在南方的大小山头。笔架山潮州窑目前清理发掘的瓷窑均为长条形斜坡式龙窑，依山势而建，长度多在 30 米左右，其中最长的 10 号窑残长 79.5 米。

广东目前露出地面的北宋龙窑已有上百座，分布在潮州、阳江、广州、佛山等地，同样以龙窑和阶级窑烧瓷为主。但笔架山潮州窑绵延数公里，窑址分布如此集中，且有残长达 79.5 米的龙窑发现，这在省内乃至国内皆为罕见。

黄舒泓表示，在广东的考古发现中，笔架山潮州窑与广州西村窑、雷州窑并称广东宋代三大窑址，在广东，宋代瓷业生产达到具备标志性意义的发展水平。

韩山师范学院副教授庄义青在《宋代潮州陶瓷生产及外销综述》一文中写道，有专家估算，以笔架山属中小型的 1 号窑为例，窑床实长 24.71 米，宽 2.85 米，一次可装烧中型碗 70 092—78 540 只，除去误差和废品，以七折计，总数当在

左 中
右

左：笔架山潮州窑产出的青白釉瓜棱盘口瓶，此瓶类在东南亚大量出现
中：笔架山潮州窑产出的青白釉麻姑进酒壶
右：笔架山潮州窑产出的酱褐釉小狗

49 064—54 978 只之间。一年装烧四次，年产量可达 20 万只。像十号窑那样的大型窑，其年产当超过 50 万只。广东考古专家曾广亿认为，北宋时期潮州笔架山窑场每年出产的瓷器，数以百万计。

笔架山潮州窑的兴盛并非个例，陶瓷烧造在唐代已然成规模，至宋达到大规模盛烧时期，全国各地官窑林立，民窑四起，瓷艺荟萃。有汝、官、哥、均、定五大名窑，成就宋瓷审美与技术的高峰，亦有大量生产日用瓷的窑场让陶瓷走入寻常百姓家。

陶瓷规模化生产的背后是窑烧技术的升级。在笔架山潮州窑遗址发现的 4 号窑为阶级窑，坐东向西，残长 31.76 米，分 7 段。阶级窑是龙窑经历单室龙窑、分室龙窑后的进阶成果。阶级窑从分室龙窑发展而来，特点是升降温时间较长，保温时间容易控制，能充分利用窑温，比龙窑节约燃料，又易控制还原气氛，所烧产品极少发黄，且匣钵损耗较少，有利于产品质量的提高。曾广亿表示，此前景德镇陶瓷研究所认为，明代以后，福建德化地区的龙窑开始逐渐发展成为阶级窑。从笔架山潮州窑来看，早在北宋时期，潮州已使用阶级窑。

如今的笔架山潮州窑遗址仍可拾得部分陶瓷残片，釉色晶莹，白中泛青，这

是笔架山潮州窑瓷器的重要特色。笔架山潮州窑产出的瓷器产品形式多样，器型达 20 多种，釉色以青白釉为主；装饰以刻画花占多数，雕刻、镂孔次之。

笔架山潮州窑瓷器的外销

在日本的博多港，菲律宾的棉兰老岛南部武丹口沉船、吕宋岛八打雁、巴拉望岛沉船，马来西亚砂拉越山都望、马六甲、刁曼岛，印尼勿里洞沉船，皆发现有来自笔架山潮州窑的瓷器，其中大量出现仿制伊斯兰玻璃瓶的小口旋纹瓷瓶。

潮州市博物馆馆藏的一只青白釉瓜棱盘口瓶出土自笔架山潮州窑遗址，盘口而口小，瓶颈刻画旋弦纹，腹部压印瓜棱纹成丰满瓜形，器型为适应外销需要而仿制伊斯兰玻璃瓶。黄舒泓介绍：“可能用于承装蔷薇水或是东南亚当地住民日常装水常用用具。将笔架山潮州窑遗址就地出土的标本与东南亚出土、出水的文物比对，可以确定它们来自笔架山潮州窑。”

北京大学博士、考古学者刘未在《北宋海外贸易陶瓷之考察》中写道：北宋早中期，贸易陶瓷在五代宋初基础上渐进发展，越窑青釉瓷和景德镇窑青白釉瓷构成了稳定组合；北宋中期晚段是贸易陶瓷的转变期，闽广地区以外销为主的窑场迅速兴起并占据了海外市场的主体，其中广州、潮州、泉州窑场主要面向东南亚及西印度洋地区，福州窑场主要面向日本；北宋末期，闽南、广西窑场青白釉瓷繁盛，龙泉窑青釉瓷崛起，潮州、漳州产品亦见于日本。

日本九州地区福冈市博多港为东亚海域一个重要贸易港口，在这里的遗址属于消费地考古遗址。从日本亚洲水下考古学研究所田中克子《日本福冈市博多遗址群出土的潮州窑产品与外销》一文可知：11 世纪后半期至 12 世纪中期以白瓷为主，其中广东产品绝大多数是潮州窑产品。田中克子一文统计：博多遗址第 56 次调查，从灰坑出土约 460 件白瓷，其中潮州窑占 105 件，属于 11 世纪后半期；第 79 次调查，出土 340 件瓷器，潮州窑占 64 件，属于 12 世纪后半期。由此可见笔架山窑的外销量。

形态各异的西洋小狗、佛教徒饮水和净手用具军持壶、造型独特的鱼形壶……这些从潮州笔架山窑出土的外销瓷并未走进潮州百姓的生活，而是装载上船，随

右

在印尼北部发现的来自笔架山潮州窑的瓷器

后送往消费地。

来自笔架山潮州窑的瓷器是如何运出的？潮学研究资深专家黄挺认为，宋代潮州海上交通与当时中国海外交通贸易路线一样，有南北两条航线。北上航线，沿海路趁着西南季风，经台湾、琉球、江南、山东，可至朝鲜半岛、日本，这条航路至迟在唐代已经贯通。宋代潮州往南方航线可到达东南亚，借助东北季风，潮州循海路再到安南，进而到中南半岛、南洋群岛。

南宋淳熙八年（1181 年），杨万里率兵征岭东，从梅州过揭阳到潮州，写下《过金沙洋望小海》：“海神无处逞神通，放出一斑夸客子。须臾满眼贾胡船，万顷一碧波黏天。恰似钱塘江上望，只无两点海门山。我行但作游山看，减却客愁九分半。”杨万里记录下了海面上停靠的外国商船，从诗中可推出“金沙洋”为重要港口。黄挺推断，金沙洋应该在今天潮安彩塘、庵埠之间，靠近桑浦山一侧。古彩塘溪形成于唐代，“上达潮州，下通大海，具舟楫之便，而无大洪水之虞”，是理想的航道，在北宋时期是韩江重要运输通道，直到南宋以后修筑南堤，束水归槽，才湮废了。

海上丝绸之路上的重要生产基地

2018年4月，在国家文物局的指导下，由广州市、宁波市、南京市共同发起，24个城市共同签署了《海上丝绸之路保护和联合申报世界文化遗产城市联盟章程》，成立了“海丝申遗城市联盟”，截至目前已有34个城市加入。广东有广州、潮州、汕头、江门、阳江、湛江、惠州、茂名、佛山9个城市加入“海丝申遗城市联盟”。

李炳炎表示，笔架山宋窑是我国宋代海上丝绸之路瓷器外销的重要生产基地，所产瓷器是潮州港成为海上丝绸之路始发港、转发港后的主打商品。笔架山潮州窑遗址是我国海上丝绸之路史迹的重要节点，具有很高的历史文化价值。

公元前2世纪至公元19世纪中后期，人们借助季风与洋流等自然条件，利用传统航海技术沟通世界中低纬度主要海域及沿海地带，构建起全球性商贸、文化、技术、人员交流网络，这就是古代海上丝绸之路。中国是古代海上丝绸之路的东方起点，古代先民从中国东南沿海的广州、泉州、宁波等港口出发，与亚洲、非洲、欧洲以及美洲各国之间开展了日益频繁的经济物品贸易、技术工艺传播、人员和平往来和文明交流互鉴。

陶瓷是海上丝绸之路航线上的大宗货物，中国是古代海上丝绸之路的中心国家，亦是陶瓷运输的中心。陶瓷作为当时的高科技产品、商贸品、艺术品，承载着中国的文化、科技与审美，成为古代海上丝绸之路的重要见证者。

笔架山潮州窑出土瓷器中有一鱼形壶，喇叭口，卷唇，颈较短，扁圆鱼形身；鱼身模印出鱼嘴、鱼牙、鱼眼等细部。这一极具特色的鱼形壶引起人们的注意——上面的鱼是什么鱼？有说法认为，该鱼形壶由唐代鲤鱼壶发展而来，亦有说法认为是来自古印度的古老装饰纹饰摩羯鱼。

在《宋代潮州笔架山窑鱼形壶造型源流考》一文中，郑经宾认为，宋代笔架山窑鱼形壶造型应该是当时的潮州窑匠师在模仿其他著名窑口产品的过程中，将鲤鱼、摩羯鱼、鲷鱼的特征逐渐融为一体并最终本土化的一种艺术再创造。这种造型既借鉴了唐、五代时期鲤鱼形双鱼壶那种鱼嘴朝上、鱼尾朝下的形制，又借鉴了唐代摩羯形双鱼壶头部的部分特征。同时，明显扁平的壶身、椭圆的体型与

右

出土的鱼形壶

中国东南近海海域的鲷科鱼类十分相似，这显然是当时工匠受到当地食用海鱼（尤其是鲷鱼）民俗的影响。

郑经宾认为，这是笔架山鱼形壶造型不断本土化、“潮化”的一种历史嬗变的佐证。故要探讨笔架山窑鱼形壶的造型，不宜简单地将它归结为“鲤鱼壶”或者“摩羯壶”，而应以一种历史发展的观点来看待其造型成因。

在海上丝绸之路上，潮州积极地与世界互动，输出产品，交互文化。但笔架山潮州窑的旺盛窑火仿佛在南宋戛然而止——12 世纪下半叶至 13 世纪的海外遗

址中，出土的广东瓷器大大减少，代之而起的是以福建、浙江和江西瓷器组合为主的遗址。从考古断代来看也多认为笔架山潮州窑止步于宋。

为什么笔架山潮州窑转向衰弱？饶宗颐认为或因“元兵来潮，韩山前后，颇遭蹂躏，居民星散落”，也有学者认为是宋元时期泉州港兴起，导致广州港衰败。学者黄慧怡认为，南宋时期政权南移，泉州与杭州地理位置较广州接近，泉州又处于宋室版图沿海的中心点，运输物资到京师与沟通各地的商品交换都更为方便。另外，南宋晚期，宋室起用蕃商蒲寿庚，任泉州提举市舶使，吸引阿拉伯人大量从广州迁移到泉州，他们不少是财力丰裕的富商，更多的资金逐渐流入以泉州为中心的海外贸易，同期福建迎来商品经济发展重要阶段，大大推动了依靠外销瓷器生存的福建地区制瓷业。

《大遗址保护利用“十四五”专项规划》中提到，大遗址是我国文化遗产中一种规模较大、价值重大、影响力较大、保护意义重大的古文化遗址。大遗址是实证中国百万年人类史、一万年文化史、五千多年文明史的核心文物资源。做好大遗址保护利用工作，让陈列在广阔大地上的遗产“活起来”，有利于突出中华文明的历史文化价值，有利于体现中华民族的精神追求，有利于向世人展示全面真实的古代中国和现代中国。

如今，笔架山潮州窑的考古工作仍未完成。黄舒泓在1986年参与了笔架山潮州窑10号窑的发掘过程，爬到周边的居民楼顶拍下照片。“龙窑不是孤立存在的。现代工厂需要工人宿舍、设计场所、材料车间，当时也需要。瓷土来了之后也不是马上进窑，需要碾碎淘洗，这些场所在哪里？这都是我们未来需要解答的。龙窑只是一个器物成型后烧造的窑炉，与之相关的系列瓷器工艺流程作坊遗址、工匠生活休息区遗址等，都在地下，有待进一步考古发掘。总之，还是要让考古说话。”

上

笔架山潮州窑10号遗址发掘后搭建的保护设施

龙湖古寨的『小潮州』之称

2020年10月31日晚上，南粤古驿道定向大赛的参赛者头戴顶灯，穿梭在龙湖古寨的三街六巷中，他们跑过西侧连片的塘湖，拐进府第宗祠所在的巷子里完成打卡。

夜景点亮工程刚刚完成，龙湖古寨里陈年的建筑在夜里显出洗练的轮廓，像个持重而淡然的书生。不远处的龙湖古码头早已不复往日的辉煌，只有韩江日复一日南流。沿着韩江北上，16公里外的潮州古城正迎接周末的游客，牌坊的轮廓在夜景中套叠，游人如织，恍惚可见历史上的繁华。

古潮州府辖区覆盖粤东大部，为何独龙湖古寨拥有“小潮州”之称？当潮州古城迎来高光，人们或许该注意到这个高光背后，同样值得被关注的龙湖古寨。

江水·商埠

潮州是依靠韩江而兴起的城市。如今潮州古城的上东平路，依稀可见当时码头的繁华，别具一格的货栈建筑和客家建筑为当时潮客商贾留下的商贸往来痕迹。

潮州位于闽粤交界，不论趋粤趋闽，世人皆以借潮州为便。而在交通不发达的古代，繁重货物运输必靠航运，河道为开设商埠的重要地理优势。

宋代潮州港出海的主要通道有韩江的支流古潮州溪和古彩塘溪，古潮州溪分叉于竹竿山南，汇入西南方向的牛田洋，古彩塘溪分叉于西溪龙湖上游，“上达潮州，下通大海，具舟楫之便，而无大洪水之虞”，为理想的航道。

东面的韩江西溪与西面的古彩塘溪交汇在南宋时期的龙湖地区，拥有通往府城的陆路，水陆交通兼备，这是龙湖发展为物资集散地的基础。

华中师范大学硕士研究生连穗虹在《潮州龙湖古寨的文化研究》

上

龙湖古寨在夜景点亮工程完成后现出其建筑轮廓

中提到，虽然缺少直接的证据，但是从南宋嘉定七年（1214 年）姚宏中高中探花，以及现存的棉花行外的石大门框、许义发厝的砖墙和大门斗框、柳厝的石门框等宋代建筑及遗迹，均可判断出当时的龙湖地区必然人口众多、商贸兴盛，否则不会有科举高中、建筑繁多的现象。

明代中后期，商品经济兴起，海禁的政策拦不住旺盛的资本，官市不开，私市不止。潮州作为韩江流域经济区的中心，同样成为民间对外贸易的重要城市。

也是在这一时期，龙湖地区从塘湖乡变为龙湖寨。寨，军事防御设施，可攻可守，用于防御倭寇及其他变故。

"海阳隆津都之市镇日塘湖，北负郡城，东枕大河，西接原野，南环沧海，平畴百里，烟庐万井，实衍沃奥区。承平以来百九十载，民弗知兵，惟弦诵贸易以趋事乐生，靡有崇墉巨障，坚甲利刃防御之具，盖熙甘柔良，其积习也久矣。岁在嘉靖丁巳之秋，盗窃邻境，聚党侵陷揭阳，凡密迩本镇村落，咸被荼毒。"

如今龙湖古寨北门竖立着《塘湖刘公御倭保障碑记》，记载了时任四川建州兵备道的乡贤刘子兴守孝在家时带领乡民筹资固寨、筑闸设防的故事。

“当时建寨没有现在的城市规划部门，但是会有宗族耆老一起参与，组成一个类似现在的委员会，依照传统风水学说的主导思想来规划。”潮州历史文化名城保护专家委员会委员吴志敏说。

龙湖寨依照传统九宫八卦的构局建造，北门坐巽向乾；南门坐艮向坤，中央直街则主于天地中分，天为上，地为下；中间即为山川原野，乃耕种之地、住人之所、贸易之市，故而以天地中分之地为市。街为商用，巷为民居，龙湖寨约 1.5 公里的中央直街与潮州古城的太平路一样商铺林立，三街六巷中的“三街”印证着龙湖寨当时活跃的经济环境。“龙湖通”黄伯群在《塘湖市的形成及概况》中写道“不下二百乡都要上塘湖市”，“每晚江边停船不下一二百艘，形成韩江中下游唯一的大市镇”。

便利的水路交通、平坦的地势、乡贤的筹划、府城文化的影响，综合诸多因素，龙湖寨发展起自己的商业业态，商铺林立，姓氏杂居，鼎盛时期的龙湖，依稀可见一个自然形成的城市雏形。

书香·崇文

清咸丰八年（1858年），《天津条约》规定将潮州辟为通商口岸，因潮州民众强烈反对，加上南海滨线逐渐南移，1861年，英法美改汕头为通商口岸，汕头港和樟林港从此崛起。西港和潮州其他港口一样，其海运口岸的功能逐渐退化，龙湖寨逐渐成为内陆镇。

自此，汕头作为经济中心的粤东格局开始形成，这个距离入海口更近的港口发展起现代的港口城市，而龙湖寨的经济则开始走下坡路。

历史舞台的聚光灯从潮州移开，却也让千年的文化得以在这里收拾妥当，静静沉淀。

如今在潮州古城太平路中段，“柱史”坊赞颂了许洪宥为人孝顺谦让、刚正不阿、不畏权贵的高尚品格。再往北走，三家巷口，“侍御”坊代表了人们对于成子学等七位先贤的瞻仰。许洪宥、成子学皆为龙湖人，太平路上23座牌坊，

左 右

左：在韩江边上的龙湖古寨全貌
右：龙湖古寨入口

上

龙湖古寨中轴线上的麻石道

其中就有两座的坊主出自龙湖。据《潮州府志》和《海阳县志》，寨中的进士、举人有60多名。潮州文史专家曾楚楠先生介绍，昔年府城大街有牌坊39座，其中与龙湖寨人有关的便有5座。

潮州文化中的崇文重教在龙湖寨中体现到极致——全盛时期，全寨书斋不少于30处，或是富户人家设立，或是以宗族名义创办。

明嘉靖年间（1522—1566年），龙湖西面的韩龙洲以洲园每年的租金作为士子读书膏油之用，并给贫困者作为学费及其在学堂的一切费用，因此贫困学生都能读书。嘉靖二十七年（1548年），中央敕建文明门于龙湖市尾，褒奖龙湖之文明，遗迹至潮汕沦陷初期还有残存。

“江夏家塾”“萧氏书斋”“读我书屋”“抱经舍”“外桥诗庄”……这些书斋如今大多已倒塌或者成为民居，唯有龙湖书院作为如今的龙湖中学还在延续着教育的功能。但从这些饶有文雅趣意和带有宗族符号的书斋名，仍然可见书香环绕的千年古寨。

龙湖寨北门附近，有一座“侗初师祠”，龙湖人习称“先生祠”，即学生及其子孙祭祀老师的祠堂。

明万历年间（1573—1620年），福建人王日明，字侗初，由闽入粤在潮安县龙湖寨开馆授徒。王侗初的父亲王国俊是万历元年（1573年）岁贡，出任天河县令，一生落拓。王侗初的生活也十分艰苦，但他甘于清贫，淡泊明志，和自己的一位谢姓得意弟子一道，把毕生精力都用于培养龙湖人的子弟，而他们师徒两人最终都没有子女传后。王侗初死后，他的学生“哀其无后，而设专祠以祀”，甚至连同王侗初的父亲及那位谢姓弟子也一起祭祀，即为“先生祠”。

百年后，祠堂破败再度维修，王侗初学生的后裔想请潮州知府周硕勋为祠撰文，起初周硕勋认为不合礼制，但到现场看到一个神龛上供奉着父、子、学友的神位，一祠多姓和睦友爱，堪称典范，于是便欣然写下了《府宪撰给碑记》。

吴志敏认为，侗初师祠是潮人尊师精神的一个缩影，“自古以来，尊师尚学是潮人精神的一个重要组成部分。不管任何阶层，均对为师者充满敬意”。

家风·态度

历史走过龙湖，目前龙湖古寨里的许多家族已经搬走，留下府第与祠堂。宗族祠堂56座、三进以上的名宦府第和商贾富绅豪宅84座，让龙湖古寨有了“千祠万家”的说法和“潮汕古建筑博览”的美誉。

建筑沉默不语，但在无声中记录着人们的过去。龙湖古寨是一本立体的潮州文化史谭，在厝头巷尾，从砌砖到用瓦，无不体现着主人的审美意趣与心理状态。

龙湖从有记录以来就是一个以移民为主的市墟，作为一个自然聚落，龙湖有超过50个姓氏族群在此杂居。或者是因为躲避战乱，或者是因为看中了龙湖昔年的商业环境，总之，连续不断有人家从福建、饶平等地到韩江畔的龙湖定居。

尽管已经远离家乡，但在龙湖定居的人家对于溯源先祖的愿望却十分强烈。明朝开始，龙湖人“大宗小宗，竞建祠堂”的景象开始出现，直至清代竟然在一个寨子里就建了26座祠堂。凝聚着“报本反始之心，尊祖敬宗之意”的祠堂，不断强化着宗族的概念，让个体在仪式、建筑、习俗中将个体与宗族紧密联系。龙湖古寨密集的祠堂分布，与潮州文化中重视宗族的特点，相互印证、相互影响。

连穗虹在文章里写道："正是有了祠堂的存在，人们在家文化的影响下，才算在此地落地生根，繁衍生息。也正是有了祠堂的存在，人们基于崇拜祖宗的观念，认为祖宅、故居不可轻动，才使得龙湖古寨能够屹立千年却仍然保存着如此数量众多的古建筑。"

龙湖古寨旅游发展有限公司负责人吴福昌在龙湖寨长大，早年在外打拼，之后又回到龙湖。他认为龙湖古寨的宗祠体现着龙湖人"不忘本"的优秀品质，"不论兄弟姐妹有多少，父母的牌位只能做一个。你去新加坡也好，美国也好，要祭拜还是得回到这里"。

与龙湖人热衷寻根溯源同步的是他们对于礼制的选择性尊崇。在民居建筑上，龙湖古寨的建筑较少受到《营造法式》和《工程做法则例》等在平面布局方面的影响。

明代初年，朱元璋对官民宅第之制有明确的规定。《明会典》载，洪武

下

明朝嘉靖年间的御倭英雄刘子兴的宅第，整座建筑分三进。首道门叫进士第，表征主人的文化层次，第二道门叫方伯第（图为第二道门），表示主人的官阶官衔

二十六年（1393年）规定：公侯“门屋三间五架，门用金漆及兽面，摆锡环”；一品二品官员，“门屋三间五架，门用绿油及兽面，摆锡环”；三品至五品，“正门三间三架，门用黑油，摆锡环”；六品至九品，“正门一间三架，黑门铁环”。同时规定，“一品官房……其门窗户牖并不许用髹油漆。庶民所居房舍不过三间五架，不许用斗拱及彩色装饰”。

因地理条件的限制，龙湖寨中的府第、民居大部分无法横向发展，形成多纵轴线的建筑群体，建筑物只能沿中轴线纵向发展，个别府第达八进之多。而寨中个别家庙宽“准五间”，斗拱及彩色装饰更是比比皆是。

严丝合缝的砖墙中，个体意识与平等观念偶会萌生嫩芽。从龙湖古寨北门入寨不远，能看到一间尺度大于平常祠堂的建筑，因宽阔被称为“阔嘴祠”。清康熙年间，龙湖富商黄作雨的庶母周氏去世，黄作雨力排众议，斥巨资建起比一般公祠规模更大的女祠，即为阿婆祠，之后又在夏厝巷建女子书斋专供女子读书。萌芽虽不能长成参天大树，但缝隙之中，自有生命蓬勃生长。

“潮州厝，皇宫起。”龙湖古寨作为“潮居典范”，将这一谚语中的潮州民间建筑特色体现得淋漓尽致。中国古代朝代更迭频繁但又国土广阔，中央集权占主导地位的同时，民众仍然在寻找自我态度的出口，潮州人如是，龙湖人如是。

◆古寨的年轮有老有新◆

“有炒面吗？”

“卖完了，不好意思，不好意思！”

晚上7点多，龙湖古寨的北段，百年老字号龙湖雄记小食店的老板许广雄接连对着三拨寻味“百年炒面”的游客摆手道歉。这是周一的夜，游人虽不比周末，却也络绎不绝。

60多岁的许广雄出生在古寨，13岁时便已跟着父辈干始炒面、办酒席，如今是这家老字号的第三代传人。

“店有130年了，除了炒面，我们还有很多传统老菜——秀才宴！只是现在很少做了。”许广雄的儿子许煜龙对家传的手艺感到自豪，又有些遗憾。

在“85后”的许煜龙看来，龙湖古寨变化很大。他还记得小时候在大街小巷捉迷藏的时光，也记得几年前池塘里满是污水的模样，“这几年全都好了”。许煜龙也明显感觉到，千年古寨有些苍老，年轻人大都搬出去了，寨子里留下的大多是老人。许煜龙在外面有别的生意，节假日才回到古寨里帮忙掌勺。

古寨的年轮一圈又一圈，既老又新。

古寨由宋延续至今，约1.5公里长的直街和街巷里的老建筑依然古旧，祠第无数，外墙斑驳，老人拄着拐杖走在狭窄悠长的石板路上。

北门广场和南门广场整修了，原农贸市场得以整治绿化，公园出现在古寨里，方伯第和阿婆祠两座省级文物保护单位古建筑修缮完成。池中水质清澈，岸边的榕树繁茂，几座新修的桥跨越水面，也仿佛跨越了时空。

夜里，灯光亮起来，古寨“活”了。

眼见着家乡变化，年届六旬的许教龙想为家乡出份力。尚未退休时，他便当起民间志愿导游，用潮州话义务为来自潮汕地区的游客讲解。他从各处搜集古寨的史料故事，自编了几段推介词。“潮州话讲比较押韵，才好听。”他流利地讲了起来，“十全十美：一千年古寨，二十八处书斋，三街六巷格局，四面池塘环绕、五十六座府第……十代名小吃传承”，又如“东南西北：龙湖古寨位于韩江中下游，北门朝潮州府，这座古寨有千年之古”……

许教龙热情洋溢地对来者诉说着自己对家乡的一片热忱，希望将龙湖古寨的文化传承下来，传播开去。

希望龙湖古寨的文化得以传承的，不仅有本地人，还有一群特殊的外乡人——广东社工“双百计划”龙湖镇社工站的社工们。副站长张小妍和她的伙伴们已经在此扎根多年了。社工们在前期调研中发现，龙湖古寨有自己独特的文化，然而很多本地小孩对此并不了解，古寨面临文化传承断层的危机。社工们找来熟悉古寨的老居民、文化学者、非遗传承人，为孩子们开课，举办社区活动，将古寨的建筑文化、民俗文化、美食文化讲述给孩子们听；带着孩子们画画，将古寨画到村里近代建筑的外墙上；培养一支由17名本土青少年组成的龙湖古寨导赏员队伍、一支12名少年组成的英歌舞队。

许楠贤是龙湖镇初级中学学生。父亲早早从寨子搬出到镇上居住，小许对家乡的概念一度模糊。与社工们的相遇让他重新认识了自己和父亲的家乡。阿婆祠里的孝道文化、英歌舞的阳刚之美，这些与日常生活完全不同的古寨文化让小许感觉特别不一样。

小许希望自己能成为一名“小导游”，将家乡的美告诉更多人。

几年下来，张小妍对古寨产生了深深的感情，她走在街巷里，邻里们家长里短地与她打招呼、寒暄。

“古寨外的韩江滨江栈道很美，把很多人带到古寨里了。”张小妍期待更多的年轻人来到古寨里。

事实上，这几年，来到寨子里的年轻人也多了。“这一排做生意的很多都是外地的。”许煜龙看了一眼炒面店外面的商铺。

古寨的年轮一圈又一圈，将岁月带走，留下时代的印记，由古至今，有老有新。

下

龙湖镇社工站的社工们带着孩子学习锣鼓敲打技法

急水渡口，三元塔的前尘往事

潮州三元塔，俗称急水塔，位于江东镇井美村鲤鱼山顶端，东临韩江东溪，始建于明万历三十三年（1605年），竣工于万历三十五年（1607年）。历史记载，三元塔高十五丈三尺，共七层，基围十四丈，塔身中空有螺旋石阶可登，如今剩余五层半。

许多人曾涉险登上过残破的三元塔，感受四百多年前的历史遗迹与塔顶的凛冽江风。三元塔因何而建？见证了怎样的历史？人们口中"江东那一座破塔"又有着怎样的魅力？

砥柱当潮　以兴人文

三元塔因何而建？

明代，潮州社会、经济全面发展，城市建设同步进入发展期，塔的营建则在城市建设的基础上展开。

鸟瞰潮州古城，三山环抱，地势北高南低，韩江从东流经，在凤凰洲分叉为北溪、西溪和东溪。凤凰塔在北溪边，古城东南面约两公里处。而沿东溪一路向南约20公里处，三元塔坐落在东溪西岸。韩江两岸，双塔遥相呼应。

华南理工大学建筑学硕士周炜杰在《塔与城——明清广东地方城市的古塔探研》中写道，沿水系在下游河畔的平地或丘陵之上建两座古塔，

右

只剩下五层半的"破塔"

在两个不同尺度上均衡城市的地势，使得城市的山水环境具有较强形势。双古塔依次矗立于河岸，濒临水道，如同两座路标，于河流变化之处做提示，依河延伸城市的信息，逐步地引导城市的位置，对城市的水运有较强的导航作用。

在有双塔的城市山水环境中，既有充当近景构图中心的古塔，亦有远景、中点景或借景的古塔，丰富了城市多个层次的人文景观。三元塔是潮州府城的延伸，也是潮州府城的远景。

韩山师范学院潮学研究院李坚认为，三元塔的设置，必须考量同一时期修建的凤凰塔和凤凰台。凤凰台由潮州知府侯必登倡建于隆庆年间（1567—1572年），除了作为江心堤台，诗文中“明凤凰于飞”“收一方之灵气”等句体现了十分明显的科举和人文景观意图。之后，潮州知府郭子章又在对岸建了凤凰塔，塔铭写“建塔以障下流”“三宝玲珑，一方壮丽”，完全呼应了凤凰台，对于理解三元塔的创建具有重要的启示作用。

李坚指出，三元塔紧邻二者建于下游，不论在名称、地点的选择以及兴建的时机上，都非常相近。“三个建筑的共同特征较为鲜明：第一是韩江航运的需要，有航运地标、抵御水患等作用；第二是潮州地方士人对科举人文兴盛的寄托与象征；第三是作为韩江人文景观，体现了明代中后期潮州社会文化发展的需求。”

三元塔塔铭中表明了建塔是希望潮州“元魁辈出，国泰民丰”。彼时，潮州已借由陈尧佐的诗文有了“海滨邹鲁”的美誉，科举成就在广东各州府中处于前列，涌现了大批登科进士。

鲤鱼山尾有座妈祖庙，与鲤鱼山头的三元塔遥相呼应。在“林监丞建塔破风水”的传说中，当时的潮州知府林监丞为外地人，看到潮州人才辈出，十分嫉妒。风水先生告诉林监丞，因鲤鱼山为风水宝地，有一得道修行的鲤鱼精在此，且大有跃龙门之势。林监丞听信风水先生所言，大兴土木，在鲤鱼山上建一七级宝塔，意图将鲤鱼精钉死，破开潮州风水。

林监丞相继在鲤鱼山尾和鲤鱼山背尝试建塔，但塔基都被鲤鱼精震塌。风水先生指点，须得两处着手，一方在鲤鱼头上建塔，一方在鲤鱼尾造庙，头尾并施方可制住鲤鱼精，这庙就是如今的妈祖庙。

但最终，三元塔建成也未能破潮州风水，而林监丞丢官乘船回老家，不料途中船翻人亡。“林监丞建塔破风水”的传说并不可信，因建塔者为潮州人林熙春而非林监丞，但足以佐证彼时潮州学风兴盛，人才辈出。

海阳龙溪（今潮州庵埠）人林熙春在万历十一年（1583年）登进士，官至户部尚书。万历二十三年（1595年），林熙春因上疏陈言触犯神宗皇帝，被降职外调。对此，林熙春的选择是托病辞官回乡，一待就是26年，三元塔就是林熙春托病在潮期间主持修建的。

林熙春一生中两次急流勇退回到家乡，其间也并未赋闲在家，而是为潮州争盐税、减里役，建三元塔以兴人文，是士大夫情系桑梓的表率。三元塔的修建，是潮州府城建设的延伸，是明中后期经济社会繁荣的必然，也是潮州人文持续兴盛的良性循环。

右

塔门对联是林熙春亲手所题的“霞标插汉三千界，砥柱当潮九万程”

急水已过　一路平波

如今爬上鲤鱼山，俯视韩江支流东溪，可见水面平静，波澜不惊。但在 20 世纪 70 年代水利部门炸宽江面、浚宽河道前，“急水”是三元塔与其周边绕不开的话题。

三元塔俗称急水塔，塔铭中写“凤城之东，急水一泓”，塔所在的鲤鱼山俗称急水山，急水塔下方有急水渡口，对面是急水村。清代的《韩江闻见录》中描

上

鲤鱼山与猫头山对峙，三元塔立于鲤鱼山上，成为古时候行船的航标。鲤鱼山脚下的急水渡口，至今还有船渡可至对岸的急水村

绘急水关锁：“大波为澜，小波为沦，直波为泾，此溪以急称耶。”

因两岸猫头山、鲤鱼山对峙，险峡天成，江面骤窄，水急浪涌，故韩江的这一段，俗称急水。关于三元塔的故事，总要从这一湾“急水”说起。

潮州本地文史研究者刘扬标介绍，每逢洪水峰期，韩江水位涨高，急水门两山对峙，水流湍急漩涡多，落差丈余。急水渡口的渡船往来于东西两岸，载客横渡时，要有一定经验的撑船员才能往返撑过急水门。渡船要从西岸的急水埠撑过东岸渡口，必须驶至鲤鱼山头处，然后用力撑船俯冲飞过江心。从东岸返回西岸则必须把渡船驶至猫头山嘴，然后同样再用力撑渡俯冲过江心，故称“飞渡急水门”，翻船者常有。“船只远远地看到三元塔，就知道快到潮州府城了，也提前知道快到急水门，这一段水流急，要做好准备。”

据《潮州广济桥》一书，嘉靖后期，韩江流域的商贸活动开始兴起，潮州因当闽广之冲，成为韩江流域经济中心。潮州是闽粤赣边区的水运枢纽，粤东河运货物集散口岸，沿韩江北溯可达兴梅甚至闽赣，往南可达汕头出海。

三元塔作为古代少见的高层建筑，发挥其标志物的功能，提示和引导往来的船只，而其宗教神圣性中所蕴含的镇水、防灾、保平安等含义也给予人们心理上

左 右

左：一层通往二层的螺旋石梯

右：位于二层的“双龙夺宝”藻井

的慰藉——看见三元塔，过了急水门，一路皆平波。

如今，三元塔已经无法入内，但游客仍能看到三元塔第一层外部花岗岩上的浮雕，活灵活现的飞禽走兽和各类花草图案，从细节处透露出这座古塔精妙的建造工艺。

“三元塔的第一层全用花岗岩砌成，最重约有十几吨。据说，花岗岩先埋于大船船底，洪峰期时利用洪峰运至急水埠，然后慢慢地由人力扛上山顶备用。三元塔二层以上都用青砖砌成，砌青砖所用的灰浆是由海贝壳灰与熟糯米、红糖混合后制成，很坚固。”刘扬标说，在鲤鱼山的山脚下和尾端曾经挖出两个池的土用来烧砖，一个名叫“塔头池”，位于鲤鱼山尾端东南方，一个名叫“沙边池”，位于鲤鱼山尾端西南方，这两个池已经被填平作耕地。

三元塔工程的烦琐与险要的环境之间产生了剧烈的冲突。塔下急水湍流，但三元塔岿然不动，人们因而相信人有克服自然、改造自然的能力。周炜杰认为，古塔为垂直稳固的形态特征，江河为水平流动的形态特征，两者产生强烈的视觉对比，给予人们视觉上安稳的感觉；古人视古塔为同样具有垂直稳固形态特征的山岳、砥柱等岿然不动之物，期盼古塔能镇住奔腾的江河。

三元塔下的财宝与繁荣

传说中，建三元塔时搭的竹架斜坡搭至隔壁的红砂村，建塔历经三年零两个月，调用民工数万人，耗资两千万吊钱。竣工后，剩下的三百两白银被埋在塔的周边，要找到这笔银两需要解开诗谜：“寒夜皎兔照当中，地下白银三百两。若有福者能中彩，银两自当归得主。”

传说充满神奇色彩，几百年来也有许多人慕名来鲤鱼山寻觅银两，但没人能解开这个迷，大概也没人得到这些财富。事实上，三元塔一带的繁荣，自然不是来自“此地有银三百两”。自古以来，三元塔下有急水市、塔下的急水渡口是交通要塞，可联通兴梅地区。

“急水渡的设置，首先是基于江东当地民众出行以及经济往来的基本需求，渡口位于江东与磷溪、官塘交界，是三地交通往来的最便捷通道。”李坚认为，

一个渡口的兴建，体现了交通与贸易的基本需求，也是衡量一个地方人口与经济发展的指标。江东地区地理位置十分独特，四面环水，直到1988年江东大桥建立，江东才改变了以舟船为主的出行方式。在此之前，渡口是当地唯一的对外通道。乾隆以后，随着韩江中下游地区人口的饱和，迁居江东的人口逐渐增多，到光绪年间，江东的渡口有钟渡、鲤鱼脐渡、独树渡、急水渡、谢渡、蓬洞渡。

一个个渡口便是韩江这条经济大动脉上一个个节点，串联起干流与直流、集镇与乡村。

“这里是北门，以前这里是个集市，有100多间商铺。”刘扬标从三元塔下的刘氏家庙中走出，指着一个石门，门额上写着“北门”二字和“民国廿七年”。急水塔周边的这些建筑大多已经荒废，无人居住使用，但能够看出这些并非潮汕民居建筑，而是向外开窗的商铺建筑。

据《江东镇志》，急水市创于清道光十五年（1835年），有各类铺户108间，当时，到此贸易者甚众。若从《江东镇志》中的时间算起，到石门门额上记录的“民国廿七年”即1938年，急水市存在的时间至少有百年。

急水山东麓原有与潮州开元寺建筑样式相似的吉祥寺，吉祥寺右后方有魁星楼，魁星楼前有江东文祠，那是江东文人集会交流文化、研讨学术之所。此外，三元塔下还有龙尾爷宫、水仙爷宫等建筑。但不幸的是这些名胜古迹均遭日寇火劫，现唯存遗基。

李坚认为，集市与公共空间可以视为衡量渡口所在地区经济发展程度的标准，渡口除了是交通出行的基础设施，也是商品贸易、区域文化交流、地方社会经济活动的主要中心。

急水塔与急水渡口、急水市共同构成了江东镇经济、文化的中心。借由前人的讲述，我们或许可以想象这样一幅以三元塔为视觉中心的画面：韩江边鲤鱼山上的三元塔巍然耸立，塔下的急水渡人来人往，渡口处的急水市热闹非凡，急水市里大大小小的庙宇、祠堂香火旺盛。

被毁坏的与被重建的

刘扬标的奶奶亲历了那场大地震。

1918 年 2 月 13 日下午 2 时 07 分，一场大地震以南澳岛东北约 10 千米的海底为中心扩散，波及整个潮汕大地。

刘扬标的奶奶当年 14 岁，正在急水市上购货。忽然之间，昏天黑地，阴云密布，

左 右

左：透过塔上残损的洞门，可以看到江对面是急水村，塔下方则是荒废已久的吉祥寺

右：可以清晰看见第五层塔身开始开裂

天好像要塌下来一样，还传出隆隆巨声。她看见三元塔摇晃得很厉害，忽听到一声巨响，三元塔的顶端被甩至隔江猫头山下的韩江里。

这场地震震掉了三元塔塔顶的鉎铁葫芦及一层半，但五层以下尚完整。

广州大学建筑设计研究院有限公司岭南建筑研究所主任、三元塔修缮项目设计方案负责人梁智坚表示，潮汕地区以楼阁式塔居多，三元塔便是传统的楼阁式塔之一，在造型上，设有台基，基座，砖石仿木结构的梁、枋、柱、斗拱等楼阁特点的构造。“三元塔建成至今，在可查证的文献中均无官方的修葺记录，并且经历过1918年的7.3级地震，大部分仍矗立至今，是研究潮汕地区造塔的实物素材。”

井美村的老人说，三元塔最顶层的鉎铁大葫芦下的每条梭角都有 1 个用鉎铁铸成的大龙头，共 8 个，大龙头的耳朵挂着用鉎铁铸成的“大鉎饼”作为“耳坠”，每逢大风吹起，附近村庄都能听到“耳坠”发出隆隆的声音。

曾经，三元塔附近村庄如井美、龙口等村为了发展生产，建造桥梁、涵闸及圈猪建牢，到三元塔内挖砖取石不计其数，其中井美村挖砖，龙口村拆大石板及拆青砖，目前许多雕刻有飞禽走兽的花岗岩大石头大部分在龙口村那里。1985 年，三元塔被列为潮州市重点文物保护单位，政府明令禁止破坏三元塔的砖石及塔基。但屡禁不止，仍有附近村民到塔基取石头运回家中建房屋做地基，挖至塔基脚，再次造成西南方向塔基裸露，摇摇欲坠，难以行人。

右
左

左：1918 年潮汕大地震造成潮州城内建筑倒塌
右：三元塔受到地震破坏后第六层一半裸露在外，藻井摇摇欲坠

三元塔经历了大地震的重创后，又陆续受到不同程度的破坏，终成人们口中“江东的一座破塔”。

“修复三元塔，首先要修复损坏的山体。山体人为破坏严重，距离塔基边沿仅几十厘米。”梁智坚团队通过对同时期潮州附近的塔进行研究分析，结合历史资料，比对修复后的旧照片，推算出第七层塔身、塔顶以及栏杆的大概高度。

梁智坚表示，此次修缮将对三元塔进行原状修复，使其达到地震前的原状，并能安全使用，恢复缺失的两层和塔刹以及各层栏杆，修复破损的部位，并进行局部加固。

如今通往三元塔的路仍不好走，鲤鱼山接近荒凉，没有开辟出道路，塔无人值守，塔的周边便是山体树木，西南方的塔基裸露在外，触目惊心。

站在鲤鱼山下抬头仰望，岁月沉淀后的三元塔砖石泛出沉稳厚重的青黑色。第六层半层缺失，剩下的半层砖石裸露，有残缺的美感。树木和杂草从砖缝中生长出来，三元塔看上去像是一个多年未打理毛发的枯朽老人，坚韧的灵魂支撑着残缺的身体，饱经沧桑，摇摇欲坠，但始终矗立。

急水不再急了，急水渡口也不再是人们出行的主流选择，周边大大小小的寺庙建筑多数已被毁去，那场震动华南的大地震几乎被人们遗忘。三元塔，带着周身的残缺，立于鲤鱼山上，以见证者的身份存在。而在不久的将来，三元塔的破旧，也将成为历史。

◆十年水流东　十年水流西◆

一则江东镇三元塔即将修缮的消息让潮安彩塘的网友新老趁着夕阳西下骑上摩托车来到塔下。

“时过境迁，时不我待，下次来可能就不是这般光景了。”新老是古建筑爱好者，时常约上同好在塔下喝茶、赏塔，拨开及膝的灌木和杂草上山，登上残破的急水塔，

右
左

左：六甲番的方言民谣专辑《急水塔》的封面
右：落日余晖下，即将抵达急水村码头的船渡

或是搭渡口到对岸的急水村，以急水塔为背景弹琴唱歌。对于新老而言，残破的急水塔成为家乡符号的一部分。“我在潮汕内环高速上隔着车窗玻璃看到急水塔，若即若离，渐行渐远，真切又虚幻。回到现实，我要从江东下高速，绕多十几公里路，才能回到我现实世界的家。”

浮洋镇人李四顺在多年以前登上过急水塔，那时他是一名摇滚青年，和几名同样玩摇滚的朋友第一次登塔。

2015年，李四顺又爬上了急水塔。爬到塔顶，李四顺忽然想起多年前一起来的朋友们，大多已经在不同的城市，从事不同的职业，就算在一个城市也因生活圈子不同而难得一见。“他们还在听以前一起热泪盈眶的那些音乐吗？他们变得世故了吗？他们记不记得曾一起爬上过这座家乡的古塔？当年一起在这塔顶，吹着从未如此狂烈的江风，他们各自有什么感受？后来有没有再回来过？”

急水塔的第六层已经只剩下一半，青砖裸露，藻井摇摇欲坠，李四顺在登塔时感受到生理和心理上的双重失重。李四顺认为急水塔像是一个不朽的老者，而且是个女人。“几百年来，她独自矗立在这出发的地方，任风吹雨打。我们出生的时候，她在这里；我们长大后漂泊，她也在这里；我们将来死去毁灭，她仍在这里，守望这片充满离愁

别绪的平原。”

《旧影潮州》编辑佃燕婉认为约翰·汤姆逊在1870年拍摄的三元塔是全书最重要的一张照片。“除了它有被推断为潮州第一张照片的重要意义，我们能从它身上看到很多信息。在我国，有不少曾经在交通要道上的建筑因为水路的退化而淡出人们的视野，湮没于历史，三元塔是其中的一座。一百多年前，汤姆逊进入潮州时，第一眼看到的令他驻足打开照相机的景物便是三元塔。彼时，水路是发达的，塔亦是完整的。”

《旧影潮州》作者丁铨认为，百年前的潮汕大地震相关照片可能是中国最早的地震灾害影像。“地震近百年后的今天，当我们登上三元塔第六层内室，眼前情景似乎依然停留在被地震破坏的瞬间，令人望而生畏亦有穿越时空的错觉。”丁铨希望三元塔能够在保持原样的基础上修缮，可在其周围设立公园，以“潮州第一张照片”“潮汕大地震重要遗址”等为宣传点，辅以其历史、艺术、传说的科普宣传，让更多人知道它的故事。

十年水流东，十年水流西。韩江从急水塔边流过，不同的人对于三元塔有着不同的记忆，三元塔的旧影，投射在他们的心中。

三元塔的残破，让数代潮州少年充满好奇，为潮州古城与碧水韩江蒙上一层朦胧而古老的面纱，也为潮州这座古城的美增添别具一格的魅力。

也有学者提出，比起将三元塔修缮至震前的完整无缺，不如在保证塔身安全的情况下维持如今面貌，在周边建设“潮汕大地震遗址公园”，采用遗址公园模式，保持三元塔这一遗址本体的安全性、真实性、完整性，将遗址保护与公园设计相结合，运用保护、修复、展示等一系列手法，对有效保护下来的遗址进行重新整合、再生，让三元塔的历史与传说、繁荣与破损，都一同成为城市记忆，被铭记、被认识、被延续。

左

约翰·汤姆逊拍摄于1870年的完整三元塔影像

潮州西湖，一本立体的地方志书

拐进寿安古寺后，清理掉厚厚的青苔，挖出近一立方米的泥土，一块元代后至元年间（1335—1340 年）的石碑展露在眼前，石碑上记录了潮州城居民对净慧寺的捐赠。这是粤东考古中心所组织的考古队的发现，这块石碑填补了潮州西湖山元代摩崖石刻的空白。

人们口中的潮州西湖一般指西湖及其背靠的葫芦山（又称西湖山、银山），宋代潮州通判陈尧佐评价西湖“潮阳山水东南奇”。潮州西湖位于潮州古城城西，学者们用“始于唐、著于宋、芜于元、盛于明、旺于清”来概括西湖的历史。历代文人墨客在西湖营构题咏、勒石留迹，成就了潮州西湖这部可游览、可欣赏、可研究、可怀古的立体地方志书。

远观湖山图景
西湖的一湖一山，成为潮州古城的边界与画屏

西湖首先是作为水体存在的。打开明代《永乐大典》中的宋元潮州古城图，潮州城西不见西湖，而写着“放生池”。

唐肃宗乾元二年（759 年），颜真卿上书，请求设置放生池，

以示贤明睿智，广播慈爱，于是皇帝下诏诸州设置放生池。颜真卿在《天下放生池碑铭序》中记载“临江带郭，上下五里，各置放生池，凡八十一所”，如今的潮州西湖就是其中一处，放生池是潮州西湖的雏形。

据华南理工大学硕士卢青青《潮州西湖造园历史与特色研究》一文，唐代兴修水利，修筑北门堤，方才切断了西湖支流与韩江之间的联系，形成了宽阔的长形大湖，即放生池。

西湖渔筏为潮州八景之一，烟波浩渺中，数条渔舟横于湖面中央，湖中渔人抛网捕鱼，静中有动。西湖渔筏或在北宋就出现了。北宋咸平二年（999 年），潮州通判陈尧佐作《游西湖》，诗中写：“附郭山连水，公余独往还。疏烟鱼艇远，斜日寺楼闲。”

如今的潮州西湖水域面积开阔，约 6.7 公顷，碧波荡漾，两岸绿树掩映，从航拍视角，西湖宛如一块嵌在潮州古城边的绿宝石。

但西湖并非一直如此。北宋后期，西湖日渐萎缩，民众在西湖周边开挖山石、掘土为坟、放养牲畜，人们对于西湖的形容从“附郭山连水”退为“一泓泉色”，

下

民国西湖景象（来源于《潮州西湖山志》）

再到“步亩莲池”。西湖的重振要到南宋庆元五年（1199 年），潮州太守林嘌对西湖进行了历史上第一次疏浚。

林嘌对这次重振是下了心思的。庆元四年（1198 年），林嘌到潮任主官。看到西湖上山道路被荒草灌木遮盖，民众在西湖山上放牧，景色破败，而最重要的是

上

潮州古城三山拱卫、湖江夹城，西湖与葫芦山是古城的重要组成部分

西湖已经堙没，沦为民田菜畦，林嘌发出了“湖山并名，岂有山独无湖？”的感慨。

林嘌将淤积的西湖重新开挖疏浚，引韩江水入西湖，并扩大了西湖范围，南北长度比往昔加倍，根据《潮州府志》的记载，“周围二百五十丈”（周长约833米）。

之后，林光世在宝祐年间（1253—1258年）大规模重浚西湖，规模较之前更为宏大，并且沟通了护城河，开凿三利溪，将潮州古城周围的水资源整合，形成了活水循环系统。

如今，古城东畔韩江水通过藏在地下的五条干渠排入古城西侧的西湖，西湖水又通过季节调节，或排洪水入三利溪，或干旱补给三利溪，同时三利溪作为韩江分流，汇入西湖水，一同灌溉下游的农业田园。卢青青认为，这带动了区域性的水系循环，具有宏观生态意义。

葫芦山因山总体北宽南窄，西侧部分内缩，呈葫芦状而得名，主峰最高海拔约为73米。在那一次重建西湖中，林嘌修筑的环湖道路和数座亭子，多数早已不见踪影。而在葫芦山中段主峰巅顶有一块躺在地上的石刻“立翠”，疑为立翠亭的遗迹。对于西湖而言，更重要的是虹桥的建成。

潮语乐队六甲番的主唱李四顺曾写过午夜时分的西湖：“子夜的虹桥远看似条玉带悬浮于西湖之上，白雾蒸腾，桥那边的尽头是葫芦山郁郁葱葱的树木，像个深不可知的世界。”西湖的湖面沿着如今的环城西路，行人车辆不用入园便能隔着栏杆看到西湖，而要真正走近西湖和葫芦山，需要入园，再穿过长长的虹桥。

那一年，林嘌在湖面上架起虹桥，由葫芦山坡横跨西湖湖面，长约150步（200多米），直达潮州府城。城郊的西湖开始与古城更为紧密地相伴。

风景园林学硕士林榕认为，“山城夹湖”让西湖成为葫芦山与古城中部的过渡空间，也让城西景观在竖向变化上有高层次的山、中层次的城及低层次的湖。西湖由东北向西南延伸，中部稍向东弯曲，水系宽度总体均匀，南北几近等宽，外观狭长，与古城城西边界良好契合，线条缓和曲折。狭长的形态让西湖视觉景观不仅呈现南北向的深远，也可从东西向平近观景，尺度宜人。

三山拱卫，湖江夹城，这是潮州古城的山水格局。三山为韩山、金山、葫芦山，江为韩江，湖即为西湖。凭借一湖一山，西湖成为潮州古城的重要组成部分。

近看摩崖石刻
潮州历史的橱窗，书法艺术的长廊

全中国有多少个西湖？自古便有“天下西湖三十六”的说法，直至今日拥有西湖的城市也不在少数。杭州西湖凭借众多文人墨客的诗文而成为其中冠首，扬州西湖因精致园林自成一派，惠州西湖的闻名则缘起苏东坡贬谪此处。潮州西湖与别处有何不同？

潮州西湖背靠葫芦山，葫芦山摩崖石刻是广东省重点文物保护单位。西湖摩崖石刻现存130多处，石刻年代自唐、宋、元、明、清至中华民国均有，内容主要包括官府文告、胜游记事、诗词览胜、科举题名、景物抒怀、重要记事、景点命名等，书体则篆、隶、楷、行、草均有，被誉为“潮州历史的橱窗”“书法艺术的长廊”。

潮州市潮州文化研究中心特约研究员洪旭勤时常在早晨探访西湖，对他而言，西湖是一座立体的藏宝书。“大家说西湖的每一块石头上面都有刻字，这是夸张的说法，但是葫芦山确实有很多摩崖石刻，而且和景色融合得很好。和其他地方的西湖比，潮州西湖的重要价值和特别之处就体现在摩崖石刻。”

最早在西湖题刻的是北宋潮州军州事王汉。大中祥符六年（1013年），王汉游览西湖时见山麓边有一大石头，约三四米宽、六七米高，四面平整，“俨然若正人端士，绝世独立，不偏不倚”，便浮想联翩，当即以“立石”为题作诗，并刻于石上。《立石》开启了在西湖山题咏刻石的风潮，是西湖第一处摩崖石刻景观。西湖山立石在20世纪70年代的大规模炸石取材中被毁，如今西湖景区内最早的摩崖石刻是处在动物园中的《俞献卿葬妻文》，立于北宋天禧四年（1020年）。时任潮州军州事的俞献卿面临丧妻之痛，妻子张氏临终前嘱托俞献卿不采用当时象征身份地位的火葬，而是“妾其逝矣，厥躯愿勿以火化，但得抔土覆面足矣”，俞献卿“则余嘉其言达，故不违其命，即以其月十二日，葬于此”。

《俞献卿葬妻文》就刻在葫芦山北岩一处不规则的石块上，作家黄国钦评价其“正书隶意，天骨美，高古蔼然，不留天地，率意而为”。张氏随性淡泊，俞献卿也遵其嘱托，二人心心相印，如有神交。俞献卿的葬妻文写得平实朴素，无一字抒情，但仍然可见其悲戚，只因满篇皆是妻子的临终所言，心中无我，是为大爱。

潮州文史学者陈贤武认为，金石碑刻不仅是一种有别于文本文献的珍贵史料，更是相关时代兴衰演变的直接见证。因此，通过考究金石文字的作者、内容及数量等，也能窥视和体悟到许多值得重视的历史信息。它既可弥补正史文本书写上的缺漏或不足，也能为相关研究提供更为翔实可靠的史料依据。

如今，林嘌修筑的亭子皆已不见踪影，但那次修筑保留下的大量摩崖石刻至今可见。从湖滨林嘌自题的《重辟西湖》《题西湖山石》到南岩山脚下许骞所撰《重辟西湖记》、近山巅处林嘌的副手廖德明所撰《次韵舍人登湖山之作》……林嘌等人将自己的政绩铭记在葫芦山的石头上。

从宋代开始，历代地方官若重修西湖，必会勒石于葫芦山，以期名留千古。葫芦山的摩崖石刻，记录了西湖历次修筑的情形，更多的是文人墨客记述游踪，赞美湖山。摩崖石刻与湖山图画相得益彰，山翠石古，山为石增灵气，石为山添文脉。

游客若从南岩吕仙洞走出，逐级而下，便可看到小函谷峭壁上四个草书体刻字"湖山图画"，每字长一米余，大气舒展；当爬山爬至气喘吁吁，微微冒汗，发现路旁立石"云路"，心想是在云巅漫步，疲劳得以些许舒缓；看到"四望台"就知道已位于葫芦山顶，可"平临坛寺三千界，俯瞰江城十万家"；而当清晨第一缕阳光落在"霞光洞"三字上，石刻命名的缘由便不言自明。

西湖的摩崖石刻，妙在融于山水之中，恰到好处，绝不突兀，又画龙点睛。

中 右
左

左：清道光年间丁秉贤所书的《湖山图画》是葫芦山现存摩崖石刻中字体最大者，字径达 1.7 米。图为 20 世纪 20 年代旧影
中：《俞献卿葬妻文》石刻
右：南宋庆元五年（1199 年），潮州太守林嘌重建西湖，图为他的《题西湖山石》

咏叹代有公卿
在西湖，尽览我潮之文风

“凤凰山啸西湖平，代代出公卿。”这句潮州民间的谚语出于处何不可考究，但至迟在林嘌重修西湖时已有。许骞《重辟西湖记》中记载：“夫山啸湖平，公卿之谶，百年遗迹，一旦还旧，将见缨绥绅佩，洋洋迭出，一以祈君寿，二以同民乐，三以振地灵、起人物，一废举而众美具。”

有说法认为，“凤凰山啸”是指风吹过凤凰山发出的声响。潮州夏季盛行东南风，水汽遇凤凰山所阻，然后冷凝形成降水，确保了潮汕平原农业生产灌溉安全。“西湖平”便是指潮州西湖的水位能够较好地保持，这样下游田亩便可以得到灌溉。农业稳定，经济发展，潮州一地自然就有了“代代出公卿”的机遇。

宋代，中央不断加强统治，大力推行科举，潮州日渐开化，文风渐起，求学者众多。南宋潮州的人口高峰不曾超过 70 万，而参加科举考试的人数少则几千，多则过万，几乎不到 7 个人之中就有 1 人参加科考。到明代，潮州科举达到顶峰。

洪旭勤曾在网上买到一张潮州西湖雁塔石的老照片，照片上游客在湖边的雁塔石边合影留念。“雁塔”二字大小皆近两米，清晰可见，旁边的小字部分已辨别不出。“旁边刻了嘉靖辛卯科（1531年之广东乡试）23个潮州举人的名字，包括第二年登壬辰科状元的林大钦。潮州古代人文的兴盛之极，体现在这一块雁塔石上。”洪旭勤所指的这块雁塔石在20世纪被炸毁运尽，但西湖仍留下不少科举题名的石刻。如湖山中麓及北岩之“皇明洪武甲子科题名记”“皇明嘉靖乙卯科题名”“大明嘉靖辛酉科题名”“皇明嘉靖庚子科题名”“大明万历壬午科”“皇明潮州历科武举题名”等。

或许因身处山水间，相比潮州牌坊街上恢宏的表彰，西湖里的科举题名更为低调朴实，且西湖原本便为官学驻地，更添肃穆文风。

宋代王大宝《迁学记》中记载：“潮之学凡四迁，庆历中建学于东江之湄，元祐四年徙于西山之麓，七年迁州之巽维。”这里的西山之麓，所指的便是西湖葫芦山。宋代初期，“庙学联属”，葫芦山州学前身是夫子庙，可谓借庙兴学。

北岩一处少有人至的峭壁上刻着唐伯元与好友留下的唱和诗，该处石刻字迹有些模糊，但仍然可见其笔锋。明万历二十年至二十二年（1592—1594年），有“岭南士大夫代表”“理学儒宗”之名的唐伯元回到潮州为母守孝，其间与好友在葫芦山北麓的宋代州学遗址上建造了寿安寺，在南岩下建造了紫竹庵。晚年归隐后，唐伯元在寿安寺旁建造醉经楼，命名为梅花庄，《醉经楼集》为唐伯元主要代表作。

吕仙洞石壁已经被常年的香火熏得黢黑，需要用手电筒照亮才能看清上面的石刻，上面刻的是唐伯元好友章曰慎的题记。吕仙洞又称天然洞，位于老君岩上方，半由人工半由天开，相传吕洞宾曾云游至此，因以得名。吕仙洞狭窄深邃，“室小深藏，丹炉可设”，容不了超过两人，为章曰慎的读易山房旧址。章曰慎在这里“一篇周易一炉香”度过了山中年月，留下“槛外徘徊看海色，樽前笑语落天花”，“牧伯行春乘五马，群山揽胜陟岩阿”等诗文。

“明月清风无限侣，野花啼鸟漫为朋。”春天的西湖，草木茂盛、万物生长，偶到偏僻无人之处，唯有鸟鸣声做伴，恍惚间感受到了古代知识分子结庐在此的宁静与闲适。

陈贤武认为，休闲游览空间对于一个城市来说，是生活中不可缺少的一部分，它可以给日常生活涂抹上文化色彩。“西湖山之于潮州，就是这样一个空间。”古代知识分子以西湖为涵养心性的场所，而西湖也因他们的营建与活动而成为文化名山。“山啸湖平，公卿之谶”，所言不假。

至今，潮州许多人仍有到西湖南岩寺求签的习惯，以期待家中学子升学顺利，学有所成。

怀古往来古今
人事有代谢，往来成古今

葫芦山只是一座小山丘，主峰最高海拔约为 73 米，但却是潮州古城制高点。

行至半山，到了林深处，高木林立，根深叶茂，遮天蔽日，不免有萧瑟之感，定睛一看，原是几处腰城的残垣。城墙被厚厚的青苔覆盖，草木在砖缝间生长，夯土部分已被灌木杂草掩埋。

葫芦山腰城的残垣告诉后来人，西湖并非一成不变的闲适山水。

康熙十三年（1674 年）潮州总兵刘进忠反清，掘湖山墓，撤居民房屋，筑栅山上，与城内形成犄角。乱定后，康熙十七年（1678

上
下

上：雁塔及下方的“皇明嘉靖乙卯科题名”石刻
下：半山的腰城残垣

年），在马三奇、仇昌祚、林杭学等官员主持下，合潮州十一县之力就刘进忠所修筑的基础上建湖山腰城。城墙用贝灰三合土夯成，高 3.2 米，宽 1.92 米，四围长约 1648 米。康熙《潮州府志》载："湖山俯瞰郡城，惟隔一濠。此城当西北之隘，势为辅车，是设险之大。"1738 年，虽然升平日久，官府还是把腰城大规模重修，增筑城墙 125 丈 6 尺（约 418.67 米），跨过城濠，连接外城。

陈贤武认为，从整个城市的防卫功能着眼，潮州葫芦山的确有着重要地位。1854 年，海阳彩塘吴忠恕反，聚众数万攻打潮州城。府城东西两侧的韩山和葫芦山，成为争夺的要地。韩山与府城之间还有韩江天堑，葫芦山前才一濠阻隔，形势更加重要。于是，"绅士刘于山等请调民勇驻山上防守，架木桥湖上，为守兵往来路"。官府调来潮阳壮勇守西湖腰城，"大战西湖，而西湖得保完全"。

葫芦山南侧山腰处的普同塔是超度亡灵之所在。清初清兵屠城之后，海德和尚和钟万成居士便赶来收拾这几十万尸骨，焚化后葬于葫芦山，建普同塔。1939 年潮州沦陷时，普同塔被毁，1959 年又筹资重建。潮州的风城才子佃介眉书"普同塔"三字，沉郁质朴，厚重宽展。

2003 年出生的蔡柏轩自发搜集、学习潮州历史文化的相关内容并发表在公众号上，朋友得知后告诉他家中有西湖的老照片，他们便自发整理了《民国时期的西湖》一文。儿时除了游乐场、动物园，蔡柏轩对西湖的印象便是散落的坟墓。从老照片中，蔡柏轩顺藤摸瓜，知道了西湖在清末荒冢满山，通过老照片看到了西湖的百年变化。"西湖或者说是潮州，都比我之前以为的要精彩、丰富。"

民国初年，西湖重辟，涵碧楼、湖心亭、游目亭、骋怀亭皆为当时所建。西湖公园在民国时期又称潮州中山公园，葫芦山南岩有一处"公园"题刻，时间为民国十二年（1923 年），证明当时已有现代公园的理念。宋史研究者吴钩在《风雅宋：看得见的大宋文明》中亦提到，早在宋代，潮州西湖便已开放给市民冶游，类同现代公园功能。明初洪武后，因修筑城墙，西湖又被封闭起来，不再"与民同乐"。辛亥革命后拆去西湖东岸古城墙，沿湖筑路，命名为城基路。

从 1925 年周恩来指挥东征军讨伐陈炯明，到 1927 年起义军进入潮州，数名革命领导者以涵碧楼为指挥中心，在潮州掀起革命浪潮。

第一次东征期间，周恩来组织恢复被军阀摧残的城乡工会、农会组织，着手

上

由英国基督教长老会女传教士礼荷莲于 19 世纪末
拍摄的葫芦山照片上可以清晰看到城墙的轮廓

筹建共产党、共青团的地方组织，在潮安县城办夜校，教育贫苦农工闹革命。第二次东征，周恩来接任黄埔军校政治部主任，为黄埔军校潮州分校的创立和政治工作倾注心血。1927 年 9 月 23 日下午，周恩来、贺龙、叶挺等率领的南昌起义军主力占领潮州，将司令部设于涵碧楼，同时建立县级红色政权——潮安县革命委员会。自 9 月 23 日起至 30 日撤离，史称“潮州七日红”。

1963 年，贺龙视察潮州时，来到当年起义军三师司令部旧址，感慨万千。涵碧楼已在抗日战争时期被日军毁成一片废墟。贺龙建议重修涵碧楼，郭沫若获悉，欣然挥毫写就“涵碧楼”三字相赠。

1965 年夏，郭沫若偕夫人莅潮，重访涵碧楼，在西湖的山水中挥毫题诗：“弹指光阴卅八年，潮安每在梦中旋。楼台倒映涵虚碧，旗帜高扬似火燃。一夕汤坑书附羽，千秋英烈血喷烟。今来重到金山望，日月更新别有天。”

凤凰山是畲族文化发源地

“老家来人了！”潮州市畲族文化促进会会长雷仁广这些年走访浙江、福建的几十个畲族村，这是他最常听到的问候语。畲族是我国少数民族之一，国内畲族总人口超过70万，分布在闽、浙、赣、粤、黔、皖、湘七省80多个县（市）的部分山区，其中90%居住在浙江、福建的广大山区。截至2021年1月4日，潮州全市有畲族户籍人口2920人，分布在3个县（区）的9个聚居村，散落于凤凰山脉的山区。单从人口和规模上看，潮州凤凰山畲族并无显著之处，但千年以来，分散在东南各处的畲族从未模糊过凤凰山作为祖居地的信念，将凤凰山的故事代代相传。

起源：凤凰山、土著与武陵蛮

“文武朝官都来送，送落凤凰大山宫。”“广东路上是祖坟，进出蓝雷盘子孙，京城人多难得食，送落潮州凤凰村。”畲族世代

上

凤凰山被认为是畲族文化发源地

相传的《高皇歌》记载了始祖盘瓠代天征番、求娶三公主、生下三子并定居凤凰山、后迁往别处的故事。畲族目前没有留下自己的文字，口头传承是唯一的途径。畲歌于畲族而言，是娱乐方式亦是祖先的历史。各地的《高皇歌》或有细节不同，但都有“住在潮州山林深”“凤凰山上去埋葬”“三姓搬出凤凰山”之类的表述，不约而同将祖居地指向潮州凤凰山。李工坑村村支书雷克财小时候在家中谷仓见过父亲收藏的祖图，祖图年代不明，但以连环画的方式记录着类似的故事。

目前，潮州凤凰山畲族的族谱多已失传，但浙江、福建等地的许多畲族族谱清楚记载了畲族的迁徙路线。浙江景宁畲族自治县惠明寺保存的《雷氏宗祠序》中记载，“我姓之源广东潮州府海阳县凤凰山，原有大祠”；福建福鼎《雷氏族谱》记载，“帝以三公主招为驸马，徙居广东潮州凤凰山”；除了族谱，福建霞浦的畲村古民居上的对联写着“徭咏不忘高帝力，鹏程欲溯凤山踪”……

上

绘制在墙上的畲族姓氏图案

凤凰山在畲族的歌谣、传说、石碑、祖图中不断被描绘、传播、传承，由此构建起畲族的共同记忆。对于多数畲族人而言，凤凰山作为祖居地这一点可较为轻易形成共识，但在畲族起源这一问题上，畲族文化研究领域仍在讨论中。

中山大学人类学博士、汕头大学外文系副教授谌华玉认为，畲族起源大致可分为“土著说”与“外来说”。

“外来说”主张畲族为武陵蛮、长沙蛮或古代“东夷蛮”靠西南一支“徐夷”南迁发展演变而成。该说法认为汉晋之际，生活在洞庭湖区域、仍然过着较原始的生活的“武陵蛮“（即“五溪蛮”）受汉族统治者压迫，其中的一部分向附近地区迁徙。隋朝时，今湖南长沙一带已住有自称“莫徭”的“徭人”，其习俗与五陵等地的蛮族相同；唐宋时，湘、桂、粤、赣一带常出现“徭乱”；南宋时，今粤、赣、闽三省边界开始出现名叫“畲民”（或“拳民”）的部落在活动。“蛮”“徭”“畲”三族联系密切，持“五溪蛮”后裔说的学者以此来论证畲族起源。

“土著说”主张畲族由古代闽粤赣边界土著发展形成。但其中又有分野，有的认为畲族是战国、秦、汉时期百越人的后代；有的认为畲族是汉、晋时代山越的后裔；还有人认为畲族是闽越族后裔。在争论中，学界就以下问题达成共识：隋、唐之际畲族先民已居住在闽、粤、赣三省交界的山区，从宋朝开始，畲民陆续向闽中、闽北迁徙。

人类学家费孝通《中华民族的多元一体格局》一文中提出，中华民族是包括中国境内56个民族的民族实体，并不是把56个民族加在一起的总称，认为民族实体里所有归属的成分都已具有高一层次的民族认同意识，即共休戚、共存亡、共荣辱、共命运的感情和道义。部分学者用中华民族多元一体论研究畲族族源问题。

“畲族是历史上在赣闽粤交界区域形成的一个民族共同体。”北京师范大学历史学博士、福建师范大学教授谢重光认为，畲族的来源很复杂，包括自五溪地区迁移至此的武陵蛮、长沙蛮后裔，也包括自中原、江淮迁来的汉族移民即客家先民和福佬先民。这些不同来源的居民以赣闽粤边的广大山区为舞台，经过长期的互相接触、互相斗争、互相交流、互相融合，最后形成一种以经常迁徙的粗放山林经济和狩猎经济相结合为主要经济特征，以盘瓠崇拜和相关文化事项为主要文化特征，椎髻左衽、结木架棚而居为主要生活特征的特殊文化，这种文化的载体就是畲族。

学界秉承着各自的研究方式与论据支持，溯源而上，抽丝剥茧。畲族不是从天而降的族群，千年间必然有着融合与演进。对于这个古老而神秘的民族，仍有许多答案等待历史迷雾的散开，但就畲族自身的族群认同与文化归属而言，潮州凤凰山在畲族历史与畲族先民心中的特殊地位是确定的。

定居：对抗、妥协与合作

“畲民不悦（役），畲人不税，其来久矣。”这是南宋刘克庄在《漳州谕畲》中对于畲族的描述，亦是“畲民”这一名词在现有文献中最早的记录。在描述中，“凡溪洞种类不一：曰蛮、曰猺、曰黎、曰疍，在漳者曰畲。西畲隶龙溪，犹是龙溪人也；南畲隶漳浦。其地西通潮、梅，北通汀、赣，奸人亡命之所窟穴。”

明末清初思想家顾炎武的《天下郡国利病书》中写道，唐初，陈元光所镇压的汀漳一代的“蛮僚”，以盘、蓝、雷为姓，信仰盘瓠。从特征来看，唐初的“蛮僚”极可能是畲族先民。

唐高宗总章二年（669年），泉潮间蛮僚啸乱。泉潮间即如今的闽粤赣交界区域，唐初，唐王朝军队进驻当时为蛮荒之地的泉潮间。因地处交界地带且山区地势险要，中央王朝在闽粤赣交界设置郡县的时间晚于三省各自中心。

当占山安居的土著遇上意欲扩展疆界、实现“普天之下，莫非王土”的政治野心，冲突在所难免。

从陈元光向唐王朝《请建州郡表》上书中，我们可以看到，唐初，唐王朝为了“靖边方”，派遣陈政、陈元光父子率府兵3600人、将领123人，“出镇绥安（属今漳浦）”。

由于遭到当地“蛮僚”反抗，“自以众寡不敌，退保九龙山，奏请益兵”，唐王朝又派陈政兄长及母亲“领军校五十八姓来援”。而汉族起义军陈谦会同畲族起义军首领苗自成、雷万兴等人，率领当地群众攻陷潮阳，唐军“守帅不能制”，陈元光亲自出马镇压了这次起义。事过三十来年，由雷万兴、苗自成的儿子和蓝奉高等人领导的起义军又集结潮州，同陈元光军队对垒，经过了多年剧烈的战斗，泉潮间才终于稳定下来。

如今，汉畲文化声势呈现绝对强弱，但在唐代的闽粤赣边界，汉畲两方尚可进行持续多年的拉锯，至唐末，还有“黄连洞蛮二万，围汀州”的记录。人类学家蒋炳钊说：“可以想象，作为一个民族，能具备这样强大的反抗力量，如果不是经过长期的安定生息和繁荣发展是根本不可能的。”

景云二年（711年），蓝奉高领军直追至绥安，陈元光被刺死。陈元光被称为“开漳圣王”，开漳圣王信仰至今在中国的福建、台湾，以及东南亚一带有着影响力。汉族本位的历史认为，陈元光“几疑非人所居”之域的泉潮间从告别炎荒，走向文明。而对于畲族而言，这是反抗、妥协、归顺、调和的历史开端。

准许畲族开山、免除徭役赋税的“开山公据”常见于畲族族谱的开头，内容基本为盘瓠征番有功，陛下“永免差役，不纳粮税，永为乐也”。畲族世代相传的开山公据是否与官方政府有关尚未可考，但可以回应汉人刘克庄“畲民不悦（役），畲人不税，其来久矣”的记录。浙江的畲族传说中，亦出现官府派人到凤凰山征税的故事，畲民理直气壮回复：“地是阿郎全家开，瓜是阿郎全家栽，牛羊是阿郎全家亲手建，你们凭什么要我们缴纳那么多钱粮。”畲族与汉族已然开始直面对方。

韩愈刺潮，文官贬谪，闽风西渐，唐宋开始，潮州加速开化进程，来自中原的传统汉文化在潮州文化中占据主导地位。至宋元交际，社会变动，畲族在与元军的抗争中与汉族合作，共同抵御元军。《宋季三朝政要》中记载，文天祥之抗元，麾下亦有畲军。《资治通鉴》记载，汀漳诸路剧盗陈吊眼及许夫人，所统诸峒畲军与抗元将领张世杰皆会。二人后遇元兵，战死，其节烈尤为后人称道。

挪威人类学家弗里德里克·巴斯将族群看作是一种社会组织结构，他用族群的排他性和归属性特征来界定族群，认为只要人们对于族内人和族外人的二元划分没有改变，族群界限仍然存在，族群就可以延续下去。对于畲族而言，历史进程不可避免地使其与汉文化、汉族相遇，而在这一过程中，在不同政治环境、民族认同、阶级矛盾下，畲族与汉族对抗、斗争又相互影响、合作，畲族在其中不断确立自身群体的存在，又与汉族开展密切互动。

下

凤凰山畲族招兵节于 2007 年被列入“第二批广东省非物质文化遗产”目录

融合：确立、汇合与共生

“畲歌畲嘻嘻，我有畲歌一簸箕。”潮汕地区有“斗畲歌”的传统，这是斗歌的序曲。潮州歌谣亦被称作“畲歌”“畲歌仔”。畲族以歌传言，以能歌为荣。潮籍学者萧遥天在《潮音戏的起源与沿革》一文中提出，潮州的土著，陆为畲民，水为疍民。畲歌、疍歌是最纯粹的地方性潮歌，也是潮歌的主流。

潮州歌谣融合畲歌、疍歌和汉族民谣，在漫长的历史演变过程中，吸收当地民间艺术，融会中原地区汉族民谣，最终形成具有地方特色的说唱表演形式。潮剧作为潮州文化的瑰宝，集潮州文化之大成，更是吸收了潮州歌谣的精髓。潮剧传统剧目《苏六娘》中的《桃花过渡》一折，苏六娘的爱婢桃花奉员外安人之命前往西胪报讯，过江时与渡伯对歌，是典型的“斗畲歌”场景。

潮州畲歌代表性传承人雷楠从母亲那学来畲歌，是如今潮州少数能演唱畲歌的人，在福建、浙江举行的三月三歌会上拿过金奖。雷楠如今偶尔还会创作畲歌：“凤凰乌龙好出名，发源畲家石古坪。好山好水出好茶，梯田茶园满山林。”

潮州工夫茶名满天下，以其精致、讲究的茶文化备受瞩目。普通人被工夫茶二十一式吸引注意力，但对于老茶客，工夫茶中的凤凰单丛茶才是好茶的灵魂所在。凤凰镇石古坪村村支书蓝奕锋家中世世代代做茶。有畲族的地方就有茶，畲民无园不种茶。雷楠介绍，在1915年的巴拿马太平洋万国博览会上，福建福安、浙江景宁这两个畲族聚居地的茶叶都获得金奖。如今，茶叶依旧是石古坪村的支柱产业。畲族靠山吃茶，雷楠用“源远流长、情有独钟、技艺上乘、底蕴深厚”来形容畲族与茶的关系。走出凤凰山，依然能够观察到畲族与茶叶的密切关系，如景宁的惠明茶、福安的大白茶，自成一派。

如果说高档酒楼里的潮州菜打响了潮州饮食文化中“精致”这一招牌，那么对于内涵更广阔的潮州饮食而言，其根源的清淡、养生、因时而食等特性则来源于畲族。畲族吃生，会做粿。在韩愈的《初南食贻元十八协律》中，从“我来御魑魅，自宜味南烹。调以咸与酸，芼以椒与橙”“惟蛇旧所识，实惮口眼狞。开笼听其去，郁屈尚不平”等句可见，吃生这一习俗对于中原来的韩愈是不适应的。而其中透露出，潮州当时已有清淡烹煮、重视调味的习惯，这一习惯在如今的潮

右

在畲族大会上的
畲族歌舞表演

州菜中被很好地传承，成为潮州菜区别于其他菜系的一大特色。至于潮州年糕捣米为粉，冲水混合，揉成粿皮，用各种香料饭或豆沙为馅，做成桃粿的流程，则与畲族饮食习惯一脉相承。作为游耕民族的畲族熟悉自然植物的习性，重视食疗，这同样影响了如今潮州饮食文化中注重养生、因时而食的特征。

潮州被认为很好地保存了中原文化。人们一遍遍讲述潮人衣冠南渡又怀念故土的故事，强调潮州文化中对中华传统儒家文化的保留。但在潮州文化中，一直有着一股顽强的民间力量。从潮汕建筑、潮州歌谣、潮州饮食中，我们能看见喜好富丽堂皇的大众审美，听见“下里巴人”的活泼与意趣，尝到与自然进行原始互动的纯粹美味。

《澄海县志》载：“畲歌触物兴怀，连类见义，咏叹淫液，有使人情深而不能自已者，其词意雅俗非所论也。”探究畲族的历史，关注到潮州文化中这一重要而小众的部分，既是在厘清潮州文化的脉络，亦是在时刻告诫人们，对已有之优势需当反思，对他者之文化应当宽宥。当遇见“有使人情深而不能自已者”的歌谣，应该思考不同文化中对美好生活的追求以及人性的共通点。

◆让凤凰山配得上“畲族文化发源地”◆

从潮州古城越过韩江，一路向东北方向去，沿着弯弯曲曲的山路向上，就是凤凰山李工坑村。

山林茂密，树荫遮去部分的毒辣日光，李工坑满眼绿意，闲适幽静，听得清脚踩在掉落的果子上的声音。下个学期就升初中的雷艾淇和弟弟妹妹在树荫下吃冰棍，他们平时在市区上学，暑假回到李工坑。“从小就知道我们是畲族，畲族的衣服不一样，有很多种颜色。”雷艾淇与父亲能够用畲话交流，另外两个三年级的小朋友则只在潮安区图书馆文化部李工坑村服务点学过部分畲话。

目前潮州的畲族村中，文祠镇李工坑村与归湖镇碗窑村是畲话传承情况较好的两个村落。凤凰镇石古坪村村支书蓝奕锋只能大致听懂畲话，最近开始向李工坑村村支书雷克财学说畲话。

许多人类学者、畲族文化研究者、外地畲族慕名来到潮州凤凰山这个畲族的祖居地，却发现这里畲族文化的保留程度远不如浙江、福建，在人口规模、习俗传承与语言传承上都呈现出弱势，更有学者断言，潮州凤凰山畲话将在五六十年内消亡。

中国纺织非遗推广大使、玉溪“小龙茵”创始人钱晓丽自从接触到畲族的服装文化，便惊叹不已：“畲族的服装太有魅力了！畲族服装有很复杂的制作技艺，十分讲究。”钱晓丽与潮州的潮绣工艺师合作复原了畲族女性的传统服饰，保留畲族服装中作为打底的黑色，采用传统的苎麻，在细节上则表现畲族服装中色彩鲜亮、装饰精美的一面。钱晓丽到潮州后发现，畲族服装在这里几乎没有保留，深感惋惜，她认为潮州畲族首先要坚定文化自信，“畲族服饰很漂亮，我们要大力宣扬，同时要注重活在当下，让每一个畲族人应当至少有一套自己的民族服饰”。

2021年5月1日，《潮州市畲族文化保护条例》（下称《条例》）施行。《条例》中明确潮州市人民政府应当加强对本行政区域内畲族文化保护工作的领导，制定潮州市畲族文化保护总体规划，将其纳入国民经济和社会发展规划及城乡规划。潮州市人民政府应当建立联席会议制度，每年至少召开一次会议，协调解决畲族文化保护、传承和发展中的重大问题。

潮州畲歌代表性传承人雷楠认为，首先要加大畲族文化宣传的广度和力度，强调畲族的文化自信，让畲族文化在族内得到同胞认可，同时得到外界社会的认可；其次，要加强畲族语言、畲歌的培训与传承。由政府牵头组织成立潮州畲族文化研究机构，可以有组织地对潮州畲族文化进行整理和研究。

人口少一直是潮州畲族文化传承中的一个重要问题，潮州市畲族文化促进会会长雷仁广认为对此更应该注重顶层设计，系统地对潮州畲族文化传承进行规划。

搭上乡村振兴的快车，李工坑村已经完成村主干道、祭祖台、畲族文化展览馆的建设。尽管有茶叶作为经济支柱，蓝奕锋依然表示，石古坪村要慢慢找回畲族文化的传统。

下

绚丽多彩的畲族服装

叁

英贤

以贬谪之名开化潮州，十相留何声？

2021年5月开始复建的镇海楼历史上是潮州府署的谯楼，过镇海楼、穿仪门即为大堂，那里是历代知府办公场所。潮州文史专家曾楚楠介绍，府署的堂壁上有职官题名碑，记录从唐韩愈开始历代潮州主官的姓名、籍贯、到任时间，以及一字之褒贬，如某忠、某勤、某诈、某伪等。

镇海楼往南，牌坊街最南端的十相留声坊没有留下对唐宋两代十位宰相的评价，仅镌有十个人名。明朝嘉靖年间（1522—1566年），潮州知府丘其仁在任期间主持修建十相留声坊，为常衮、李宗闵、杨嗣复、李德裕、陈尧佐、赵鼎、吴潜、陆秀夫、文天祥、张世杰十位宰相立坊标榜。

十相因何来

唐大历十四年（779年），常衮被贬为河南少尹，后又被贬为潮州刺史。宋德祐二年（1276年），临安陷落，陆秀夫被贬至潮一年。3年后的崖山海战，陆秀夫携幼帝投海，宋王朝至此灭亡。

宰相是中国古代对于辅佐君主并掌握国家最高行政权力的官员的一种通称或俗称。从晚唐到宋末，跨越500年，十位本应在位于北方政治中心的人物因何来到偏居岭南一角的潮州？

山林茂密，野象成群，韩江鳄鱼出没，被称为“恶溪”，高温多雨的湿热气候，一片未开化的景象，这是中唐以前的潮州，而潮州所在的岭南道情景大抵相同。据中国古代史博士梁瑞在《唐代流贬官研究》中总结，唐代贬官措施的特点之一为把犯罪官员从中央官贬出为地方官，其中岭南道为唐代贬官人数最多的一道，岭南道贬官人数占总数的20.9%。

梁瑞认为，流刑的配所可能有方向性规定，南方各州流刑犯往往被配流到西北陇右道，北方各州的流人经常被配往南部地区尤其是岭南地区。唐代政治中心居于北方，据洛阳师范学院文学院副教

上

牌坊街上的十相留声坊

授李建华《论唐代宰相籍贯的地理分布特征》一文，唐代的政治舞台上，关陇士族和山东士族竞相风流，官员籍贯上呈现明显的南北失衡，南方明显弱于北方。于是，江北籍官员陆续流往岭南。十相之中的唐代四位宰相，皆属因流贬而到潮州。

唐代四位宰相，除常衮外，另外三人被贬至潮的原因皆绕不过牛李党争，牵扯出一个岌岌可危的晚唐。

牛李两党斗争从唐宪宗时期开始，到唐宣宗时期才结束，持续时间将近40年。牛李党争以牛僧孺、李宗闵在考卷里批评朝政触怒当朝宰相李吉甫（李德裕的父亲）为开端，之后各分朋党，互相倾轧。

唐文宗太和九年（835 年），李宗闵被贬谪到潮州任司户参军；唐武宗会昌元年（841 年），李德裕又一次担任宰相，当即把牛党重要人物杨嗣复贬至潮州；会昌六年（846 年），唐宣宗上位，出李德裕为荆南节度使，之后宰相白敏中等人一再贬黜李德裕，其中就有潮州司马一职。850 年，李德裕在崖州去世，牛李党争宣告结束。

牛李两党相继掌权，你方唱罢我登场，潮州也相继迎接远涉重山被贬至此的官场失意者。牛李党争的大背景是唐代中后期政治斗争的逐渐加剧。除了明面上的官场斗争，背后的宦官势力亦是交错，牛李党争结束后，大量人才耗于党争之中，难以根除的宦官专权与藩镇势力割据加速着唐王朝的灭亡。

于潮州百姓看来，相比之下，另一个朝代的灭亡或许比李唐来得更为明显些。文天祥、陆秀夫、张世杰被称为“宋末三杰”，因拼死抵抗元兵、保留民族尊严而被称颂。他们三人抵达潮州时，已是宋王朝油尽灯枯之时。

德祐二年（1276 年）二月初五，临安城里举行受降仪式，宋恭宗赵㬎被俘。年幼的益王赵昰、广王赵昺逃至温州，后逃至福州。同年，陆秀夫与陈宜中、张世杰等立赵昰为帝。后赵昰死，陆秀夫与张世杰等立赵昺为帝，陆秀夫任左丞相，外筹军旅，内调工役，坚持抵抗。

文天祥在德祐元年（1275 年）元兵渡江时起兵勤王，随后升任右丞相兼枢密使，奉命与元军议和，因面斥元主帅伯颜被拘留，于押解北上途中逃归。后拥立益王赵昰退入广东；祥兴元年（1278 年）十一月，文天祥进趋潮阳，在潮阳东山安营扎寨。

三人担任宰相之时，宋王朝已经到了尾声，彼时的宰相不再是“一人之下，万人之上”的权臣，而是赵宋维系最后一点血脉的希望、汉民族抵御外族的最后一丝尊严。

祥兴二年（1279 年）二月，元军浩浩荡荡陆续抵达崖山，对南宋形成三面包围之势，眼看无力回天的陆秀夫见无法突围，便背着八岁的赵昺投海，随行十多万军民亦相继跳海。张世杰曾试图再寻赵氏后人为主无果，不久遇台风溺死。

陆秀夫殉国四年后，元潮州路总管丁聚仰慕陆秀夫高风亮节，为使陆公魂有所依，遂于南澳青径口营墓，并题碑“宋忠臣左丞相陆公墓”，此墓也称“魂依墓”。

上

宋左丞相陆秀夫陵园石坊

明正德十四年（1519 年），潮州的地方长官又在潮州东郊（今意溪）为陆秀夫建“衣冠冢”。在 20 世纪 50 年代大规模平整土地中，墓园被夷为平地，碑石散失。2003 年陆氏后裔才把墓碑迁至湘桥区磷溪镇英山街村枫塘山，重建陆公墓园。

政声人去后

无可辩驳，潮州于十相之中的多数人来说不过是贬黜的经停站，或是短暂的低谷期反思地。但失意之时，亦有人留声，为潮州带来自政治、文化中心的儒家正统思想。

广德元年（763 年），宦官鱼朝恩恃宠专权，群臣竞献珠宝邀宠，常衮上书曰：“所贡宝物，源出于民，是敛怨以媚上也，请皆还之。”代宗赞许。大万十二年（777 年）常衮拜相，以文辞出众而又登科第为用人标准，堵塞买官之路。

后代宗崩，常衮祭拜时有逾礼行为，又尝有“代相署奏”之过，德宗即位后，常衮被贬为潮州刺史。

常衮在潮州兴学化俗较韩愈来得更早。《潮州牌坊街》一书中记载，常衮居留潮州仅 9 个月，但兴学化俗、捐资垦田以供游士，为潮州文化教育事业之发展作出贡献，正如嘉靖《潮州府志》所记载：“兴学教士，潮俗为之丕变。”不久，常衮为福建观察使，他注重教育，增设乡校，亲自讲授，闽地文风为之一振。

潮州文史学者陈贤武认为，十相之中，对于潮州贡献最大的是宋代四川阆中人陈尧佐，“陈尧佐将韩愈在潮州的教化效应大大地推进了一步，而且为潮人牢固地竖起韩愈的形象”。

北宋咸平元年（998 年）冬，因建言事切直，忤逆圣上旨意，陈尧佐由开封推官贬至潮州任通判。当年，陈尧佐即在金山麓州治之前新修孔庙，同时招生办学，并在孔庙正室东厢辟建韩吏祠，纪念韩愈。据潮州地方志办公室编著的《潮州两千年》，陈尧佐为此写下《招韩文公文》，韩文公祠的设立开创了潮州立祠纪念名人的先例。

潮州远离政治、文化中心，“文起八代之衰”的韩愈自然成为陈尧佐关于潮州感到最亲切的符号。“陈尧佐首辟韩祠，郑重其事地举起韩愈的旗帜，这一举动延及后世千年，对地方教化影响深远。”陈贤武说。在陈尧佐培养的这批潮州学生中，有后来任刑部郎中的许申、官至太子中舍的黄程、当上提点刑狱的林从周，他们都是“亢直不党”“有国士风”的德才兼备的优秀人才。

陈尧佐初至潮州时，对史籍记载韩愈祭鳄之事半信半疑，正好渔民抓了几条刚出世的小鳄鱼送给他，他便让人绘制图形，著文赞扬韩愈驱鳄功德和鳄鱼的改恶从善。然而咸平三年（1000 年），海阳县硫黄村张氏之子与其母在江边洗濯之时，被鳄鱼拖咬下水，死于鳄鱼之口，年仅十六。陈尧佐惊觉兽性难移，遂下令县吏驾舟操网，驰往捕鳄，沿江百姓近百人主动出来协助，将网住的鳄鱼拖上岸。陈尧佐下令将恶鳄戮于府衙前，还专门写了篇《戮鳄鱼文》记述此事。

兴学、治鳄，陈尧佐在潮州身体力行地向韩愈致敬，其间对潮州亦产生了深厚感情。看到西湖的湖光山色，陈尧佐写下：“天涯逢此景，讵信自开颜？”登韩山，驻足韩亭前，赋诗云：“今日江山当日景，多情直拟问斜晖。”他在金山麓建亭，命名为“独游”，写了《独游亭记》，以明“道不可苟合”的心态。

“休嗟城邑住天荒，已得仙枝耀故乡。从此方舆载人物，海滨邹鲁是潮阳。”数年后，陈尧佐回到京都拜相，在一次送别登第的潮州举子时，写下《送人登第归潮阳》。一句“海滨邹鲁是潮阳”成为潮人自豪、自勉的精神旗帜。

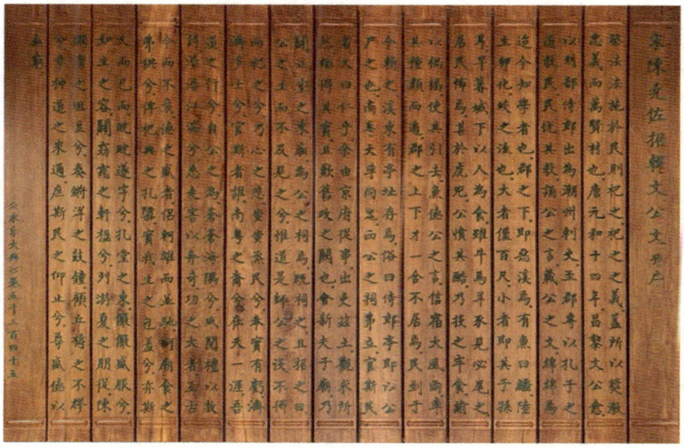

左
右

左：韩文公祠在 1984 年重修时设有两处古钱石雕引泉节点，上面的“哲足唯知”“启邑唧（衔）和”引自当年参与重修韩祠的老工程师、潮州市历史文化名城保护专家委员会委员许世冠所写的《精诚韩文公》一诗中“哲足唯知传道久，启邑唧和文脉兴”两句，是后世重修者对韩愈的赞誉
右：韩文公祠内陈尧佐写的文章

左

昔日的恶溪已改姓了韩。在潮州八景之一的鳄渡秋风祭鳄台内，《唐韩文公祭鳄鱼文》石碑压于石雕鳄鱼之上，潮人延续着陈尧佐对韩愈的敬意

《永乐大典·潮州府三》将陈文惠（陈尧佐谥号）与韩愈在治潮上的功劳相提并论："惟时岭表，莫盛潮阳。儒雅相承，乃韩昌黎之旧治；风流未泯，有陈文惠之清规。"又引宋黄茂良的《代潮州守测宰执》："惟潮阳之偏垒，实广右之奥区。千里秀民，久已习韩昌黎之教；七朝故老，犹能言陈文惠之贤。"

作为当时政治权力结构中的边缘人，陈尧佐在潮州励精图治，在低谷期与潮州相互成就，北宋亦是潮州人口开始增长，商贸经济开始发展的时期。陈尧佐外，唐杨嗣复于会昌元年（841 年）三月被贬至潮，留下"不以迁谪介意，勤于吏治，民称神明"的美名。

政声人去后，民意闲谈中。陈贤武认为，中原文化教育播入潮州区域，有许多途径，其中入潮官员的影响与作用是很重要的。实事求是地说，唐宋官员贬谪之后，虽然处在仕途低潮期，职位有所降低，但却善于在小的着力点上发力。以视野开阔、理念先进的前高（京）官身份，改变边远一方的落后习俗，也相对容易。庙堂之上没有实现的宏观规划，往往在贬谪之地进行了点的突破。“在封建社会中，长官意志在一定范围内起决策作用，清官贤宦之廉洁自律、励精图治、办文兴教以及抗暴除恶的种种作为，不仅精神可嘉，也确实有利于国计民生，其进步作用是无须讳言的。”陈贤武说。

今朝留其名

“甘露花香不再持，远公应怪负前期。青蝇岂独悲虞氏，黄犬应闻笑李斯。风雨瘴昏蛮日月，烟波魂断恶溪时。岭头无限相思泪，泣向寒梅近北枝。”会昌六年（846年），唐宣宗刚刚即位就贬谪李德裕，以期结束牛李党争。随后李德裕被一贬再贬，任潮州司马一职时，他写下这首《到恶溪夜泊芦岛》。

当时已60高龄的李德裕从长安出发，翻山越岭到潮州，自知回京无望，仓皇颠沛之中，留心著述成《穷愁志》。途经长沙，李德裕写下《汨罗》一诗：“远谪南荒一病身，停舟暂吊汨罗人。都缘靳尚图专国，岂是怀王厌直臣。”

李德裕任潮州司马不久就接到贬至崖州的消息，到天涯海角的海南，去世前留下《登崖州城》，诗云：“独上高楼望帝京，鸟飞犹是半年程。青山似欲留人住，百匝千遭绕郡城。”850年，李德裕病亡于贬所。

从李德裕可看出，当时被贬官员除了主政地方，另一重要的成就便是书写贬谪文学。文学博士张英在《唐宋贬谪词研究》中总结，唐宋贬谪词与地域文化的关系是双向的，即地域文化一方面在风格、意象等方面作用于唐宋贬谪词，另一方面唐宋贬谪词也为地域文化增添了内容。

南宋四名臣之一的赵鼎曾经两度拜相，他和张浚同时为相的时期，南宋政治清明，有“小元祐”之称。绍兴八年（1138年）宋金和议时，因争地界，赵鼎与秦桧意见不合被罢为奉国军节度使，绍兴十年（1140年）七月责授清远军节度副使，潮州安置。在潮州五年中，赵鼎闭门谢客不问世事，自然谈不上励精图治，但这时期曾有七律《寒食》传世。另外，从韩愈的《左迁至蓝关示侄孙湘》中可知“一封朝奏九重天，夕贬潮阳路八千”的羁旅风尘。在李德裕、陈尧佐、赵鼎等人的诗词中，潮州风物见于中国文学史，“芭蕉”“鱼艇”等极富岭南韵味的意象出现在诗词歌赋。

多数被贬官员心闷郁结，创作中亦多文人怀才不遇的凄楚，但宋末陆秀夫与文天祥在潮州留下的诗词是另一派气象。陆秀夫被贬潮州之时，元军大举南犯，陆秀夫作诗云：“平生素抱忠贞志，清似梅花压岭头。只手孤身扶危宋，鞠躬尽瘁死方休。”

德祐元年（1275 年），文天祥在赣州组织义军，起兵勤王，入卫临安，之后为元兵所败退至广东。宋祥兴元年（1278 年），文天祥进趋潮阳，写下：“群盗乱豺虎，回首白日斜。”后移屯海丰，仓卒溃散，他写下：“送兵五千人，散足尽西靡。留滞一老翁，盖棺事则已。”仅剩的两个女儿死于潮阳之败中，他悲痛欲绝感叹：“痴女饥咬我，郁没二悲魂。”

因叛徒出卖，文天祥于五坡岭（今海丰城北）用午饭时遭遇元兵突至，被俘后解往大都（今北京），终以不屈被害。“翠盖蒙尘飞，仗钺奋忠烈。千秋沧海南，事与云水白。”

文天祥宁死不屈的气节、倾其所有拱卫幼主的忠心没能换来宋王朝的存续。从上述的四首《集杜诗》中，可见文天祥在岭南一路损兵折将，骨肉离散，心中或已然知晓大势已去，但仍然撑着士人阶层最后一点骨气，虽然“千秋沧海南”，事业已经失败，但“事与云水白”，天地知晓浩然正气，可留取丹心照汗青。

陈贤武说，留声的十相，被看成潮州区域接受文明开化过程中有建树有影响的一个高官群体，对潮人来说，这个群体在传播礼教、倡导文风上的间接影响要比直接影响大得多，长远的影响要比短时的影响大得多。

从十相的角度看潮州，亦是从唐宋两朝政治边缘的角度看中国。十相中，或因政治斗争互相倾轧而相继被贬至潮；或被奸人所害在蛮荒之地度过余生，报国无门；或生在朝代末期，一路退至岭南，苦心坚守。

位于省尾国角的潮州被动地接受着遭贬谪的官员，也目睹着封建王朝在被动情况下做出的消极反应。朝代更迭，历史车轮无情而反复，有人留下好官声，有人以气节垂范后人。

上

凤凰镇下埔村文山学校内文天祥塑像

◆留声十相◆

唐

tang

常衮 唐代宗大历十二年（777年）拜相；大历十四年（779年），德宗即位后，常衮被贬为河南少尹，又贬为潮州刺史。

李宗闵 唐文宗大和八年（834年），被李训和郑注推荐为宰相；大和九年（835年）六月，被贬谪到了潮州任司户参军。

杨嗣复 唐文宗开成三年（838年）拜相；武宗即位后，会昌元年（841年）三月，贬到潮州。

李德裕 唐文宗大和六年（832年）拜相；会昌元年（841年）再度拜相；会昌六年（846年），唐宣宗上位后，被一贬再贬，其中就有潮州司马这一职位。

Song

陈尧佐

宋真宗咸平元年（998 年），任潮州通判。宋仁宗景佑四年（1037 年）拜相。

赵鼎

宋高宗绍兴四年（1134 年）拜右相，绍兴五年（1135 年）升左相，两度拜相；绍兴八年（1138 年）宋金和议时，因争地界，与秦桧意见不合被罢为奉国军节度使；绍兴十年（1140 年）七月责授清远军节度副使，潮州安置。

吴潜

宋理宗淳祐十一年（1251 年）为参知政事，拜右丞相兼枢密使，封崇国公，次年罢相。开庆元年（1259 年）蒙兵南侵攻鄂州，被任为左丞相，封许国公；同年，被罢相，谪建昌军徙潮州、循州。

陆秀夫

宋景炎元年（1276 年）被贬潮之辟望港口（今澄海凤翔街道港口社区）；景炎三年（1278 年）与张世杰于在冈州拥立赵昺为帝，陆秀夫为左丞相。

文天祥

宋德祐元年（1275 年），元兵渡江时起兵勤王，随后升任右丞相兼枢密使，奉命与元军议和，因面斥元主帅伯颜被拘留，于押解北上途中逃归。后拥立益王赵昰退入广东；祥兴元年（1278 年）十一月，进趋潮阳，曾在潮阳东山安营扎寨。

张世杰

宋德祐二年（1276 年）二月，临安陷落以后，先后辅佐赵昰、赵昺两个小皇帝即位，成为小朝廷中的核心人物。在福建、广东一带抗元，多次经过潮州。

宋

3月，潮州凤凰山进入采茶期，茶香氤氲环绕。凤凰镇下埔村的文山学校里立着文天祥的塑像，这是一所200人不到的小学，四面环山，四处茶香。20世纪90年代，文山学校由华侨出资重建，原为下埔小学，后更名为文山学校，文山是文天祥的号。至今，这所学校的学生绝大多数仍姓文，自认是文天祥后人。

文天祥，中国南宋末年政治家、文学家、抗元英雄。在粤抗元时期，文天祥身体力行实践“以天下为己任”的士大夫精神，谱写了一曲慷慨悲歌。

士人风骨　凤凰精魂

到过潮州的十位宰相中，就有并称为“宋末三杰”的文天祥、陆秀夫和张世杰，只可惜他们担任宰相之时，宋王朝已经到了尾声。临安陷落，元军的铁蹄陆续踏破闽粤大部分地区。

相较于陆秀夫、张世杰，文天祥与政治核心的关系一直是暧昧的，哪怕到了王朝的末路。在海丰时，文天祥请求率兵入朝，但张世杰以枢密副使的身份在朝秉政并拥兵自重，怕文天祥来到行朝自己将受其节制，便寻找借口加以拒绝。

一些历史学家认为南宋其实是有机会的。在蒙古刚开始进攻时，在宋元联合时，在皇帝选用人才时，哪怕到了临安陷落、谢太后投降后，南宋仍有数十万兵马拼死抵抗元军。文天祥状元郎出身，但一直得不到重用，在权力核心的边缘徘徊，数次上表进言，但意见均不被采纳。直至朝廷行至末路，文天祥散尽家财起兵勤王，只为保社稷、守君主，但一片忠心似乎仍不能得到直接的回应。在一次次耽误和错过中，文天祥和南宋一同走到了尽头。

纵观文天祥的一生，虽早年高中，但后续并未春风得意，宋朝的尾声却是文天祥个人成就的高潮，是文天祥英雄悲歌响起之时。而这一曲悲歌的序曲，可以说写就于潮汕。

上

潮州潮安凤凰镇下埔村正气堂如今是凤凰文天祥后人纪念祖先的场所

潮阳兵败中，文天祥的两个女儿丧生，文天祥写下：“痴女饥咬我，郁没二悲魂。不得收骨肉，痛苦苍烟根。”后在海丰被捕，写下：“送兵五千人，散足尽西靡。留滞一老翁，盖棺事则已。”文天祥在《集杜诗》的《行府之败》序言中写道：“自国难后，行府白手起兵。辗转患难，东南跋涉万余里事，不幸不济。然臣子尽心焉尔。”

文天祥尽力了。“千秋沧海南，事与云水白。”文天祥之心，彰明可考，日月可鉴。

历史的尘烟散去，人声渐远去，行至凤凰山。

2015 年由凤凰下埔正气堂理事会搜集影印修编的《文氏族谱》（草稿），其中有一篇《始祖讳伯平公（谥恕斋公）自述谱志》，讲述了文伯平的祖父文天祥的家族史及其事迹，也讲述了其父文道生随父文天祥勤王和结婚生子之事，文中说道：“而我父时方一十六岁，亦因感激，随同我祖策骑，统兵入卫……恭宗皇帝以我父有奖励军士之献，诏督理军机，策命苏女为配，即命我父娶苏氏为后。”而后，“丙子岁六月初七戌时，而予生焉”。

潮汕历史文化研究中心特约研究员林泽茂介绍，凤凰下埔乡的文氏宗祠，其创始人文伯平是文天祥的裔孙，文伯平的祖父文天祥和父亲文道生都因抗元而献出了自己的生命，母亲苏氏为了保护儿子而历尽苦难，在儿子 10 岁时就病亡了。童年的经历使文伯平不忘祖父和父亲坚决抗元的事迹以及对元廷的仇恨，发誓“不履元地”“不出闾里”“以度山中甲子”，为逃避元兵追捕和舅氏的迫害而选择到凤凰山稳居开荒创业。几百年来，文天祥之子文道生一脉得以在凤凰山繁衍。

在交通闭塞的年代，凤凰山是绝佳的隐居避世所在，但也导致了凤凰文氏长期少有人知。潮州市文天祥历史文化研究会会长文南生表示，直至20世纪80年代，江西文氏还不知潮州凤凰有文天祥裔孙一脉的存在。目前，全国各地的凤凰文氏族人有 3 万多人，其中潮州本土约有 1.3 万人。

景炎二年（1277 年），空坑落败后，文天祥父子离散，文天祥认为自己的大儿子已经夭折，被关押在大都时写下《长子第一百四十九》一诗：“大儿聪明到，青岁已摧颓。回风吹独树，吾宁舍一哀。”《文天祥年谱》《文天祥全集》等相关记述多认为文道生 13 岁于惠州去世。

被俘后，元朝对文天祥进行了长达三年多的劝降。威逼利诱均不得，至元十九年（1283 年）十二月初九，元廷最终处死了文天祥。47 岁的文天祥留下绝笔：“孔曰成仁，孟曰取义。惟其义尽，所以仁至。读圣贤书，所学何事？而今而后，庶几无愧！”

历史行至宋元交界，文天祥等人在潮汕写下壮烈的一页，而今而后，庶几无愧。

末代王朝　行至潮汕

潮汕十八怪之一，“海水淹井水不坏”。这口位于汕头南澳岛云澳海滩上的井名为“宋井”，井以一个朝代为名，井也确是一个朝代尾声的缩影。

相传宋井为南宋末年建造，张世杰、陆秀夫、文天祥护送小皇帝宋端宗赵昰和广王赵昺到了南澳。行朝为饮水而打井，据说当时共有“龙井”“虎井”“马槽”

三口，三井位置不同，井口各异。宋井位于海滩上，离大海距离仅十数米，常被海潮淹没，但是潮退之后井水不带咸味，水质清纯甘甜，久藏而不变质。

宋井留下许多传说与难解之谜：皇帝曾饮此处井水，靠近大海却水质甘甜，井在海潮中时隐时现……

在潮之州，潮水往复。时间回到景炎二年，关于宋井的传说，有些或是可考的。

赵昰在福州登基后被元军追赶，南宋不得不将朝廷从地上搬到了船上，成为行朝，即居无定所、没有固定领土的小朝廷。行朝从福州一路南下，开始了"帝舟漂泊粤海间"。距离临安一千五百余里的广东，竟成了宋元决战的最后战场。

简又文《宋末二帝南迁辇路考》记载："帝等移跸潮州，驻南澳，泊下湾港口红螺山、浙山。"尽管后世还有"太子楼"的传说，认为南宋行朝在南澳"垒石为楼，旁有行宫及指挥司甬道"，但南澳岛上的宋井是否为南宋行朝所造仍未可知。可以确认的是，景炎二年十一月，陆秀夫和张世杰带着行朝确行经南澳。而据《文天祥年谱》，文天祥当时在江西经历了空坑之败，勤王的兵马损失大半，

下

汕头南澳岛宋井景区内的南宋帝室雕塑

后躲进广东循州（今河源龙川县）的南岭深山中。

景炎三年（1278 年），11 岁的宋端宗赵昰病死，仅 8 岁的赵昺被推上帝位，随后朝廷移至崖山，文天祥也进兵惠州海丰县，试图与行朝取得联系但被拒绝。

文天祥转向了潮州。那时的潮州在陈懿手中。海阳人陈懿与其兄弟五人号称“五虎”，原与刘兴一起同为强盗。景炎二年，陈懿等接受张世杰招安，在福建参加抗元。陈懿被任为都统，因而得据潮州。但同年十一月元兵进攻潮阳时，陈懿投降了元军。之后反复无常，曾多次叛宋降元，平日又飞扬跋扈，好鱼肉百姓，潮州百姓苦之久矣。

潮州，具山海之险，江海联通，文天祥曾派干将陈龙复于潮州屯粮募兵，建立督都分府。文天祥认为，此去潮州，一来可以救百姓于水火，清除逆党；二来募兵聚粮，潮州未尝不能作为新的抗元基地。他毅然于祥兴元年（1278 年）十月进驻潮阳，到达后便一举剿灭了陈懿兄弟五人为首的凶匪，安抚人心，振奋军威，聚兵屯粮，一时间潮阳已有中兴基地之气势。作家黄国钦认为：“一时之间，遂使潮阳有如寒夜星火、孤岛桅灯，成为粤东勤王抗元的中心。”

文天祥来潮后，又有爱国将领邹㵯、刘子俊从江西率军来投，无疑为文天祥抗元救国又增添了一份力量。文天祥《集杜诗》之《驻潮》的序中言“十月引兵驻潮阳，稍平群盗，人心翕然”，记录了他在潮州平盗贼、安人心的事迹。

我们有理由相信文天祥在潮阳时是心怀希望的。

潮阳灵威庙是潮汕最早的双忠庙之一。宋熙宁十年（1077 年），潮州潮阳人钟英护送方物进京，途经河南睢阳进谒双忠庙，传说当夜钟英梦见神明告之有十二神像及一铜辊藏于殿后匮中，并得神谕“赐尔奉归潮阳之东山”，梦醒前往查看，果然验证。钟英进京办事毕，回程经睢阳，即往取神像和铜辊，归潮后便在东山建祠致祭，祠额名灵威庙。因祭唐代安史之乱中忠勇刚烈、不屈而死的张巡和许远二人，后人又称其双忠庙。

文天祥路过此处时不禁作《沁园春·题潮阳张许二公庙》，词中写道：“为子死孝，为臣死忠，死又何妨……人生翕欻云亡，好烈烈轰轰做一场。”

从唐至宋，跨越数百年时间，这是忠勇在潮汕的传承。潮汕历史文化研究中心特约研究员林泽茂介绍，如今汕头潮阳和平镇是当初文天祥屯兵所在，原名蚝坪寨，因文天祥经日操劳难以入睡，但到了蚝坪寨却能安然就寝，有感于这里地气古朴平和，题书“和平里”，此地遂改名“和平”。

左 中
右

左：位于南澳岛云澳海滩上的宋井

中：潮州牌坊街上的义井。相传当年小皇帝逃难来到潮州时口干舌燥，却没有水桶从井中取水，井似有灵性，自动上涌井水为其解渴，皇帝感叹井水的忠义

右：汕头潮阳和平镇是当初文天祥屯兵所在，原名蚝坪寨。因文天祥在这里能安然就寝，有感于此便题书“和平里”，此地遂改名“和平”

磁针终南　绝唱仍在

如今看来，文天祥在潮汕平盗贼、安民心的事迹像是南宋王朝倏忽间的回光返照。

潮汕带给文天祥的“和平”没有持续太久。一天早晨，潮阳附近海上出现一艘行踪诡异的小船，文天祥疑惑，派兵跟上，结果在小船上俘获元兵20余人，从他们口中得知元将张弘范正率大军分两路进入广东，即将攻来潮州。

此前广州已失，张弘范大军来势凶猛。潮阳剩余兵力根本不是对手，无奈下，文天祥不得不率部下移往海丰（今广东汕尾海丰），准备再次躲入南岭据险自守，以待时机。

张弘范大军本隔着海港，加上潮州地势复杂，大军到潮阳需要好几日，足够文天祥率军撤退，可谁知陈懿未死逃走降元后竟做了元军的向导，指引张弘范顺小路一路追袭。在文天祥军行至海丰以北二里的五坡岭山麓时，陈懿指引元军趁宋军吃午饭之际突然杀入，对宋军展开血腥屠杀。祥兴元年（1278年）十二月二十日，海丰五坡岭一战宋军全军覆没，文天祥被俘。

“丞相勤王到海涯，精忠踏碎石莲花。”这是清代潮阳一县令臧宪祖在汕头市潮阳区莲花峰留下的石刻。莲花峰位于潮阳海门海滨距潮阳县城10公里的地方，山上的石头开裂如莲花，因而得名。在潮阳老百姓的说法中，莲花峰是因文天祥跺脚才裂开的。

莲花峰摩崖石刻，史称“莲峰海色”，有宋代至现代石刻93题。相传祥兴元年，为追寻南下之帝舟，文天祥登莲花峰眺望，只见海天茫茫，慨叹宋之将亡，剑刻“终南”二字，“终南”二字意为“臣心一片磁针石，不指南方不肯休”。

莲花峰风景区的忠贤祠，建于万历二十二年（1594年），供奉抗元英雄文天祥和南宋遗臣学者张鲁庵。海阳人张鲁庵少年即为博士弟子，精通易理，宋亡后，誓死不侍元，带着琴书隐居于莲花峰。后历代文人学者在此讲学。

清道光四年（1824年），南澳总兵蒲立勋、潮阳县令王履祥、海门参将何岳钟将忠贤祠拓建成莲峰书院，何岳钟写下：“立学因胜迹，想歌铭气壮，乃知为忠为孝，即从此日焕文章。”（此为上联，下联佚）

在海门当地，每逢五月初二文天祥诞辰和十二月初九文天祥就义日，民众便于此举办活动，纪念的除了文天祥、张鲁庵，还有明代金吾将军江应龙、学者吴从周，及因抗击海贼阵亡的清代参将陈名魁、守备李象斌，共6位忠臣贤士。

与文天祥有过交集的还有闽中名士谢翱。谢翱，福建长溪人，有“智冠三杰、富甲八闽”之美誉。宋景炎元年（1276年），文天祥改任枢密使，都督诸路兵马，赴南剑州（今福建南平）传檄各州郡，举兵勤王。谢翱这位文采斐然、心怀天下的青年听消息后便倾尽家财，征募乡勇投奔文天祥。后谢翱奉文天祥命入粤筹建行府分司，九月率兵驻扎潮阳，发动潮州各地官民勤王抗元，为文天祥移行府入潮创造了条件。文天祥在海丰被捕后，谢翱“以智免，逸潮阳，保全原随军而来妻子毋氏、儿子怀壶，流离失所，遂隐居于潮阳民间”。后谢翱流亡浙江，但其后人定居潮汕揭阳。如今，揭阳市黄岐山境内就建有谢翱纪念馆，谢翱是揭阳玉窖翔龙、砲台桃山、云路桃围及榕城等地谢氏之鼻祖。

在潮汕，与文天祥并肩作战的义士还有众多。韩山师范学院教授吴榕青介绍，在潮阳时，文天祥得到地方乡绅赵嗣助与陈梦龙斥资襄助的粮草等军事物资，尤其是陈梦龙。康熙《潮阳县志》卷十四记载：“及二王浮海，梦龙散家赀，起兵赴援。奉命抚潮郡诸寇。乃请信国公文天祥至潮阳南，讨（刘）兴、（陈）懿，梦龙与有力焉。海丰移屯，文被执，置舟中，梦龙伏乡兵于海口，谋夺之，不克，战死。”在文天祥被捕后，陈梦龙试图营救，但最终不敌元军。

汕头潮南区田心村，陈梦龙的后人至今聚居于此。明永乐年间（1403—1424年），陈氏族人修建了天台古庙，正殿供奉“天台国王”宋帝赵昺，左右丞相陆秀夫、文天祥，左殿供奉勤王三公陈梦龙、邹㵯、刘子俊。

此外，潮阳赵氏、吴氏均有丁壮加入文天祥军中。潮阳进士吴应辰与两位胞弟倾尽家产助饷，招募丁壮御敌，后兄弟三人同时战死，吴氏又遭抄家灭族，毁乡破寨。

南宋“不亡于崖山之崩，而亡于燕市之戮”。这是元人有关“宋亡”的另一种历史观，即文天祥死国标志“宋亡”。

文天祥反元抗元，不降不死。近代史学家蔡东藩曾著文评价文天祥等人，明知南宋大势已去，却仍然痴心不改，救亡图存：“六合全覆而争之一隅，城守不能而争之海岛，明知无益事，翻作有情痴。”

文天祥在潮汕停留时间不过两月，但潮人以及后世的士人阶层仍然将这位守住士人风骨的英雄铭记，并将文天祥的精神融入潮汕的区域文化与族群认同。

◆打造“山水宋城”须弘扬文天祥精神◆

潮州西湖公园中有一座文山亭，绿植环绕，鸟语花香，亭中竖着一块石碑，所刻的正是在双忠庙拜谒唐朝忠烈张巡和许远二人时，文天祥所赋的《沁园春》一词。

文天祥以“天地不息”的理念寻求抗元斗争的力量。《过零丁洋》里“人生自古谁无死，留取丹心照汗青”一句，表舍生取义之品格。

文天祥出生的江西是“文章节义之邦”，家乡庐陵在宋代走出了一代文豪欧阳修、“宁做赵氏鬼，不做他邦臣”的杨邦乂、乞斩秦桧的胡铨。《宋史》记载，文天祥自为童子时见学宫所祠乡先生欧阳修、杨邦乂、胡铨像，皆谥“忠”，即欣然慕之，曰：“没不俎豆其间，非夫也。”

渴望位列其中的文天祥以其一生实践了年少的志向。中国特色社会主义道德文化协同创新中心研究员、哲学博士王泽应认为，宋朝一些士大夫在继承传统忠君观念的基础上，又在很大程度上突破了唯忠一君的传统思想，突出了社稷、国家的根本利益和整体利益，彰显了公忠即忠于国家、忠于社稷、忠于万民的伦理意义。文天祥更是将这种忠诚发扬到极致的地步。

同样，一直以来，潮州都是一座英雄之城。潮州人敢于斗争、追求理想，这片红色土地曾留下茂芝会议、“潮州七日红”等英雄赞歌，充分诠释了潮州人有理想、有血性、敢于斗争、敢于胜利的坚强意志，这是潮州人勇立潮头的精神内核。

正所谓一点浩然气，千里快哉风。从古代到现代，从抗元名臣到革命烈士，一代代英雄的精神一直在这片土地上以潮人独有的方式传承着。

潮州市第十五次党代会提出关于打造典雅美丽“山水宋城”的目标。对此，潮州市关工委主任、市政协原副主席陈耿之认为，打造“山水宋城”必须进一步弘扬文天

右

潮州西湖公园文山亭内石碑

祥精神。陈耿之建议分别从硬件和软件两方面入手，为“山水宋城”增加文天祥爱国主义精神的内涵。

在硬件建设上，在凤凰山设立文天祥主题公园，在浩然正气氛围中为人民群众增添正能量；拓展“山水宋城”的外延，丰富凤凰山的旅游资源，提升凤凰山的旅游品位。在软件建设上，要在潮州文化中注入文天祥精神，使潮州干部群众得到中华优秀传统文化的熏陶。他还表示，一定要继承和弘扬好文天祥的三种精神：一是忠诚爱国、舍生取义的精神，二是勇毅担当、不屈不挠的精神，三是仁爱孝悌、正气传家的精神。

“文天祥的精神，就是忠勇与正气。这也是当下社会大力弘扬的。”文南生表示，目前潮州对于文天祥文化的挖掘还不够。重新编曲的《正气歌》正在制作中，“我希望歌曲能够传达出文天祥悲壮的情怀，将来有一天能够众人合唱《正气歌》，一起弘扬文天祥精神”。

从北向南，韩江奔涌，在潮州潮安区江东镇分流，红砂村就在江心。20世纪初，洪灵菲从这里走出，北上赴沪，闯进当时文学革命的中心，成为“左联”七常委之一，影响了一大批人。

事实上，在韩江流域的梅州、潮州、汕头等地，还有许多像洪灵菲这样的左翼文化运动志士，如杜国庠、柯柏年、蒲风、戴平万、冯铿、许美勋、陈波儿……他们纷纷从韩江边奔向长江边，先后加入中国共产党和左翼作家联盟。星汉灿烂，闪耀中华。

2020年是中国左翼作家联盟成立90周年，回望历史，我们难以忽略当时左翼文化运动中潮籍文艺创作者的数量和成就。在世人眼中，韩江安澜，却为何哺育出众多慷慨激烈的左翼青年，抒写出波澜壮阔的红色故事？

韩江汇聚　新兴思潮激荡的前滩

“无论是讨论中国左翼文学还是讨论潮汕新文学，‘左联’潮汕作家群都是一个重要的文学现象，他们对中国左翼文学运动的发生和发展起到了较大的推动作用。”主编《广东“左联”作家作品及研究》丛书的韩山师范学院副校长黄景忠教授对“左联”潮籍作家如是评价。

常被认为是偏安一隅、保守排外的粤东地区，却在二十世纪二三十年代成了新兴事物登陆的码头，新兴思潮激荡的前滩。“实际上，近代以来的潮汕是相对比较开放的。”黄景忠指出。

这是为何？

韩江是广东省第二长的河流，仅次于珠江，干流总长400多公里，上游由梅江和汀江汇合而成，之后由北向南流经潮州、汕头二市，注入南海。

接壤福建，面临南海，韩江流域的下游区域便成了“岭南门户，华南要冲”，地理位置的重要性不言而喻。《天津条约》增辟汕头

上

黄景忠教授主编的《广东“左联”作家作品及研究》丛书（共三册）

为通商口岸后，潮汕地区便成为中西方经济文化交融的前沿阵地。

黄景忠认为，“近代潮汕的开放来自两个线路，一个是传教士和教会学校，一个是出外谋生的人，这是很庞大的数字”。潮汕的开放，既源于从外海进入韩江流域自外而内的文化输入，也有从韩江出发下南洋的潮人的反哺。

“20世纪20年代，英国长老会在潮汕开办72所教会学校，共有学生2899名，美国浸信会在潮汕开办的学校有188所，有学生6450人。”黄景忠介绍。传教士的办学活动，首要目的不是促进潮汕的启蒙开化，而是打破旧中国的封闭自守和排外观念，为其后续活动服务，但在客观上却顺应了历史发展的潮流，为潮汕带来西方近代文明。如今常说“有潮水的地方便有潮人”。潮人下南洋，在谋生的同时，也带动了文化的交融。

同时期的潮汕正经历着下南洋的风潮。1864年至1911年间，潮汕共有200多万人漂洋过海前往东南亚谋生，站稳脚跟后又将财富回馈家乡。黄景忠认为，“在外接受的西方思想也随着宗族联系影响到同乡的人，或是创办新式学堂，或是资助家族学子求学”。随着传教士有目的的输入和潮籍华侨无意识的带回，近代西方诸如“民主”“平等”“自由”等观念，开始在潮汕大地上播下种子。

韩江争夺　国民大革命的次中心

辛亥革命后，革命浪潮席卷全国，革命军队与地方军阀共存，群雄争霸，派系、族群斗争激烈。重要的地理位置和活跃的经济，让潮汕成为当时各方势力的必争之地。

潮人重商贸，潮商在清末至民国时期凭借海上贸易成为我国当时三大商帮之一，汕头开埠后更是出现“商贾云集，楼船万国”的繁荣景象。黄景忠认为，“广州是国民大革命的中心，潮汕则是国民大革命的次中心”，“那时候潮汕是比较富有的，所以才有‘潮州出钱财，嘉应出人才，惠州出将才’的说法”，“各路军阀纷纷到潮汕来掠夺，与潮汕本土发生冲突，从而造成现状的改变”。

潮州西湖公园的涵碧楼见证了这段历史。

1927年8月，南昌起义军占领南昌后，按照中共中央的要求南下广东，争取恢复广东根据地。9月23日至30日，起义军进驻潮汕地区，并在潮州建立了政权，史称“潮州七日红”。南昌起义军第二十军第三师司令部设在涵碧楼。

南昌起义军为什么进攻潮州?

潮州市委党史研究室副主任刘庆和表示，这是因为潮州有良好的革命运动基础。在党的创建和大革命时期，潮州城部分进步青年工人，率先于1918年创办了潮安青年图书社。随着革命思想的传播，五四运动爆发后，以学生为先导的各界社会团体，掀起了反帝反封建的爱国运动新高潮。1925年的二次东征，击溃了盘踞在这里的反动军阀陈炯明部属洪兆麟军队，革命形势在这里迅猛发展。

国民革命军东征胜利后进驻潮州，掀起潮州农民革命运动的新高潮。周恩来指导潮安建立党团组织，潮州革命人民热情高涨，策应起义军的到来。当年起义军计划以潮州为根据地，向东江一带发展直至夺取广州。南昌起义军撤走后，彭湃领导的海丰、陆丰县革命高潮再起，产生了中国第一个工农政权——海陆丰苏维埃。就这样，革命运动不断在潮汕地区进行着，星星之火在粤东大地上呈燎原之势。

“相比其他地方，潮汕地区所受的掠夺是相对较多的。”黄景忠指出。征伐与运动是强势的介入，让潮汕必须直面当时盘根错节的势力局面和不同主张之间

上

拍摄于 1922 年 12 月的潮安青年图书社的团体大合照

的强烈冲撞。各种“主义”轮番在潮汕展开实验和较量，冲击着千年累积的文化传统和体制结构。

黄景忠表示，当时接受新思想启蒙的韩江流域文学青年，在亲眼所见的现实中认识到“唯有革命才能救中国”，于是参与大大小小的革命运动，或是演讲讲学、办报出书，或是参与农民运动。

韩江迸发　导师式的人物集体亮相

风云际会之时，英豪崭露头角。接受了西方近代思想的启蒙，见证着时局变换在潮汕产生的影响，又亲身参与大大小小的革命运动，一批具备马克思主义修养又富有人格魅力的导师式人物，为潮籍左翼青年这一群体在历史上的亮相拉开了序幕。“潮籍左翼青年的群体性现象，和这样的导师式的人物是分不开的。”黄景忠介绍。

1908 年至 1919 年，汕头澄海籍人杜国庠在日本求学。在此期间，杜国庠确立了从事革命运动、研究宣传马克思主义的人生志业，并先后结识了同样赴日留学的李大钊、郭沫若、彭湃、李春涛等人。

杜国庠从日本学成归来后，在北京大学担任教职。因杜国庠和李春涛均信仰马克思主义，憧憬“红色”，所以将寓所取名“赭庐”。黄景忠介绍：“因为李春涛和杜国庠像唐代的李白、杜甫那样忧国忧民，因此有‘潮汕的李杜’之称。

李春涛和彭湃是好友，在宣传马克思主义和开展农民运动上又互相支持，因此又有‘彭湃的春涛’之说。”

1921年，李春涛学成归国，回到母校金山中学任教务长、代校长。每天中午十二点半到一点多，李春涛都会在金山中学三角亭对学生演讲，学生在日积月累中接受社会主义思想的启蒙。后来潮籍左翼文坛的双子星——洪灵菲和戴平万，当时就在金山中学上学。

1926年，杜国庠在周恩来的指示下前往潮州金山中学担任校长。当时有一位学生以优异的成绩考上金山中学，但是由于家庭经济拮据，筹不到学费，面临辍

左
中 右

左：20世纪20年代“金山古松”明信片里的金山中学建筑群，这一时期正是李春涛担任校长的时期
中：洪灵菲
右：戴平万

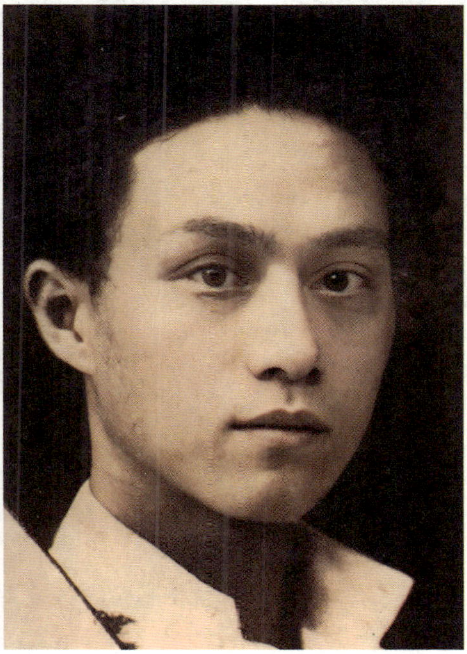

学、转当学徒的命运。这位学生托人找到杜国庠，最终获允先缴部分学费，杜国庠和他达成“以后要是考前三名，免你的学费”的约定。这位学生就是后来翻译《钢铁是怎样炼成的》的译界巨匠梅益。

韩山师范学院教师许再佳专注现代文学研究，她与黄景忠合著了《“左联”潮汕作家群研究》。她认为，“现代潮汕作家之所以能形成一个同志性的文学团体，离不开杜国庠、李春涛、彭湃、周恩来等几位马恩思想引路人”。

许再佳研究发现，几乎大部分潮汕作家都有过与周恩来见面及跟随彭湃进行革命工作的经历。

1925 年，国民革命军第二次东征期间，周恩来领导创办了《岭东民国日报》，李春涛担任社长，左翼女作家冯铿的爱人许美勋承担副刊《文艺》的编辑工作。

右
左

左：梅益和他翻译的世界名著《钢铁是怎样炼成的》
右：李春涛和其著作《李春涛文集》

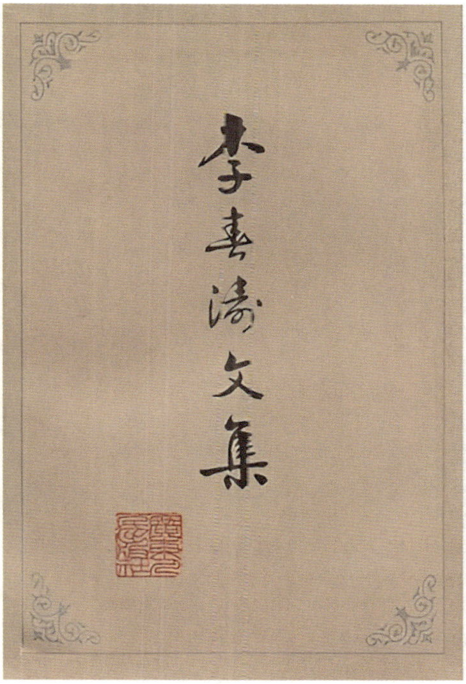

李春涛、杜国庠等人时常在《岭东民国日报》上发表文章，冯铿就是在那时读到李、杜二人的文章。来自澄海的戏剧专家侯枫和来自海丰的军事文学家丘东平担任彭湃的秘书。

“所以，有土壤，有革命的实践，有革命大导师或引路人，才造就韩江流域红色名人辈出。”黄景忠总结道，而且潮州人团结，他们在上海抱团，互相接济，形成了一个整体。

◆“左联”潮汕艺术家群体：独树一帜的地域文艺大军◆

二十世纪二三十年代，中国文坛曾活跃着一支“左联”潮汕作家劲旅，他们大多于1927年至1929年间奔赴上海，并先后加入共产党和左翼作家联盟，成为“无产阶级革命文学家”。

来自韩江流域的杜国庠、洪灵菲、戴平万、丘东平、杨邨人、冯铿、许美勋、李春鍏、梅益、侯枫、唐瑜等是这一地域文学大军的重要代表。

黄景忠认为，“左联”潮汕作家群对推动左翼文学的发生和发展都发挥了重要的作用。左翼文学的代表性作家洪灵菲的“流亡三部曲”是左翼早期罗曼蒂克文学最具有影响力的作品，通过“革命+恋爱”的叙事模式，尽可能忠实于生活地去表达。“《流亡》出版后，在当时文坛上立即引起不小轰动，甚至风行东南亚。”

加入“左联”之后，洪灵菲践行杜国庠所提倡的新写实主义，创作的中篇小说《大海》与短篇小说集《归家》是当时左翼文学提倡的普罗文学的样本，主题从表现知识分子由沉沦走向革命，变成集中暴露时代的黑暗和正面表现工农大众的革命斗争。

新写实主义为左翼文坛注入了新风。“新写实主义之前，左翼的文坛就是革命的无产阶级文学，是口号式的文学。”黄景忠认为，戴平万虽然不算“左联”的重要作家，但是他最早实践了左翼文学提倡的新写实主义道路，其创作的《陆阿六》《村中的早晨》是早期新写实主义文学的标志性作品。

左|中|右

左：被誉为“中国的电影之父”的导演郑正秋
中：中国现实主义电影奠基人、导演蔡楚生
右：中国第一位女编剧、女导演、电影演员陈波儿

“丘东平的文学成就在中国现代文学史上是被低估了的。”黄景忠表示，丘东平善于把五四新文学中的人道主义与左翼文学中的英雄主义结合起来，这赋予了他文学创作独特的审美品格，他的作品《第七连》《一个连长的战斗遭遇》是早期抗战文学不可多得的佳作。丘东平开启了“体验式的现实主义”。

事实上，不仅是文学方面的成就，韩江孕育出的左翼青年还对当时的电影业产生了深刻影响。新中国成立前四部最卖座的电影——郑正秋的《姊妹花》、蔡楚生的《渔光曲》《都会的早晨》《一江春水向东流》都是潮汕人拍的左翼电影。当时左翼电影拍摄了几百部，其中卖座的屈指可数，但“《渔光曲》连续放映84天，创下票房奇迹，《一江春水向东流》更是连续在上海滩放映3个多月”。

◆访故居叹红棉公园　南粤“左联”之旅呼之欲出◆

“红耀江村亦瑞居，砂凝乡土荣先堂。”潮州江东镇红砂村的洪灵菲故居入口，一副对联道出了后人对这位革命烈士的追忆与自豪。

洪灵菲故居坐北朝南，二进布局，硬山顶灰瓦屋面，夯土抹灰墙，穿斗与抬梁混合式构架，大门匾额正楷书“亦瑞居”三字，侧门旁有“一鹭莲科（谐音“一路连科”）”“松鹤延年”的彩绘。2020年3月修缮完毕的洪灵菲故居，恢复了往日清正雅致的模样，依稀可见一户家风严谨的岭南人家。

年近六旬的洪家后人洪桂强兴奋地向来者介绍祖宅的变化。在特定历史年代里，这座约418平方米的老房子，被分给多户，曾经住着约50人，拥挤不堪，此后又坍塌破败，直至2019年动工修缮。

洪桂强说，从小读了洪灵菲的许多作品，在《流亡》《家信》中看到了先辈的进步思想。他很欣慰，如今越来越多人来此参观，了解先辈的革命历程。

从洪灵菲故居驱车向东约3公里，是位于韩江堤畔的红棉公园。从路面逐级而下，入口处的一棵红棉树，枝繁叶茂，高大挺拔。红棉树前是景墙，中间印有“南粤‘左联’韩江文学青年纪念地”几个大字，左侧印着洪灵菲的《红棉树》诗摘。

往里走是一条文学小径，两侧的绿树投下一地阴凉，树下的石座展示着韩江左翼文学青年的作品选段。洪灵菲、冯铿、蒲风、戴平万……赤诚而富有灵性的文字和书籍的影像，将人带回那个潮籍青年北上赴沪，以笔为刀，投入红色洪流之中的大时代。

文学小径走到尽头是三面造型独特的纪念墙，以拼贴图像配合文字的形式，汇集了潮籍左翼青年在二十世纪二三十年代的成就与故事。靠韩江边的纪念墙，用一幅地图标明了部分左翼文艺青年的家乡所在位置。北至梅州大埔县，南至澄海，仅地图标明的左翼文化青年就有22位。从诗歌、文学到电影、戏剧，韩江流域诞生的文艺作品数量和成就是令人惊奇的。

从纪念墙向右望去，就是粤东的母亲河韩江。她养育了英雄儿女，诞生了无数传奇故事。未来，以韩江为主线的南粤“左联”之旅将让人们拾起与“左联”有关的记忆，

上

红棉公园内的“左联”韩江文学青年纪念墙

唤醒“为了忘却的纪念”。

距离“左联”成立已经过去90余年，韩江水依旧由北向南，经过梅州、潮州、汕头，最终注入南海，千年如此。韩江东岸的红棉公园内，景墙上印着洪灵菲的《红棉树》选句：“剧怜古道红棉树，落尽千花人未知。”

我们难以揣测洪灵菲写下《红棉树》的时候是何种心情，但当我们以历史之眼俯瞰韩江，那些诗歌的灵韵、文学的精粹、反抗的热血，在告诉我们，韩江流过，历史经过，潮籍左翼青年的人与故事并非“落尽千花人未知”。

◆"左联"历史文化游径：供需齐发力　打造高品质◆

2020年4月，广东省文化和旅游厅公布了第一批广东省历史文化游径，潮安"左联"历史文化游径入选。已建成的一期项目包括溪口渡纪念亭、红棉公园、龙湖古码头水利公园、洪灵菲故居；二期项目规划线路上溯至梅州，下延至汕头。

近现代的粤东有着众多的名人志士和革命故事，红色光芒如星星之火散落韩江流域。如何让这些故事真正走入大众，重新为人们所知呢？专家建言从供需两侧分别发力，打造高品质的"左联"历史文化游径。

供给侧：深度挖掘红色资源，打造高品质融合产品

潮州市文化旅游顾问，华南理工大学广东旅游战略与政策研究中心主任、教授吴志才认为，在供给侧上，应做到短期政府资源保育和长期市场运营目标相统一。"具

右
左

左：被称为"红色一条街"的刘察巷是左联红色游径中的重要景点
右：位于潮州西湖内的春涛亭和陈波儿雕塑

体而言，首先要开展‘左联’文化遗址修缮与游览设施建设，同时进一步壮大市场主体，推进市场上金融资本与文化创意的对接；其次，要做好‘左联+’‘+左联’文章，积极融合生态、体育、茶产业、旅游等资源，培育在线旅游等新业态，实现高品质融合产品的供给。”吴志才解释道。

“现在对本土的、导师式的人物挖掘还不够。”韩山师范学院副校长黄景忠指出，“相比彭湃，对李春涛的挖掘和宣传还不够。实际上，李春涛影响了柯柏年、李春鍏等许多人。”此外，黄景忠认为，还应该有计划地整理左翼青年以及早期共产党人的创作成果，只有深度挖掘红色资源，才能讲好潮州的红色故事，让潮州的红色旅游在日益成熟的旅游市场中提高竞争力。

需求侧：横向延伸红色路线，实现精准整合营销

韩江，有着丰富的红色文化记忆。在需求侧上，吴志才认为，针对红色资源的特殊性，应进行精准的整合营销，包括以“缔结姐妹馆”形式加强与广州、上海等地左

联相关纪念馆的合作，开展“‘左联’红色行”“‘左联’文化进校园”系列宣传，举办“‘左联’成立90周年”系列纪念活动。

南粤“左联”是潮州一道亮丽的人文景观。潮州市中国旅行社有限公司总经理助理朱嵘认为，将散布在韩江边村落中的先烈故里串联起来，打造聚焦粤东“左联”文化人的红色之旅，或许会是潮州新的小众旅游线路。

黄景忠对需求侧的升级提出了具体的建议，他认为，可以通过展览馆的形式串联起潮汕的左联脉络。展览馆不应该只是陈列他们的事迹，还可以通过影像，比如宣传片或电影来丰富展览内容。

旅行达人、节事旅游研究者王子原则提出，“将红色旅游和影视拍摄地一起开发打造，这有许多成功的先例，‘左联’之旅线路可以参考”。

上
下

上：位于江东镇红砂村的洪灵菲故居
下：位于归湖镇溪口村的戴平万故居

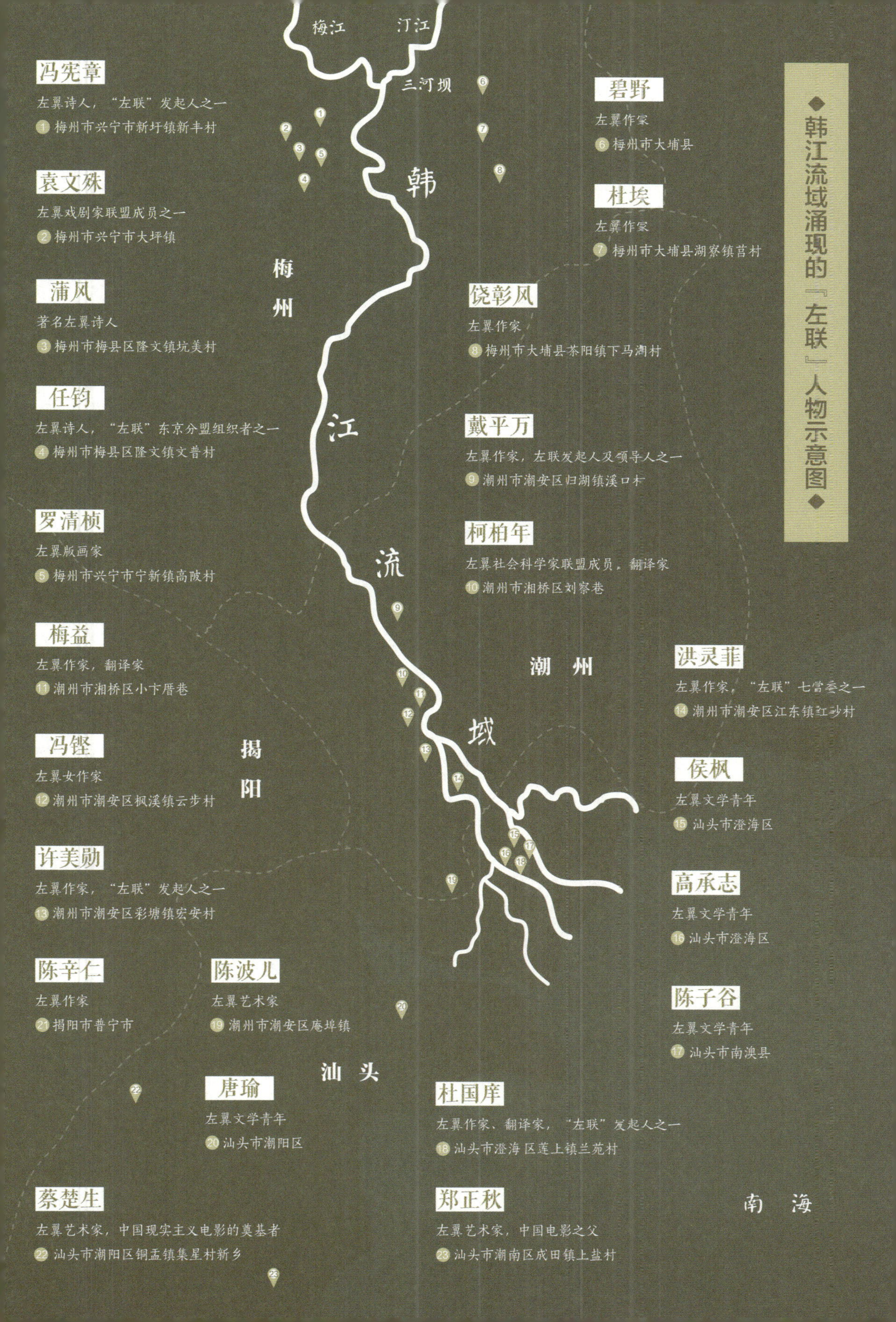

◆韩江流域涌现的『左联』人物示意图◆
梅江
汀江
三河坝
韩
江
流
域
梅州
潮州
揭阳
汕头
南海
冯宪章
左翼诗人，"左联"发起人之一
1 梅州市兴宁市新圩镇新丰村
袁文殊
左翼戏剧家联盟成员之一
2 梅州市兴宁市大坪镇
蒲风
著名左翼诗人
3 梅州市梅县区隆文镇坑美村
任钧
左翼诗人，"左联"东京分盟组织者之一
4 梅州市梅县区隆文镇文普村
罗清桢
左翼版画家
5 梅州市兴宁市宁新镇高陂村
梅益
左翼作家，翻译家
11 潮州市湘桥区小下厝巷
冯铿
左翼女作家
12 潮州市潮安区枫溪镇云步村
许美勋
左翼作家，"左联"发起人之一
13 潮州市潮安区彩塘镇宏安村
陈辛仁
左翼作家
21 揭阳市普宁市
陈波儿
左翼艺术家
19 潮州市潮安区庵埠镇
唐瑜
左翼文学青年
20 汕头市潮阳区
蔡楚生
左翼艺术家，中国现实主义电影的奠基者
22 汕头市潮阳区铜盂镇集星村新乡
碧野
左翼作家
6 梅州市大埔县
杜埃
左翼作家
7 梅州市大埔县湖寮镇莒村
饶彰风
左翼作家
8 梅州市大埔县茶阳镇下马湖村
戴平万
左翼作家，左联发起人及领导人之一
9 潮州市潮安区归湖镇溪口村
柯柏年
左翼社会科学家联盟成员，翻译家
10 潮州市湘桥区刘察巷
洪灵菲
左翼作家，"左联"七常委之一
14 潮州市潮安区江东镇红砂村
侯枫
左翼文学青年
15 汕头市澄海区
高承志
左翼文学青年
16 汕头市澄海区
陈子谷
左翼文学青年
17 汕头市南澳县
杜国庠
左翼作家、翻译家，"左联"发起人之一
18 汕头市澄海区莲上镇兰苑村
郑正秋
左翼艺术家，中国电影之父
23 汕头市潮南区成田镇上盐村

"可以说没有茂芝会议就没有'朱毛井冈山会师'。"潮州市委党史研究室主任陈立佳如是评价90多年前发生在潮州的红色故事。

潮州市潮剧团的新编现代潮剧《茂芝·星火》，在舞台上重现了1927年茂芝会议前后热血澎湃的粤东大地。

"南昌风雷震大地，潮州七日红南粤，碧血洒韩江，激流汇井冈。"粟裕将军1979年12月重访潮州时留下一首《竹竿山头望》，描绘了他亲身经历的革命岁月。"南昌风雷"与"激流汇井冈"人尽皆知，前者打响了中国共产党武装反抗国民党反动派的第一枪，后者对推动红军队伍的建设和中国革命战争的发展都具有重大意义。"潮州七日红南粤"与"碧血洒韩江"何以在半世纪后再度被这位历经风霜的大将提起？潮州这座城市，在如同血与火之歌的井冈山会师前，又奏响了怎样的革命序章？

韩江热土洒碧血

"南昌起义军选择南下潮州并非偶然，这与潮州自身群众基础好、与1925年周恩来带领东征军两次进驻潮州有着密切关系。"陈立佳分析道，当年起义军决定南下占领广东出海口，革命基础好的潮州成了绝佳选择。

位于韩江中下游、靠近入海口、商贸活动发达的潮州，在当时是广东经济最活跃的城市之一，潮商声名在外。"岭南门户，华南要冲"的位置和繁荣的经济，让潮州成为当时各方势力的必争之地。改良或是革命，立宪或是共和，军阀在潮州来去，左翼名人从潮州走出，潮州近现代的历史与中国近现代历史同频共振。

1907年，丁未黄冈起义，这是武昌起义之前孙中山领导的十次起义的第三次，且是其中历时最久、流血最多、影响最深远的一次武装起义。1907年，孙中山委派许雪秋会同何子渊、萧惠长等同盟会领导人发动起义，潮安人许雪秋负责潮州方面起义。5月22日晚，

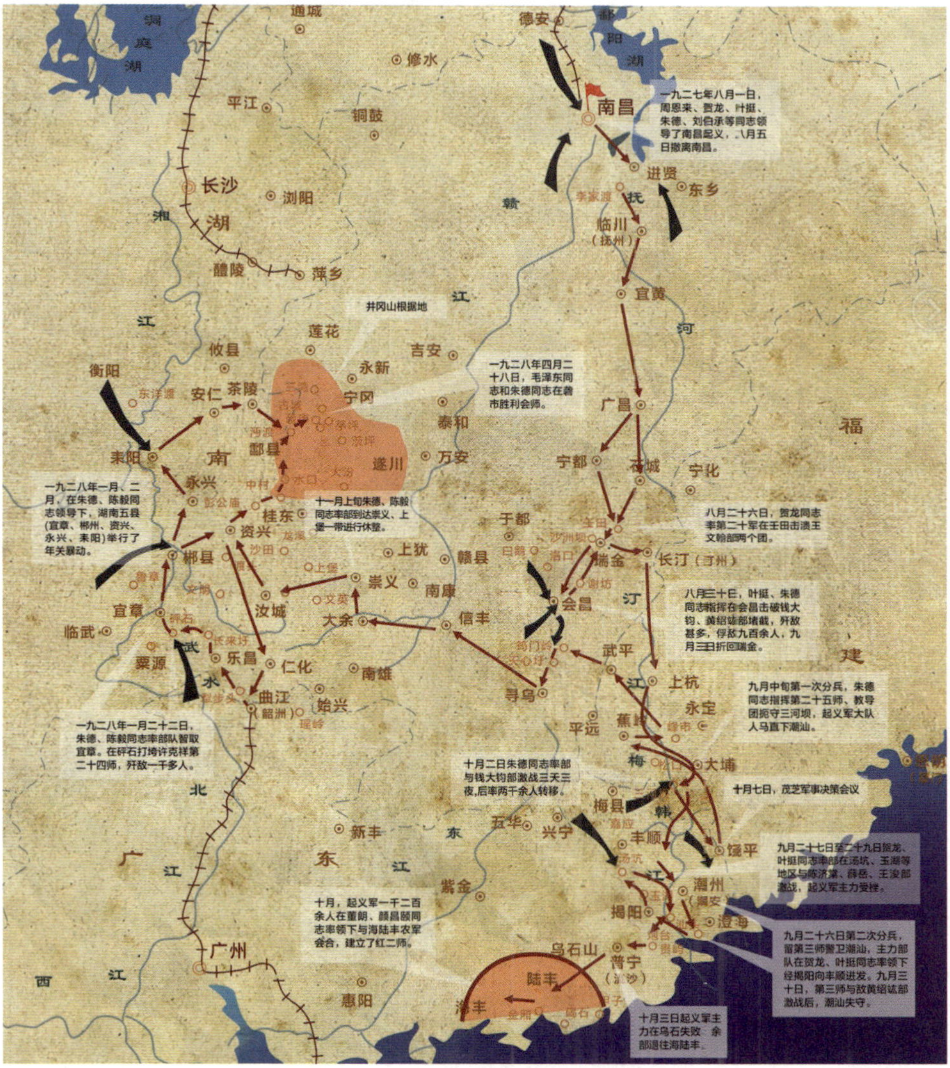

上

南昌起义部队转战路线图

黄冈起义爆发，起义军血战一夜，一举占领了饶平县黄冈城。由于清军大举进攻，起义军坚持战斗数天，终因死伤过重而告失败。史界称黄冈起义为辛亥革命的壮烈前奏。

左
右

左：20 世纪 20 年代的涵碧楼，顶上写的是“中山图书馆”
右：木棉花开时的涵碧楼

碧血洒韩江，当年许许多多的革命志士在潮州相遇。

山倚湖苍翠，湖傍山青黛。潮州西湖畔，涵碧楼倚靠着葫芦山，静静注视着古老的潮州城。从 1925 年周恩来指挥东征军讨伐陈炯明，到 1927 年起义军进入潮州，数位革命领导者以这栋两层小楼为指挥中心，在潮州掀起革命浪潮。

1922 年，时为广东省省长兼粤军总司令的陈炯明因政见不合而与孙中山决裂，后陈炯明被西路讨贼军击败退守东江。1925 年，经历从年初到年底的两次东征，国民政府终于将陈炯明军在东江的主力全部歼灭。

第一次东征期间，周恩来组织恢复被军阀摧残的城乡工会、农会组织，着手筹建共产党、共青团的地方组织，在潮安县城办夜校，教育贫苦农工闹革命。第二次东征，周恩来接任黄埔军校政治部主任，为黄埔军校潮州分校的创立和政治工作倾注心血，聘请黄埔军校本校的恽代英、萧楚女等共产党员担任潮州分校政治教官。黄埔军校在潮州的落地，传播了革命思想，借由潮汕籍学员将革命的理念深入到普通百姓家庭。

当时潮汕地区涌现了一批先进人物，他们在日本留学，接触了社会主义、马克思主义等先进理念。李春涛在金山中学任教务长、代理校长，他以此为阵地，宣讲革命思想，很多青年受到他的鼓舞走上革命道路。

据载，至 1926 年底，仅潮安县已有工人 3 万多人，农会会员远超 3 万人。革命早，群众觉悟高，还有革命引领者，这样的潮州吸引了南下的起义军。

潮州七日红南粤

1927 年 8 月 1 日，南昌起义爆发，全歼驻南昌敌军 3000 余人，占领南昌城，打响了我党武装反抗国民党反动派的第一枪，揭开了中国共产党独立领导武装斗争和创建革命军队的序幕。随后，起义军前敌委员会根据敌我力量的对比，决定撤离南昌，进入广东占领出海口，争取国际援助，进而夺取广州，重建广东革命

根据地，旨在再度北伐。

根据前敌委员会之前在汀州会议的决定，起义军兵分两路：周恩来、贺龙、叶挺、刘伯承等率第二十军和第十一军的第二十四师，从粤闽边境的大埔乘船，经韩江而下，直奔潮汕；朱德率领第十一军第二十五师和第九军教育团共约 4000 人留守三河坝，准备抗击从梅县进攻起义军的国民党部队。朱德带领部队在梅州三河坝堵截敌人，以保护周恩来、贺龙等领导的主力部队安全进入潮汕。

红旗插上古城楼，潮州西湖的涵碧楼又迎来新的使命。1927 年 9 月 23 日下午，周恩来、贺龙、叶挺率领的起义军主力占领潮州，将司令部设于涵碧楼，同时建立县级红色政权——潮安县革命委员会。

潮州市社科专家谢锦澍认为：“南昌起义军与潮州人民血肉相连。起义军帮助潮州建立的红色政权，是南昌起义军途经江西、福建、广东帮助地方建立的第一个县级红色政权。”

当年，进入潮汕的起义军第二十四师政治部主任陈兴霖以贺龙的名义发布安民告示：此次南昌起义，原为救国救民，转战千里来粤，只求主义实行。

没能等到“主义实行”，敌分三路而来。钱大钧残部牵制三河坝的第二十五师；黄绍竑部经丰顺进击潮州；由三个师和潮州、梅县警备部队共 1.5 万余人组成的东路军，从河源东进，准备与起义军主力决战。

“一夕汤坑书附羽，千秋英烈血喷烟。”9 月 28 日，起义军主力在汤坑东南

左

南昌起义军茂芝军事决策会议旧址

的白石与国民党军遭遇。经过三昼夜激战，起义军伤亡2000余人，无力再战，遂退出战斗。9月30日，黄绍竑部队向潮州城北的竹竿山起义军全面发动进攻，战斗激烈，起义军有些连队伤亡三分之二。

敌众我寡，力量悬殊，各阵地起义军组织突围撤退，30日下午，潮州失守，南昌起义军在沿海城市建立的第一个红色政权在成立了7天后结束。

“强渡韩江”对时任团参谋长的周邦采和他率领的200多人来说，是真正命悬一线的险关。10月7日凌晨，经历了“潮州七日红”的失败，周邦采率部在枪林弹雨中强渡韩江，北上寻找朱德部。

茂芝星火可燎原

目光转向留守在三河坝的朱德。经过三天三夜的激战，起义军歼敌1000余人，完成了掩护主力的作战任务，决计撤离战斗追赶主力。10月6日晚，朱德带领从三河坝撤离的起义军官兵到达饶平县北部的茂芝村，在此驻扎进行短暂休整。

二十五师师长周士第在回忆录中记述：“三河坝战斗进行的时候，我们还不知道潮汕已经失守。我们当时认为守住这个地区对主力作战有利，因此坚持与兵力超过我们许多倍的敌人作战。”

在周邦采带来主力部队的消息后，起义军整体情绪低迷，出现了“革命没奔头”“解散队伍”的声音。

为稳定部队情绪，10月6日晚，朱德组织骨干力量开碰头会，通宵给党员、骨干、指战员做思想工作，初步扭转了悲观情绪。陈立佳着重强调：“在当时就充分发挥了我党的政治思想工作威力。”

10月7日上午，朱德召集周士第、李硕勋、周邦采等20多名军事干部在茂芝乡全德学校召开军事会议，决定部队的前途和命运。

当时朱德面临的是军心涣散、组成复杂的部队，其中许多人并非自己的部下，但朱德坚决地说：“我是共产党员，我有责任把‘八一’南昌起义的革命种子保留下来，有决心担起革命的重担，有信心把这支革命队伍带出敌人的包围圈，和同志们团结一起，一直把革命干到底！”朱德的发言感染了与会的多数同志，解散队伍的提议被否决。关于军队的前途与未来，会议最后形成“隐蔽北上，穿山西进，直奔湘南”的军事决策。

茂芝会议让革命的星火又开始跃动。10 月 7 日下午，朱德由当地党组织的同志带路，率领起义军离开茂芝，折转进入闽西，开始了千里转战。

彼时，在距离茂芝 600 多公里的井冈山地区，毛泽东正在创建革命根据地，同时派出何长工打听南昌起义军的下落。在朱德准备发动湘南起义之时，何长工终于在韶关犁铺头找到朱德。

朱德率领的这支南昌起义军，历经闽粤赣湘边境半年多艰苦卓绝的斗争，经过赣南三整，发动湘南起义，队伍不断发展扩大。

“1928 年 4 月，朱德带领起义军余部 2000 多人和湘南农军 8000 多人，一共 1 万多人，在井冈山与毛泽东领导的秋收起义部队胜利会师，成立工农革命第四军，朱德任军长，毛泽东任党代表和军委书记，‘朱毛红军’正式登上历史舞台。茂芝会议上跃动的火苗，终以燎原之势照亮中国大地。”陈立佳说。

中共中央党校博士研究生张克兵曾撰文指出，茂芝会议保存了革命的火种，

下

茂芝会议纪念馆

为井冈山会师提供了重要组织力量，做出了正确的军事决策，为起义军指出了正确的前进道路，开始探索从城市向农村的革命战略转变，对中国革命新道路的开辟产生了重要影响。

◆纵跨七个春秋，周恩来与潮州的四次相遇◆

有不少革命先辈曾在潮州这片土地上留下红色足迹。周恩来可谓是最为特殊的一位，他与潮州有着特殊的渊源。1925 年初到 1931 年间，周恩来曾四次进入潮州，留下了许多革命印记，对潮州乃至全国都产生了深远的影响。

倡议建黄埔军校首个分校

在潮州古城中山路中段，有一座始建于清代的硬山顶式潮州传统建筑——李厝祠。这座占地面积约 2700 平方米的李氏宗祠，曾是黄埔军校第一所正式分校——潮州分校所在地。这与周恩来当年两次东征密切相关。

军阀陈炯明叛变革命，妄图推翻国民革命政府，盘踞东江。为粉碎其阴谋，1925 年 2 月，周恩来带领黄埔军校本部学生以国民革命军教导二团名义，从广州分三路东征惠潮梅东江地区。

一进入潮州，周恩来便夜以继日开展工作，组织恢复被军阀摧残的城乡工会、农会组织，着手筹建共产党、共青团的地方组织。他还在潮安县城开办夜校，教育贫苦农工，燃起潮安人民的斗争激情。

然而，当年 3 月 12 日，孙中山在北京逝世。驻广州的滇军将领杨希闵、桂军将领刘震寰乘机发动叛乱。东征军迅速回师平叛，陈炯明残部则重占潮汕。

为肃清陈炯明势力，1925 年 10 月，国民革命军二次东征，周恩来任东征军总政治部主任。11 月，周恩来被国民政府委任为东江各属行政委员。由于军事行动尚未结束，周恩来继续以东征军总政治部主任名义处理地方行政事务，次年 2 月正式就任。在此期间，他不辞劳累走遍潮安城区，帮助恢复工农组织，成立农民自卫军，扫除残敌，

上

位于潮州中山路的黄埔军校潮州分校

澄清吏治，禁绝烟赌，指导建立党组织。

据陈立佳介绍，第二次东征胜利后，为了适应革命形势发展的需要，周恩来等倡议在潮州建立黄埔军校分校。1925 年 12 月 18 日，黄埔军校分校在潮州城湘太马路（今中山路）中段李厝祠举行开学典礼。除了请校本部的共产党员任潮州分校政治教官外，周恩来还聘请潮籍革命志士李春涛、柯柏年前来授课。

“潮州七日红” 青史垂千秋

距离李厝祠仅 500 米远的西湖之畔，一座二层白色小洋楼引人瞩目。这是涵碧楼，楼檐顶端镶着一颗红五星。楼侧矗立着革命先辈群像，居中的是周恩来的雕像。

涵碧楼是东征军领导人活动的重要场所，也是南昌起义军南下潮州时的师司令部，周恩来等革命先辈曾驻扎在此。

1927 年 9 月 23 日，南昌起义军占领潮州城，周恩来、贺龙、叶挺、彭湃、郭沫若等同时到达，在西湖涵碧楼设立了司令部。周恩来号召建立红色政权；帮助恢复了农、工、商、学、妇等各界群众团体组织；在发展基层党组织的同时，支持重建农民自卫军，摧毁反动民团，打击反动派。在艰难的环境下，起义军在潮州建立的红色政权——潮安革命委员会，维持了 7 天，史称“潮州七日红”。

如今的涵碧楼是省级文物保护单位。涵碧楼四周有多座雕塑，还原南昌起义军主力挺进潮汕、民众欢迎起义军进城等历史场景。

组建中央秘密交通线　输送大量干部进苏区

在潮州竹竿山麓竹竿山水厂旁，有一座民国时期骑楼式双层建筑，外墙布满青苔，雕花隐约可见，这就是潮汕铁路意溪站旧址。门前的西荣北路，便是当年的潮汕铁路。这是周恩来等领导人从上海中共中央机关辗转至江西中央苏区“中央红色交通线”的一环。

红色交通线的开辟和运行，是维系中央苏维埃政权存在的血脉和生命线，在中共党史上有着特殊的历史地位，经过潮州的这条中央红色交通线是由周恩来亲自设计、组建、拍板的。在周恩来的直接领导下，中央交通局开辟了由上海进入江西中央苏区的多条地下交通线，在主要的港口、车站、关口设立交通站。其中南方线又称华南线或“中央韩、汀江线”，即史学界常说的中央红色交通线。从上海到江西需要“舍近求远”，绕道香港、汕头、潮州、梅州、龙岩多地，长达数千里。

除了送情报、枪支弹药、生活物资、药品、通信设备等，这条线路更重要的是输送干部。从 1930 年到 1934 年主力红军长征前，中央红色交通线护送了 200 多名领导干部和一大批电讯技术人员、文艺工作者到苏区。

1931 年 12 月，周恩来从上海坐船到汕头，然后改坐潮汕铁路火车到潮州，再转乘船到大埔，并由精悍短枪队护送，昼伏夜行，通过这条秘密交通线安全转移至江西瑞金。

◆潮州红色旅游大有可为　多元形式呈现红色记忆◆

潮州红色文化资源丰富，全域都属老苏区，饶平县属原中央苏区县。目前，潮州全市有革命遗址284处，纳入《广东省革命遗址通览》198个，占全省总数的4.7%。潮州“红色之旅”方兴未艾，更多元的表现形式正在“路上”。

串珠成链　打造成片成线红色文旅线路

潮州拥有“国共合作”“红色政权”“解放南粤”“英雄伟略”等多方面的红色历史文化资源，但其中有很多不为人所知，不能单独地、孤立地去开发，而是应该联系起来发展红色旅游，既可保留红色记忆，也能在一定程度上促进乡村振兴。

对红色线路进行大量实地调研后，作为潮州市政协委员，陈立佳在2020年潮州两会上建议通过推动红色资源与潮州现有的自然风景、历史文化等旅游资源结合，分东北、西北、中部、东南、西南等片区打造5条具有潮州特色的红色文化旅游线路。

2020年，省市有关部门联合评选出具有代表性的潮州红色文化名片14张，涵盖潮州1921年至1949年的革命事迹，成为宣传、推广、展示潮州城市形象的新名片。事实上，红色旅游在潮州悄然兴起，“红色旅游+研学基地”逐渐成为旅游市场“新宠”，潮州已有4个旅游景点被纳入广东省红色旅游精品线路。

潮州市还提出重点规划“一域一江两区四线”，在促进红色资源与文旅融合的过程中，让更多人了解潮州的红色历史和中国的革命进程。其中“一域”即打造饶平县“红色旅游全域示范区”，“一江”为打造一条沿江红色旅游带，“两区”为打造古城、新城两个文旅融合发展区，“四线”即打造四条红色乡村文旅融合精品线路。

多元呈现　电影潮剧讲好红色故事

以茂芝会议历史故事为蓝本的电影和潮剧，以有潮州地域特色的文艺形式在2021年为中国共产党成立100周年献礼。

新编现代潮剧《茂芝·星火》集中了潮州市潮剧团人才队伍的中坚力量。“把八一南昌起义、茂芝会议、丁未黄冈起义结合起来，以饶平茂芝为原点，反映粤东一角的革命斗争历史。”编剧李晓生谈起创作思路时说，茂芝的革命风云保留了我军的革命火种，也点燃了茂芝人民的革命星火。

在潮州市饶洋镇山区拍摄基地开拍的电影《茂芝火种》，是由潮州市广弘影业公司和潮州市委党史研究室联合制片的。“成功的影视作品对于相关旅游目的地的引流带动作用是很明显的。”旅游达人、节事旅游研究者王子原建议，潮州将红色旅游资源和影视拍摄地一起开发打造，或能事半功倍。

陈立佳建议加强红色文化遗产的数字化保护，建立爱国主义教育基地网络平台和数据库，让红色资源得到永久保存；此外，邀请专业队伍对影响较大、基础较好的红色文化遗产进行整体规划设计，建成一批配套设施齐全、规模大、档次高，有深刻思想内涵和丰富文化底蕴，有吸引力感染力的红色宣传教育阵地，以此进一步扩大红色文化的影响力。

下

《茂芝·星火》的剧照

中央红色秘密交通线上的潮州往事

阳春三月，韩江边木棉花开，红云成片，倒影投向碧水韩江。沿着韩江北上至上水门，沿岸无船靠岸，游人悠闲散步。很多人难以想象，一条事关中国革命大局的中央红色秘密交通线曾于此存在过。

1930 年末，一条从上海开始的中央红色秘密交通线开始运作，经过香港、汕头、潮州，北上到大埔、永定，最后抵达原中央苏区首府瑞金。“赤白”对峙下，这条途经潮州的红色交通线，担负着党中央从上海到苏区的战略转移任务，成为一条摧不垮、打不掉的生命航线。

秘密交通线绕道香港途经潮州

“中央切勿因人少而不派一人来主持此纵横四五百里拥有人口七八十万之闽西苏区。”1931 年，在福建长汀，周恩来写下《伍豪自中区来信》发往上海，信中恳切地劝告党中央要加强中央与苏区之间的联系。

时间回到 1927 年 4 月。彼时，蒋介石、汪精卫先后在上海、武汉实行“清党”“分共”，迫害共产党人。以“四一二”反革命政变为标志，大革命宣告失败。1928 年，张学良宣布“遵守三民主义，服从国民政府，改易旗帜”，国民党实现了形式上的全国统一。中国共产党转入地下斗争。

出路需上下求索。1928 年 6 月，中国共产党第六次代表大会召开，大会提出了今后的工作任务：“必须努力扩大农村革命根据地，发展红军，实行土地革命，建立苏维埃政权。”中共六大后，全国出现了多个以武装割据为主要特征的红色苏维埃区域，闽西、赣南苏区是面积最大的一个，联合组成中央苏区。

为加强上海中共中央与中央苏区的联系，在周恩来的领导下，数条秘密交通线开始筹谋。从“白色恐怖”笼罩下的上海出发，稀

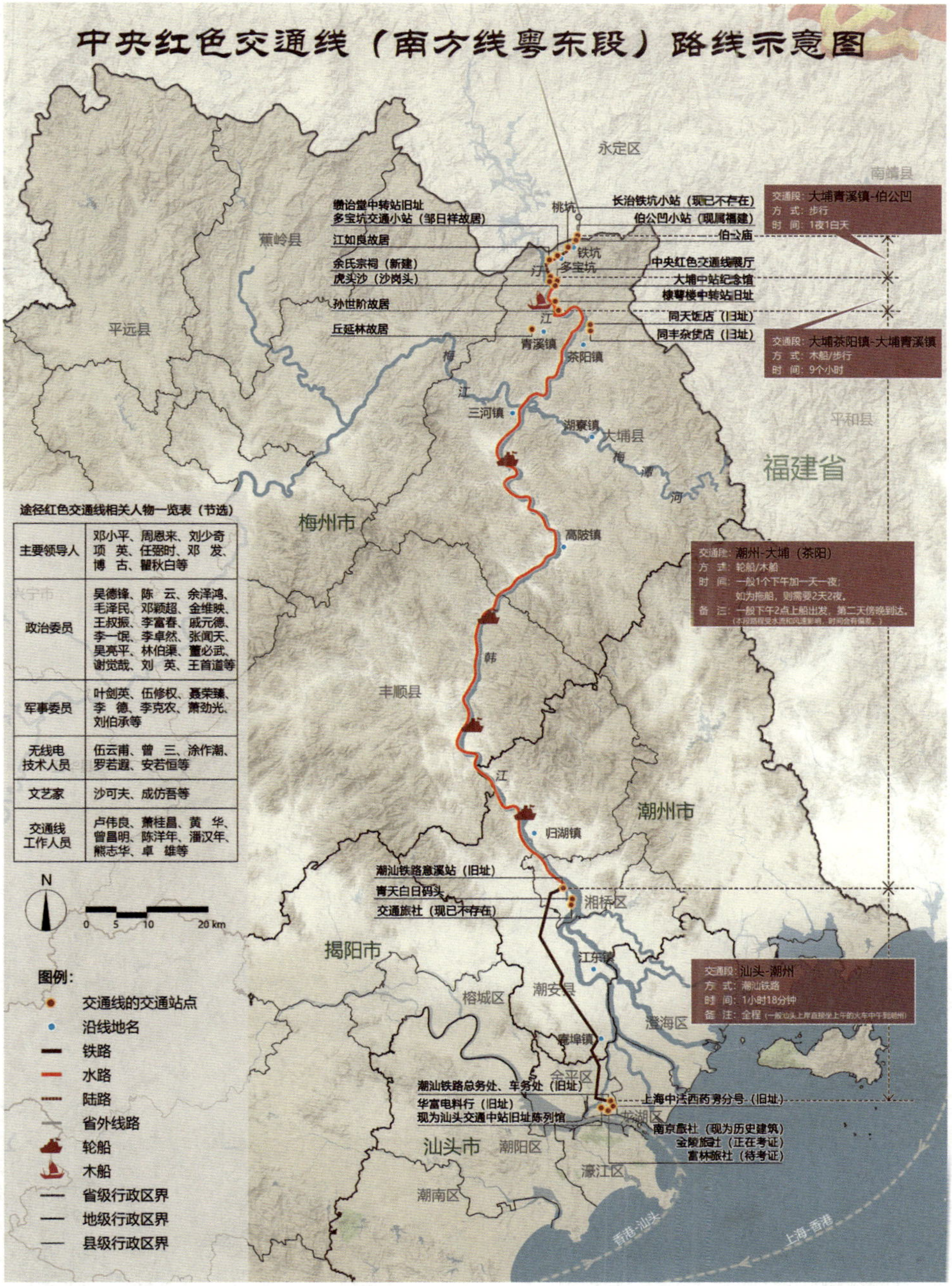

上

中央红色交通线（南方线粤东段）路线示意图（广东省自然资源厅/供图）

缺物资、领导干部、机密文件跋山涉水，抵达中央苏区。

“宁可放弃苏区一个县，也要办好交通线。”1930年秋，在周恩来的组织下，中央交通局成立，三个月时间内进行了培训、勘点和组织。长江、北方、南方三条交通站线正式建成，其中南方线分为四条支线：上海—香港—广州—南雄—江西，上海—香港—汕头—饶平—饶和埔诏苏区—闽西，上海—香港—汕头—潮安—松口—梅县—蕉岭—平远—江西，上海—香港—汕头—潮安—大埔—永定虎岗—瑞金。

潮州市委党史研究室主任陈立佳介绍，其中，由上海经潮安至瑞金的交通线主要担负党中央从上海至中央苏区的转移任务，亦是后期唯一存留的交通线。这里的“潮安”包含了今天的潮安区与湘桥区。

在交通线的设点选址上，周恩来将目光投向粤东。在此之前，国民革命军两次东征、南昌起义军部队挺入潮州城、黄埔军校潮州分校开办……身处其中的周恩来已数次进入潮州。南方线中有3条支线经过潮汕，陈立佳认为，周恩来选择将潮州作为交通站之一与潮州的革命基础不无关系。陈立佳介绍，贯穿潮安南北的韩江沿途有潮澄澳县委创建的浮凤革命根据地，潮汕铁路两旁有红军和群众革

命武装依托桑浦山根据地开展的游击战争。

周恩来周密地设计中央秘密交通线：一般不直接从上海到汕头，而是从上海到香港，再从香港折回汕头。陈立佳分析，东南亚、香港等地有大量潮州人，且潮州当时经济比较发达，是闽粤赣边商品集散地，人来货往。从香港迂回进入潮汕地区，可以麻痹敌人，有利于共产党同志扮成东南亚、香港的华人或商人往来，为进出苏区创造机会和条件。市区和沿途各式各样的商店也为苏区运输各种紧缺商品提供了理由和便利。

除革命基础外，作为交通站的潮州有着更加鲜明的优势。韩山师范学院历史文化学院副院长赵玉田教授认为，潮州乃粤东大都会，沃野千里，物产丰饶，在此设置交通站，便于为中央苏区筹集物资；潮州背倚群山，重峦叠嶂，草木繁茂，隐蔽性好。另外，潮州水陆交通便利，韩江穿境而过，船舶溯流北上汀州，便于人员往来，也便于向苏区运输物资。另外，20世纪30年代，潮汕铁路交通便利，

下

20世纪初的潮汕铁路

左 中
右

左：韩江码头
中：青溪交通站码头
右：意溪火车站保存至今的建筑

加上已有的水运，交通线由汕头至潮州，非常便捷。

此条秘密交通线使党中央与苏区的交通时间由两个月缩短至半个月左右。福建省龙岩市永定区委党史研究室主任赖立钦判断，此前闽西苏区、赣南苏区与党中央的信件往来，由于敌人的封锁，一般要两个月才能送达。

联结地下交通线站点的潮州交通站

“绿树掩映着神秘的旅社楼屋，有谁会想到这里群英汇聚藏龙卧虎，迎来送往面对着潮起潮落云卷云舒，联结着红色地下交通线众多站点畅通无阻。”潮州退休老干部林汉龙了解了秘密交通线的历史，大受触动写下叙事诗《追寻红色驿站之路——记当年中共地下交通线站点之一的潮州交通旅社》。

潮州古城内，上水门边，卫星二路的水晶巷附近如今已成为居住区，平静，安宁，与其他住宅楼并无不同。此地原有一条小街贯通白日路和东平路，小街北侧西端有一座四层楼房，就是交通旅社。该交通旅社的老板吴寿庆，为大埔籍印尼归侨。

陈立佳分析，地下交通站设在这里，可以接待人员、存放货物，有利条件较多：一是吴老板比较开明，同情革命，可以借助他的归侨身份进行掩护；二是闹中有静，越是神神秘秘，越容易引起怀疑，闹市里大摇大摆反倒安全，在宁静的小巷里可以神不知鬼不觉地从事秘密工作；三是靠近韩江青天白日码头，人员、物资、情报的运送十分方便；四是地下交通站掌控着两艘与其他商贸船一样的电船在韩江运行，并以保护商船名义组建了一支10多人的便衣武装。

中央红色交通站分为大站、中站和小站。大站有香港华南交通总站和闽西大站，中站如大埔青溪站和汕头站，潮州站则属于小站。除了交通旅社，位于韩江之畔的意溪火车站也是地下交通站之一，两个交通站之间距离约3公里。岁月沧桑，意溪火车站早已不再承担交通功能，掩映在历史之中，静静地矗立在韩江之畔，成为潮州红色名片之一。

历史上，这些交通站"静悄悄"地见证了一次又一次的红色交通转移。

1931年12月上旬，根据党中央"巩固、发展和扩大苏区与红军，抽调白区60%的干部到苏区去"的指示精神，周恩来化名伍豪，由中央交通局负责人之一

的肖桂昌护送，走上这条由他亲自打造的秘密交通线。

饶平县海山籍人李沛群曾任闽西大站站长。李沛群在《周恩来同志进入闽西苏区的经过情况》中介绍，周恩来乘坐小火轮经过两天两夜到达汕头，次日打扮成商人登上开往潮安的火车，肖桂昌和交通员黄华（又名黄有恒）则打扮为同行者。当时买了二等票的一行人进入车厢，周恩来发觉二等车厢只有他们三人，顿觉不对劲，马上走进三等车厢，与各色旅客挤在一起。检票员来查票，周恩来看到此人，脑海中迅速记起此人曾到东江行政专员公署向他请示过工作，忙把头上的帽子拉低，扭头看向窗外。肖桂昌则机智地站起来，挡住周恩来，并把车票交给那名检票员。检票员见是二等座，就指着隔邻的二等车厢，要他们去那边坐。肖桂昌当面答应，但检票员走后仍坐着不动。

抵达潮安，周恩来一行吃过午饭后，乘坐下午 2 时的电船前往大埔，向苏区前进。他们买的是电船尾的小厢房票，上船后就关上房门休息。周恩来于 12 月 21 日或 22 日抵达闽粤赣苏区汀州，年底抵达瑞金。抵达瑞金的第二天，周恩来电告中央："一路顺风，平安到达'娘家'。"

抵达"娘家"的不仅有周恩来。之后，刘少奇、项英、陈云、博古、任弼时、聂荣臻、刘伯承等党、政、军领导以及国际人士共 200 余人，以及两次参加中华苏维埃全国代表大会的大部分代表，还有一大批电讯技术人员、文艺工作者和进步青年都在交通员的护送下抵达苏区。

左：潮州火车站内

右：二十世纪二三十年代行驶在韩江上的船

苏区的蓬勃发展与光明未来，让无数青年为之神往。

1932 年，带着两个木头箱子，两名女学生打扮的人登上了前往潮汕的火车，箱子里装的是上海工人亲手绣给中央苏区的红旗。其中一名女学生是后来的著名电影演员石联星。“我们带着这两厢红旗乘火车到了潮州，后又乘船到大埔。”之后，石联星在瑞金苏区进行艺术宣传，被誉为苏区三大赤色红星之一。石联星在《时代的报告》一文中回忆这条红色交通线，详细记录与每一位交通线上联络员打交道的过程，新中国成立后还特地去看望一路护送他们的交通员熊志华。

摧不垮打不掉红色交通潮州段

如今的韩江静谧美丽，木棉花开两岸。70 年前，这里却是另一番景象，白色恐怖之下，秘密交接就发生在往来船只上。

在革命年代，韩江河面上偶尔可见这样的情景：一条船上挂一顶竹帽。这条从大埔来的船，船头挂上竹帽子，暗示上货，上满之后即取下竹帽，当夜开船。

货船到大埔县青溪镇，当地的交通站立即组织群众乘夜抢运。

1933 年 9 月底，潮安迎来一个“无辜的旅游者”。奥拓·布莱恩，又名李德，1932 年受共产国际委派到中国，先后在上海、中央苏区等地参与革命。李德在《中国纪事》回忆自己秘密前往苏区的故事。1933 年，李德抵达潮安后，向韩江河畔走去，在联络员的指引下躲进狭窄的船舱。“在这里我平躺了几乎二天二夜，不敢出声。将近傍晚，船终于开动了。晚上，这只小船同其他许多小船一起由一只轮船拖着，向上游驶去……沿途停了多次，在我的上面是人的脚步声。有几次显然是在盘查，混杂着粗鲁的问话和命令。第三天，我才走上了小船的船板。”

李德在潮州搭乘水路交通工具，随后翻山越岭，经过无人区与荒山，最终到达苏区。

陈立佳分析，很明显，当年潮安的同志护送李德前往苏区是有组织、有计划的行动，靠交通员一个人是无法成事的。李德搭乘小船的船主、船工都是可靠的秘密工作者，轮船也是交通站直接掌控的，才能应对三番五次粗暴的盘查，安全到达目的地。李德的这段经历就是一批又一批革命人士经潮安去苏区，在潮安党组织和人民掩护下顺利通过潮州到达苏区的缩影和写照。

为了保证交通线安全，潮安党组织在潮汕铁路线建立了铁路总支部，沿线站区和每个车站都安插有自己的同志；在韩江上建立韩江电船支部，往返潮州至大埔之间的轮船老板和多数雇员是潮安人，而且党组织直接掌控着两艘电船，电船上安排地下交通员；潮安县城外韩江码头的管理人员和搬运工人中也有地下工作者。这些党组织和地下工作人员积极配合秘密交通线开展工作，同时也作出了很

右
左

左：佘厝洲村李习楷家是潮汕抗战时期潮澄饶汕党组织活动的主要场所和指挥中心

右：在潮州交通旅社原址建立起的中央秘密交通线中转站展馆外建筑

大牺牲。

赵玉田这样介绍奋战在红色交通线上的潮州革命志士：共产党员潮城交通员张姆，1934年1月被捕，面对酷刑，她毫不动摇，视死如归；潮安县委交通员林炳春，废寝忘食干革命，不论白天黑夜，也不论天寒地冻或烈日暴雨，他都勇往直前，日行一二百里，出色完成交通任务，被称为交通线上的“千里马”；潮汕铁路总支书记张炳琴等人因叛徒出卖，于1933年12月被捕，他们受尽酷刑，坚贞不屈，始终保守着交通线的秘密，英勇就义。

“潮安的党组织和人民以各自的方式，守护着这条交通线的安全畅通。”陈立佳认为，秘密工作不能脱离群众，须臾也离不开党和人民的支持掩护。红色交通线更是这样，它的根基在人民。包括潮安在内的红色交通线沿线地区的党组织和人民，都为此付出了汗水、智慧、鲜血乃至生命。

“红色交通线潮安路段，无论是韩江水路，还是铁路，都是一条摧不垮、打不掉之路，是一条值得信任、可以托付之路。”陈立佳说，红色交通线潮安路段长达四年时间的安全畅通，从不出事，这本身就是潮州人民对中央苏区和中国革命作出的一个重要贡献。

◆红色鸿雁李沛群◆

1930年，正在筹划秘密交通线的周恩来对中央交通局局长吴德峰指出，交通员的选定要遵守几条原则：首先，要党龄长，政治上坚定可靠；其次，有丰富的对敌斗争经验，机警灵活，枪法要准；第三，身体要健壮，能够胜任长途跋涉；最后，要有一定文化，记忆力要强。

以这几条准则来回顾闽西交通站站长李沛群的一生，让人感慨这只红色鸿雁在参与红色交通线工作之前即羽翼丰满，之后其光芒仍然能穿透历史。

李沛群，1908年出生于潮州饶平海山岛一个贫农家庭。其父亲看李沛群天资聪颖，把希望寄托在他身上，千方百计供他上学。在学校里，李沛群成绩名列前茅，放学回家和寒暑假便帮忙操持家务，但最终仍因家贫辍学。勤奋刻苦、勇敢倔强、体魄健硕，这些特质深植于李沛群的少年时代。

1921年，李沛群到广州谋生，进入芳村一家机器厂当学徒。在受资本家剥削的劳动间隙，师傅王科给李沛群一些书，让他看到些出路。《人道》《好世界》《无政府主义底方针》，这些书给了李沛群极大震撼，开始团结工友与资方进行斗争。1925年至1926年的省港大罢工，李沛群参与其中。当时以工人身份作掩护的共产党员李佩堪发现了这位年轻人，并于1926年吸收李沛群加入共产党。

省港大罢工、广州起义、领导工人斗争……李沛群在活动中冲在最前，守到最后，数次死里逃生，积累了宝贵的经验，亦展示出坚定不移的意志。

1928年2月，李沛群担任广东省委与潮梅特委之间的地下交通员，革命鸿雁生涯自此开始。1928年5月至1929年底，李沛群担任中央外交科交通员，秘密来往于上海与香港，每月一两次，共跑了20多次。1931年，李沛群参与红色交通线工作，担任闽西交通大站站长，开始了护送干部往来的重要使命。

1931年末，李沛群接到中央通知，要他去汕头站护送重要领导进苏区。不清楚姓名、职务，李沛群见面才知此次护送的是邓颖超。李沛群打扮成生意人，邓颖超则是城内平民客商内人的装束，两人以表姐弟相称，还有一名会客家话的交通员相陪，应付路上的警察问话。山路艰险，李沛群一路搀扶邓颖超，最终将邓颖超安全送抵苏区。

李沛群还承担了将黄金由苏区运转闽西站，再转运至上海的重任。数公斤重的黄金藏在身上，李沛群和战友每次都顺利完成任务，无一例外，几年间累计运送了黄金五千两（250 千克）。1931 年春，闽西特委书记派李沛群往中央军事委员会领款，派另一人领取武器。一行四人一天步行 60 余里路，过江西瑞金，继续走向西北，得知中央军委已撤走，再经周折，走近月时间才领到银圆及武器。

李沛群是战斗在这条红色交通线上以及革命年代无数先辈的缩影，吃苦耐劳，信念坚定，默默奉献。李沛群的女儿李霭华回忆，李沛群平日寡言，也不提曾经的地下工作，但对各地前来征集资料的党史研究人员则知无不言，晚年更是一心投入党史工作。

李霭华说：“父亲是一个对党忠诚、光明磊落、坚持原则、顾全大局，时刻把党和人民的利益放在第一位的无私无畏的共产党员。”

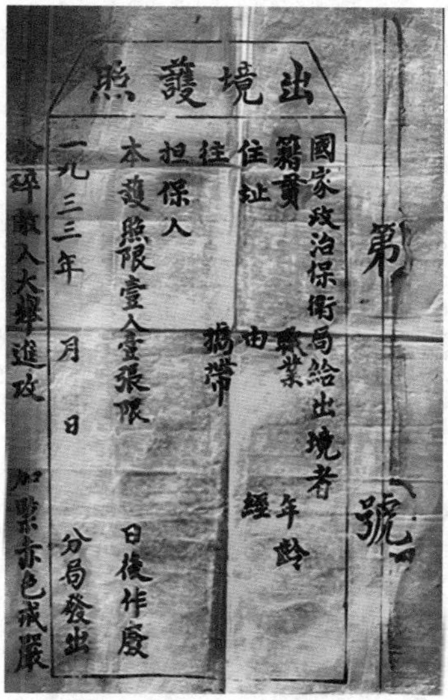

第　號

出境護照

國家政治保衛局給出境者

籍貫　職業　年齡

住址　經

往　由

担保人　攜帶

本護照限壹人壹張限　日後作廢

一九三三年　月　日　分局發出

碎敵人大舉進攻　加緊赤色戒嚴

上
中
下

上：李沛群

中：苏区国家政治保卫局为便于商人进行“赤白”贸易发放的出境护照

下：中央上海地下组织设法购买并通过交通员运送至中央苏区的印刷机

◆三次大规模护送干部名单◆

“此间自党代会后，在路线上确有一个转变，但干部非常缺乏，各种工作都感困难，请中央加派大批干部来此，技术人员也缺乏得很，请尽量将学生及知识分子同志派来。”

从这份苏区中央局的报告中，可见当时苏区对于人才的渴求。当时的闽粤赣边界，既是一片蒙昧，亦是大有可为。秘密交通线使得人才源源不断地进入苏区，为中国革命事业作出了卓越的贡献。按照中央安排，从上海经潮安护送干部到中央苏区的行动，规模较大的有3次。

第 1 次

时间： 1930 年冬至 1931 年 4 月底

背景： 为了巩固、发展和扩大苏区与红军，党中央决定从白区抽调一批干部到苏区加强领导力量

名单： 项英、任弼时、王稼祥、徐特立、欧阳钦、张爱声、萧劲光、李卓然、王观澜、李伯钊、危拱之等

第 2 次

时间： 1931 年 5 月至 1931 年底

背景： 顾顺章叛变之后，中央机关在周恩来指挥下迅速搬家

名单： 贺诚、梁广、罗明及其爱人谢小梅、欧阳钦及其爱人蔡纫湘、邓小平、金维映、王首道、李六如、连德生、李克农、胡底、钱壮飞、刘少文、潘汉年、胡均鹤、贺昌、葛耀山、梁柏台、毛泽民、谢育才、余泽洪及其爱人、李家富、李文棠、庄振风、李富春、吴德峰、杨友青、阚思颖、周恩来、何叔衡、刘伯承、聂荣臻等

第 3 次

时间： 1932 年初至 1940 年 10 月

背景： 主力红军长征前

名单： 周月林、张亮、钱希均、陈琮英、蔡畅、周子胝、邓颖超、项德芬、余长生、乐少华、李一氓、刘晓、董必武、张然和、郭琼香、石联星、孔祥瑞、戚元德、钟伟剑、祝志澄、顾长瑞、陈微明（沙可夫）、王盛荣、顾作霖、吴亮平、钱之光、李弼庭、毕士悌、刘少奇、杨尚昆、张闻天、博古、陈云、李维汉、林伯渠、谢觉哉、阮啸仙、陈潭秋、凯丰、廖似光、刘群仙、瞿秋白、李德，兵工厂、造币厂、印刷厂的技术工人多批

南中国士、岭海词宗詹安泰

2021年11月23日，詹安泰、詹伯慧父子事迹展示馆在饶平县新丰镇揭牌；11月24日上午，“风雅潮州——詹安泰詹伯慧父子书法展”在潮州古城陈伟南文化馆开幕，当日下午，詹安泰研究所揭牌。

詹安泰，字祝南，号无庵，广东饶平县新丰人，20世纪中国著名古典文学学者、诗词家和书法家，先后执教于广东省立第二师范学校（今韩山师范学院）、中山大学，精于诗词的研究与创作，著有《滇南挂瓢集》《鹪鹩巢诗》《无庵词》等诗词集及《李璟李煜词》《屈原》《离骚笺疏》等学术著述，有“岭南词宗”之称。国学大师饶宗颐为詹安泰题赠“别开词境”，曾表示“我搞词学研究，可以说是受先生影响”。

“岭南词宗”“民国四大词人”的称号之下，詹安泰在如今公众视野中留给人们的印象仍然模糊。2021年为詹安泰诞辰119周年，一系列纪念活动让这位成就卓越、风骨卓然的词人、学者、书家、士人再度走入人们的视野。

左：詹安泰
右：国学大师饶宗颐曾为詹安泰题赠“别开词境”

词人　别开词境

中国著名古代文史学家程千帆有诗云："本与海绡为后进，却疑兰甫是前身。岭南词派今谁在？怅望南天一怆神。"

陈澧，字兰甫，通晓天文地理、乐律算术、骈文填词，为岭南大儒，历史学家钱穆评陈澧为"晚清次于曾国藩的第二号人物"。陈洵（别号海绡）为民国著名词人，得到"清末四大家"朱祖谋的赏识与推荐，后在中山大学担任词学教授。

长江学者特聘教授、中山大学中文系教授彭玉平认为，在近代词学史上，从陈兰甫、陈洵到詹安泰，宛然有一岭南词派在。而詹安泰堪称是岭南词派的殿军，是为集大成者，将岭南词派发展到新高度。

澳门大学中文系教授施议对在《中国词学文化学的奠基人——民国四大词人之四：詹安泰》把詹安泰与夏承焘、唐圭璋、龙榆生并称为"民国四大家"。有人对詹安泰位列其中提出质疑，施议对坚定表示，将詹安泰定位为中国词学文化学的奠基人，是他多年学习、思考的结果。

为了在千年词史中划定属于某个特定时期的坐标，便常有"四大家"之类的说法，判定"四大家"非一家之言，但无论如何，詹安泰为民国时期一流词人的

上

詹安泰、詹伯慧父子事迹展示馆

地位不容辩驳。吉林大学文学院教授、博士生导师马大勇表示，夏承焘以“精博”，詹安泰以“苍辣”，沈祖棻以“深秀”，顾随以“新奇”，联袂构成了他心目中的“民国四大词人”。在《当代词综·前言》里，施议对概括：“詹氏所作词，每将家国身世之感寄寓其间，有着深邃的命意。而且，他的词绵丽而有疏宕之气、空灵之境及沉郁幽忧之思，在当代词坛独树一帜。”

1902 年，詹安泰出生于饶平县新丰乡的一个书香世家，自幼酷爱古典诗词，6 岁进小学，10 岁学写诗，13 岁学填词。深厚的古典文学修养为词人詹安泰提供了坚实基础。之后，詹安泰在广东高等师范学校文史部、国立广东大学国文学系求学。1926 年，詹安泰受聘至广东省立第二师范学校（今韩山师范学院）工作，面临韩山韩水，他大量创作诗词，潜心研究诗词理论。

韩山师范学院文学与新闻传播学院讲师赵雅娟认为，詹安泰的词风大致经历两个阶段。在 20 世纪 30 年代中期以前，“取径一石二窗”，即追慕姜夔、吴文英、周密的词风，风格较为清丽。这一时期的代表作品有《声声慢·江亭重到，景物都非，感赋此阕》，与姜夔风格为近。20 世纪 30 年代后期，詹安泰承陈洵“问途碧山，宜所先也”之论，专师王沂孙，词风偏重寄托。如他作于流寓香港期间的《齐天乐》，情怀家国，眷眷不已。

《声声慢·江亭重到，景物都非，感赋此阕》中，詹安泰写“吹花旧曾驰马，换荒凉、艳冶难描。凝望久，有霜禽惊坠，啼向青霄”。同一时期的《蝶恋花·四首》之一，“明艳一春芳意闹，眼底波翻，风外流莺巧。尘掩镜鸾慵对照，有谁惜取如花貌”，词风清幽，笔调清浅。

1938 年，广州被日军占领，中山大学迁至云南澄江。刚刚被聘为中山大学词学教授的詹安泰由潮安绕惠州，经香港转安南（今越南），取道滇越铁路上昆明。到达昆明后，转乘一站火车到呈贡，再骑马或小毛驴，几经周折方抵达澄江。

詹安泰自述，“颇思别出生辣一路，由生辣以寻重拙大之义。而才力不胜……或当再向苍质处走耳”，表达对生辣、苍质的审美境界的追求。马大勇认为：“何谓生辣？生新老辣、迥不犹人之谓也。何谓苍质？苍凉质朴、天然淳厚之谓也。”

在前往云南澄江时，詹安泰短暂停留香港，写下：“听商女琵琶，隔江犹是。杯酒长空，望深到处腾光气。东华事随逝水。梦骄天路远，愁恨谁寄。红雨迷春，娇花拥月，多少前游佳丽。消残痛泪。忍重觅秋魂，鬼歌声里。怅断关河，倚楼中夜起。”家国身世，飘零山河，哀痛悲戚，苍质豪迈，尽在词中。

学者　继古开今

《词学研究》兼顾“学词”与“词学”，旨在示人门径，詹安泰从音律、修辞等方面建立起一个具有内在逻辑的学科体系。

“理论研究偏重于理性，创作偏重于感性，一个人可能有某一方面的专长，但很难两者皆专，但詹安泰在诗词创作和研究两方面都达到了很高的境界。”彭玉平说，詹安泰是我国现当代少有的兼擅诗词创作与词学研究的学者。

1925 年，还在国立广东大学国文学系读书的詹安泰在学院季刊第一期上刊行《孟浩然评传》一文，是“四大词人”中最早发表学术文章者。

大学毕业后回到韩山师范学院，詹安泰进入一个较为稳定的阶段，创作与理论并重，通过老师李笠、陈中凡的介绍，与国内词学名家夏承焘、唐圭璋、龙榆生、陈蒙盦、曹纕衡等广泛交流，书札往返，成为以词会友的词坛知己。1933 年 4 月 1 日，龙榆生创办《词学季刊》，其间詹安泰有《论寄托》《士先器识而后文艺论》等多篇学术文章发表。

自 1938 年被聘为中山大学教授后，战事吃紧，兵荒马乱，中山大学辗转迁移，詹安泰一面流离奔波，一面笔耕不辍。其间，他陆续撰写《花外集笺注》《碧山词笺证》《姜词笺释》《宋人词题选录》等著述，并在 1939 年刊印了流传甚广的诗集《滇南挂瓢集》。

夏承焘的《天风阁学词日记》中记载：“接祝南广东乳源县清洞乡函，谓中山大学文学院新迁彼处，臭气熏蒸。与雁晴寻屋，数日不得，暂住大便地（地名）炮楼上，内地学校，困苦如此。”1940 年秋，中山大学由澄江迁回粤北乐昌的坪石镇，文学院在镇东头小山岗铁岭上借用原铁路局十多平方米的小泥屋，詹安泰在那里写就其扛鼎之作《词学研究》。

右
左

左：《詹安泰诗词集》《詹安泰文集》《中国文学史》
右：《宋词散论》《古典文学论集》《离骚笺疏》

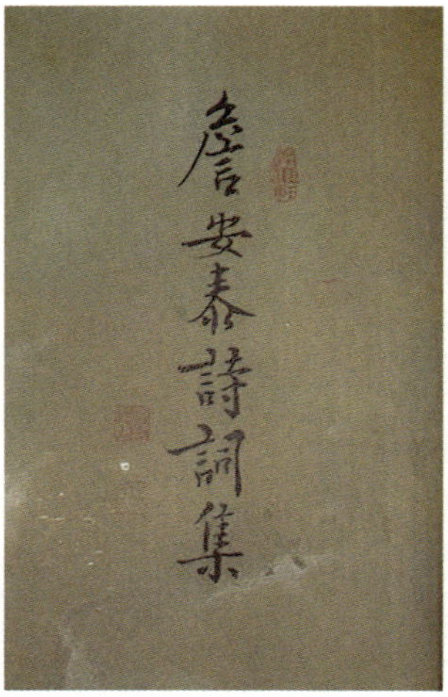

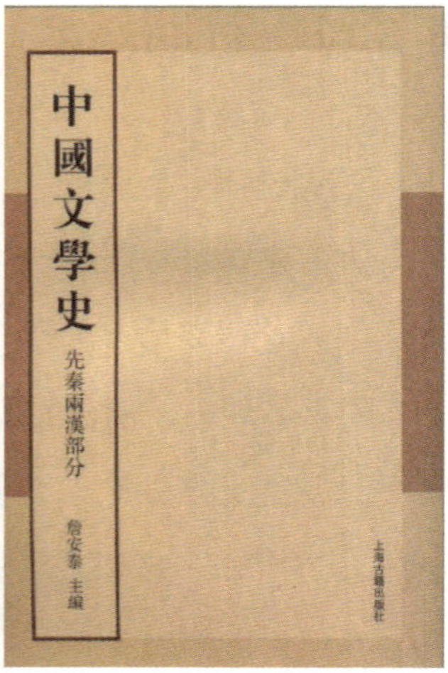

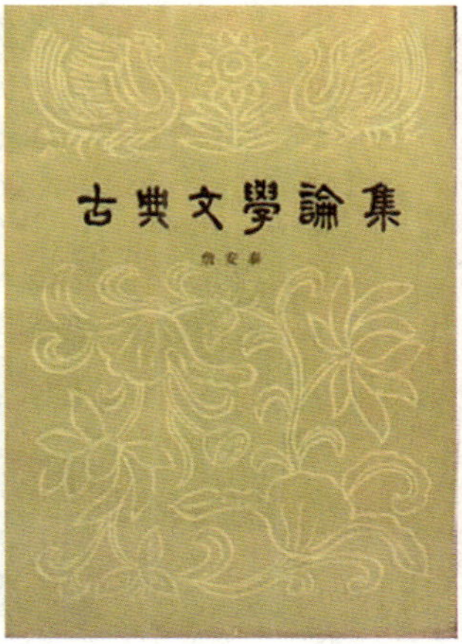

彭玉平认为，詹安泰治词学，不仅用力专精，而且志存高远，以体系性为目标，故其研究所得亦独出于时。最能体现詹安泰词学思想体系的当属《词学研究》一书。此书列论声韵、论音律、论调谱、论章句、论意格、论修辞、论境界、论寄托、论起源、论派别、论批评、论编纂十二章。其纂述动机在创立真正意义上的“词学”。清代中期以来，虽然出现了如方成培《词麈》、刘熙载《词概》、况周颐《蕙风词话》、王国维《人间词话》等词话类著作，或考证音律，或品藻词艺，或创立宗派，或指示阶梯，虽各擅胜场，但毕竟没有建立起“词学”的规模。詹安泰则兼顾“学词”与“词学”，旨在建立一个具有内在逻辑的词学体系。

彭玉平认为，在詹安泰写作此书之前，只有吴梅的《词学通论》是一部影响比较大的介绍词学基本理论和词史的著作，但由于写作时代较早，所以还相当简略。相形之下，詹安泰的《词学研究》在理论性和系统性方面，显然是后出转精了，达到了当时的高峰。

“新中国成立前詹安泰的《词学研究》把诗词的研究纳入了一个系统的格局，而新中国成立后詹安泰对《诗经》的研究、对于古典文学的研究具有开创性，他走的是中国知识分子的传统道路，采用的治学方法和研究视野却异于传统。”詹安泰研究所副所长、韩山师范学院教授赵松元认为，詹安泰在《诗经》《楚辞》领域辛勤耕耘，以其创新性学术成果推进了诗经学和楚辞学的发展。

詹安泰曾说：“我们处理古典文学，其目的不仅仅是发扬过去的优秀传统，

上

詹安泰工作照

对古人负责，更有意义的是因为这一工作有利于创造新文化，要对今天和明天的人民负责。从发扬旧传统到创造新文化，古代文学研究在其中担当了一个十分重要的纽带作用。”

1953 年 3 月 30 日，詹安泰写定《诗经里所表现的人民性和现实主义精神》一文，后发于《人民文学》七至八期合刊，为新中国成立后第一篇试图用马列主义观点方法研究《诗经》并取得卓越成绩的学术论文。1957 年，詹安泰与容庚、吴重瀚合作，主编《中国文学史》（先秦两汉部分）由高等教育出版社作为高校交流讲义公开出版，是新中国成立后出版的第一部中国文学史教科书。

士人　南中国士

唐圭璋《浣溪沙·题詹安泰无庵词》云：“国士南中世尽知。频传彩笔慰相思。

依稀话雨夜窗时。”

在一张老照片中，詹安泰身着白色上衣，面容清癯，侧身面向镜头，旁边是一尊屈原瓷像，屈原望向前方。詹安泰后期致力于屈原研究，撰写学术专著《屈原》及《离骚笺疏》。詹安泰《诗人节怀屈原》一诗云：“……我读《离骚》每每梦，梦与屈原相驰逐。”

赵松元认为，这种如痴如梦、同屈原相与驰骋的忘我状态，对于一向理性沉着、甚至时而带着几分忧郁心境的詹安泰而言，是非常少见的情感状态。

1958年，詹安泰的《李璟李煜词》出版。此前他发表的《李煜和他的词》一文，系统而集中地论述了他对李煜及其词的看法，曾在全国学术界掀起一场热烈讨论。对于李煜词的评价问题，他就曾明确提出：“我们研究李煜词，应当把李煜的思想内容和艺术成就切实地确定在词这方面，词外有关李煜的东西，只能作为理解他的词的引线或帮助，而不应该硬把他的词里所没有的东西来评价他的词。”（《李璟李煜词·前言》）。

回望詹安泰走出的潮州，在那一片风雅之地，詹安泰受到过纯正的古典文学教育，毕业后回韩师任教，经历了一段如今看来难得的平稳岁月。

詹安泰中年时回忆幼时家乡的情景：“池宽鱼尾赤，山近竹林青。落日支双杖，养鹅爱白翎。生平零梦集，谈笑一灯荧。如此团栾乐，离愁不敢醒。”诗中一派闲适野趣。关于家学，詹安泰曾写下：“我祖潇洒好画图，欲收天地归吾卢。我父性行独仁爱，晚虽精医出于儒。”那是一个儒雅、仁爱的风雅之家。

詹安泰在《赠饶伯子二首》中回忆与饶宗颐的相识：“我往过君居，君年十五六。侍立乃翁旁，崭然露头角，乃翁富藏书，插架三万轴。”“朋亲叹惋余，喜君传家学。骥子走追风，雏凤声戛玉。术业日已专，精力日已足。”1932年元旦，饶锷邀请杨光祖、石维岩等好友在潮州古城下东平路的莼园结诗社，因岁在壬申，故名壬社。詹安泰亦参与壬社，詹氏与饶锷、饶宗颐父子世代交好的情谊从这里开始。

潮籍爱国实业家陈伟南曾在詹安泰任教韩师期间就读韩师，詹安泰推介饶宗颐代课的故事他至今铭记。当时因詹安泰生病休养，需要一名代课教师，詹安泰推荐了当时不足20岁的饶宗颐。“有的学生都20岁了，他们就很不高兴，怎么找一个小孩子来。”陈伟南回忆，詹安泰安抚学生，坚持让饶宗颐试讲一天，结果效果很好，一鸣惊人。

1928 年，詹安泰前往中山大学，原本也想推荐饶宗颐前去。但因历史机缘，饶宗颐留在香港，开启学术生涯的重要阶段。之后两人港穗两地咫尺天涯，音讯渐疏。至 1979 年，詹安泰已去世，饶宗颐找到其子詹伯慧，嘱咐詹伯慧需搜集、整理詹安泰诗词遗稿遗墨，设法梓印刊行，向詹伯慧表示：“有困难我一定竭力帮助。”饶宗颐对詹安泰的惦念，不仅出于世交的情谊传承，更是对詹安泰学问的认可和那一代知识分子的惺惺相惜之情。

赵雅娟认为，詹安泰这一代知识分子，在少年时期，接受了较为完整的古典文化教育，具备深厚的传统文化的学养，又因个人的天赋和能力，能够进行古典诗词的创作。在大学和后来的教学工作期间，又接受了现代教育，加上马列主义思想的传播，能够用现代文学理论进行古典文学的教学和研究，这个是时代所造就的。詹安泰先生他们那一代人所拥有的对优秀古典文学的深刻体悟能力、创作能力以及传承古代文化的使命感，是很难再现的。

华南师范大学教授左鹏军曾在一篇文章中谈道：“才华与学问、兴味与学术、创作与研究之间这种自然而然、浑然一体和共生并进，是中国传统文人学者的普遍追求，也是他们取得杰出创作成就和学术成就的重要原因。然而，由于近现代以来教育的变革、世道的隆替和文化的变迁，詹安泰和他的同道们，可能是传统意义上的人文知识分子的最后一代了。”

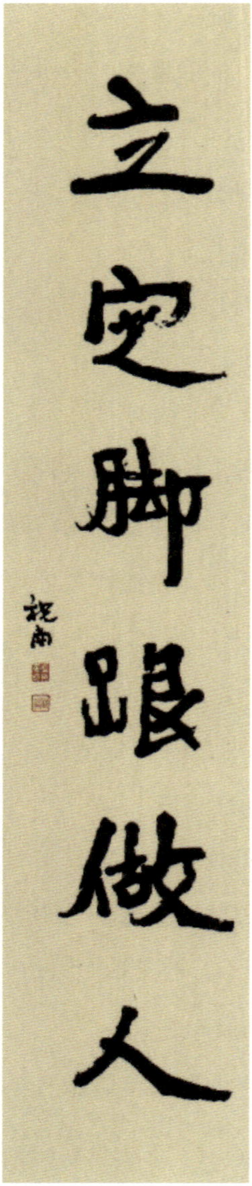

左右

詹安泰书法作品

◆学者书家　岭南妙墨◆

2021年11月24日，“风雅潮州——詹安泰詹伯慧父子书法展”开幕。近百幅詹安泰与詹伯慧的书法作品在潮州古城的陈伟南文化馆展出。

乔梓俊彦，两代奇才。詹安泰的长子詹伯慧为著名语言学家，从事语言教学与研究70年，2020年捐赠50万元发起成立南方第一个语言学奖——“暨南大学詹伯慧语言学奖”，用于促进中国语言学发展。

詹伯慧在当日的书法座谈会上回忆起自己小时候站在父亲身边帮忙磨墨的场景：“我很晚才开始写书法，但是有一点点童子功。”詹安泰赠予学生蔡启贤的对联“放开肚量食饭，立定脚跟做人”便是詹伯慧在一旁磨墨时写就。

除了詹安泰与詹伯慧父子的书法，本次书法展还展出饶宗颐生前为詹安泰题写的“别开词境”，陈平原、黄挺、林伦伦、曾楚楠等知名学者书家和爱国实业家陈伟南、广东省委原书记吴南生等人的题赠。

在“风雅潮州”书法展中，可以见到由詹安泰牵引出的风雅潮州，由詹安泰延续至今的诗书传家，由詹安泰作为表率的士人风骨与文人气度。

詹安泰的治学生涯与书法并存，但其书名为学术所掩。广东省书法家协会前主席、中国书法家协会前副主席、中山大学教授陈永正认为，詹安泰的学问、诗词创作、研究方向、书法，在目前来说，还是顶峰，没有人能够超过。

汕头市书法协会主席谢佳华在《论学者书家詹安泰的书法》一文中分析，詹安泰于帖学之外，对碑版、章草、篆隶都有广泛涉猎，并以帖入碑，以碑掺帖，行笔跌宕，

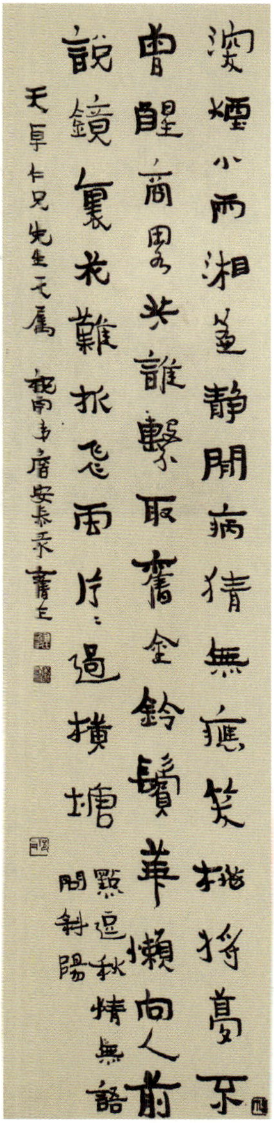

上

“风雅潮州——詹安泰詹伯慧父子书法展”开幕

结构险峻，体势修长隽迈，线条柔韧凝练，且擅各种书体，能以碑版之法而写行草之韵，正所谓出碑入帖，融会贯通，整体气息典雅秀劲。詹安泰碑帖结合的书风，让人感受到大气磅礴气势的同时透出浓烈的文人气息。“放开肚量食饭，立定脚跟做人”是这一时期的代表作。

谢佳华表示，詹安泰的书法并非单纯的书写，他的书法作品中蕴藏着他的书卷气。作为一名学者型书家，詹安泰的书卷气贯穿在他的书法创作过程之中，润物细无声地影响着他的书法作品。加上詹安泰这样深厚的文化底蕴，这两者一结合，詹安泰书法作品蕴涵的生命力显得无比深厚高远。

“书法是一个人精神气象的直观体现，如果说文字还需要追求言外之意的话，那么书法就是直接呈现一个人的人格精神。”彭玉平认为，詹安泰的书法所体现的气度与他追求独立、追求卓越的人格是可以直接对应的。詹安泰在国家动乱的年代，用他手下的那支笔反映人生百态、社会变迁，同时用那支笔走在那个时代学术的最前沿。经典需要在研究中塑造、传承，对于年轻的学者、词人而言，研究詹安泰具有指引性的意义。

◆詹安泰生平简编◆

1902年 光绪二十八年，出生于广东省饶平县上饶区新丰乡（现饶平县新丰镇）的一个书香世家。

1916年 考进金山中学，时称广东省立潮州中学校。

1921年 考进广东高等师范学校（中山大学前身）文史部。

1924年 由广东高等师范学校毕业转至国立广东大学（后中山大学）国文学系继续求学。

1926年 大学毕业后受广东省立第二师范学校（今韩山师范学院）聘，到校任国文教员，兼任金山中学教师。

1932年 饶锷在潮州古城内的居所莼园成立诗社，詹安泰参与其中，詹氏与饶氏父子结为世交好友。

1936年 《论寄托》一文几经周折终在《词学季刊》第三卷第三号发表，为完整清理“寄托说”的理论源流与形态特征的系统性力作。

1937年 詹安泰出版第一本词集《无庵词》，选词百首，其一流词人的地位基本奠定。

1938年 经詹安泰在广东高师读书时的老师陈中凡教授推荐，詹安泰以名士身份被中山大学破格聘为中文系教授。

1939年 中山大学奉命内迁，詹安泰辗转到云南澄江，其间创作古近体诗计123首，超越十年韩江的总和；得词36阕。

1940年 在困苦的环境中写就了其扛鼎之作《词学研究》。

1949年 广州解放，中山大学进行一系列的调整和改造工作，詹安泰担任中文系古典文学教研室主任。

1953年 《诗经里所表现的人民性和现实主义精神》一文发表在《人民文学》上，被誉为是新中国成立后第一篇试图用马列主义观点方法研究《诗经》，并取得卓越成就的学术论文。

1957年 与容庚、吴重翰合作主编的《中国文学史》（先秦两汉部分）由高等教育出版社作为高校交流讲义公开出版，是新中国成立后出版的第一部中国文学史教科书。

1958年 《李璟李煜词》（人民文学出版社）出版，系统而集中地论述了他对于李煜及其词的看法，在全国学术界掀起热烈讨论。

1967年 病逝于中山大学。

从文妖到先知的『性史』博士张竞生

饶平县浮滨镇大榕铺村旧寨园张竞生故居于2018年重修完毕，园中绿植郁郁葱葱，雨水洗春容，园中景致绿得愈发透亮，试图还原张竞生贯彻其“美的住居”理念的绿窝，使人“居其中也绿化了”。

张竞生，1889年出生于饶平大榕铺村，后赴法求学成为潮梅地区第一位哲学博士。张竞生一生涉猎哲学、美学、性学、翻译等多个领域，因出版《性史》声名大噪，被贴上“文妖”“性博士”的标签；提倡计划生育，关注乡村建设，提出一系列超前学说，作家李敖称其为“先知”。2021年3月，《张竞生集》由北京三联书店出版发行，韩山师范学院文学与新闻传播学院教师为编委会主力，该文集从哲学、美学、性学等多个方面汇集张竞生所著文字，结合其回忆录和他人评说，综合呈现张竞生的思想学说及人物生平。观其颠沛流离又浪漫缤纷的一生，“文妖”之名何来？“先知”之誉何在？

中右
左

左：《张竞生集》
中：张竞生像
右：张竞生出生时住的房子

革命者张竞生

在饶平浮滨镇，“博士”特指张竞生。同乡人用张竞生勉励学童勤奋读书，“我们村是出过博士的”。

张竞生出生在一个殷实的新加坡归侨家庭，家中排行第三，原名张江流。张竞生先上本地私塾，后入琴峰书院，再考入爱国诗人丘逢甲创办的岭东同文学堂。聪慧勤勉、灵活精进的张竞生未尝在考学上因自身实力碰过壁。1906 年（清光绪三十二年），张竞生已在岭东同文学堂就读，接受新式教育，学习博物、算数等课程。但不到一年，张竞生又考入黄埔陆军小学。

张竞生当时所处的年代，列强大举入侵，清政府岌岌可危。后者一面在已有的体制内寻求出路自行改革，一面疲于扑灭民间一波又一波的革命思潮。1905 年，黄埔陆军小学开办，学制三年，毕业后升南京陆军第四中学堂，为清廷培养新式军官做预备，两广总督兼任总办，名虽小学，但教授水平与高等学校相同，吸引广东全省少年赴考，每期录取的学生不过百人。

当时的张竞生因受“军国民主义”影响，认为救国的捷径就是兵强械利，只要振兴新兵，就可驱除列强，遂进入广东黄埔陆军小学第二期法文班。在陆军小学，革命思想暗流涌动，彼时孙中山已成立同盟会，同盟会机关报《民报》在陆军小学内传阅。张竞生已然决定终有一天要远离军校，不做清朝的军官。

适逢当时陆军部要在陆军小学法文班中选取二三人到法国士官学校留学，法文成绩排名第一的张竞生认为自己必然入选，但因监督韦汝聪复文说校中没有这样程度的学生而请求豁免，失去前往法国的机会。在陆军小学，张竞生的个性渐显。受新思潮影响，张竞生带头剪辫，闹出“剪辫风波”；因不满监督韦汝聪降低伙食，遂与同学王鸾发起整理伙食运动，上演“饭厅风潮”，最终为监督所不容而遭开除。

当时的张竞生对陆军小学已经没有留恋，遭开除后，与王鸾一同前往新加坡投靠孙中山。1908 年 3 月，张竞生来到东南亚革命活动的组织中枢晚晴园，满怀热情与憧憬。在得知二人抛下学业到新加坡后，孙中山劝说其回国参加革命，并勉励张竞生继续求学，如能加入军队更好。

回国后的张竞生向父亲表达了北上求学的意愿，遭到反对，遂将父亲告到县衙。经调解，张竞生接受父亲先成亲后求学的条件，与邻村女孩许春姜完婚，随后便北上求学。

1909 年，张竞生考进京师大学堂法文科。

这一时期的张竞生，一面求学一面参与革命，他处于时代的漩涡中央，与革命党早期主要领导往来，其陆军小学的校友，之后主政广东的陈济棠、北伐将领陈铭枢、国民党左派领导人邓演达皆成为之后革命史上的风云人物。从张竞生之后的生涯看，他早期参与革命事业，命运安排的作用大于他的苦心追求，青少年的满腔热情多于搅动风云的政治意图。

南北议和后，天下初定，张竞生向孙中山表示希望能到国外深造以开阔眼界。1912 年，孙中山设立临时稽勋局，以便“对于开国一役，调查应赏应恤之人”。经过考核，临时稽勋局确定第一期稽勋留学生 25 人，张竞生居于榜首。

1912 年，张竞生从上海启程，登上前往法国的邮轮，大胆浪漫的“文妖”与富有前卫哲思的“先知”即将在遥远的法兰西开始影响其一生的求学生涯。

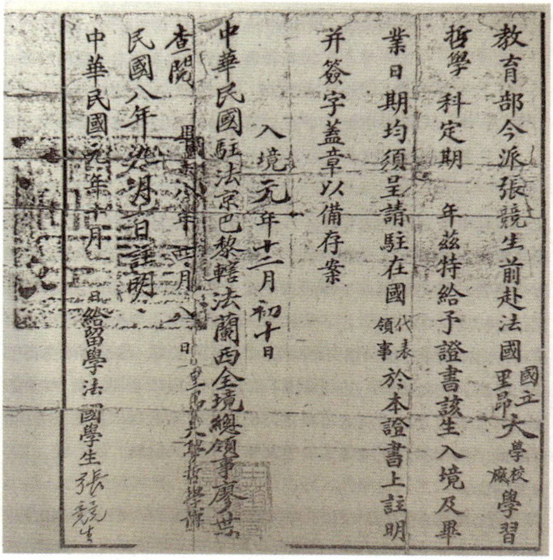
教育部今派張競生前赴法國里昂國立大學校肄業學習
哲學科定期　年茲特給予證書該生入境及畢
業日期均須呈請駐在國代表領事於本證書上註明
并簽字蓋章以備存案
入境元年十二月初十日
中華民國駐法京巴黎轄法蘭西全境總領事廖世
查閱
民國八年　月　日註明
中華民國元年十月　日給留學法國學生張競生

左右

左：民国元年十月教育部派遣张竞生赴法留学的证明书
右：在法国留学时期的张竞生

美的人生观

“希望以‘艺术方法’提高科学方法及哲学方法的作用；希望以‘美治主义’为社会一切事业组织上的根本政策；希望以‘美的人生观’救治那些丑陋与卑劣的人生观。希望无穷尽，工作勿许辍，前途虽辽远，成功或可期。”在1925年出版的《美的人生观》开篇，张竞生表达了其浪漫的美学观点。

山东师范大学硕士研究生孙令彪认为，张竞生的哲学思想就是美学思想，美学思想就是哲学思想。

抵达法国后，张竞生进入巴黎大学文学院哲学系求学。巴黎大学以其辉煌的学术史和开放包容的环境闻名于世，哲学系更是信奉学生应自主读书、自由做学问。在法国，张竞生从古希腊的思想源流中接触到伊壁鸠鲁的自然主义，也流连于巴黎的名胜古迹与巴黎九区的沃拉尔德画廊。

距离张竞生住处不远的先贤祠供奉着世界顶级的思想家、艺术家与政治家，张竞生时常到那里参观。在先贤祠，这位来自中国的学子注意到了法国哲学家卢梭。这位在棺木上写着“自然与真理之人”的思想家，跨越200年的时光给张竞生以指引，张竞生全面接受其人本主义、自然神论、浪漫派等思想。

卢梭把人类历史划分为自然状态和社会状态，并把自然状态作为其社会政治学说的出发点。按照卢梭的分析，在自然状态中的自然人是孤独的，相互之间没有交往和联系，人们自由自在地漂泊在森林中，没有语言、家庭、住所、技能，除生理上的差异外，彼此自由平等。自然人的唯一需要就是食物、异性和休息。在他看来，文明与自然、理性与自然本能相比，是一种蜕变，甚至是堕落。

卢梭认为，“科学既产生于闲逸，反过来又滋长闲逸。因此，它们对社会所造成的第一种危害就是无可弥补的时间损失”。孙令彪在其硕士论文《张竞生美学研究》中认为，张竞生之所以把哲学、科学和艺术作为美化人生社会的工具，这一思想除了受实证主义哲学的影响，还批判继承了卢梭“科学和艺术危害社会”的观点。

巴黎大学毕业后，张竞生因第一次世界大战转往里昂大学哲学系读书。在那里，张竞生结识了对卢梭深有研究的青年女子斯蒂芬，并与她体验了3个月真正的浪漫派情人的生活。在斯蒂芬的启发下，他的博士论文选题由孔德学说转向卢

左 中 右

左：1916年出版的第四版《美的人生观》
中：张竞生所译的卢梭与雨果作品合集《梦与放逐》
右：1921年，张竞生被聘为北京大学哲学教授，图为蔡元培签发的聘书

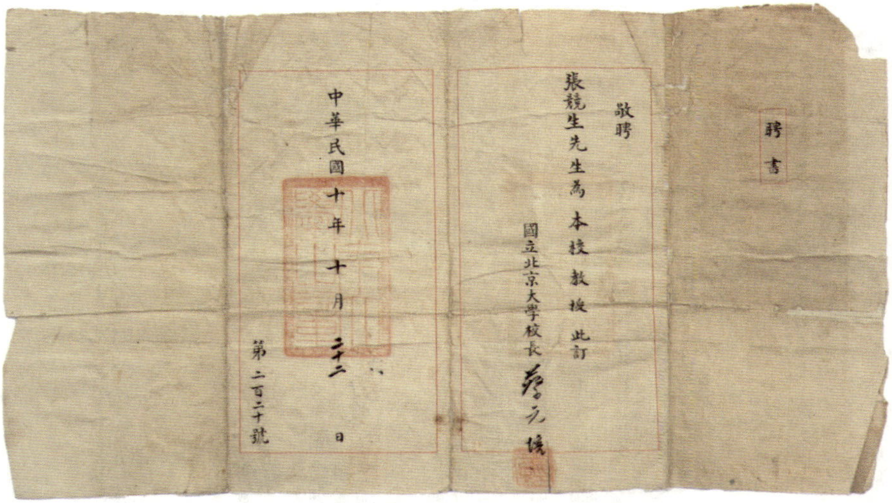
聘書

敬聘

張競生先生為本校教授此訂

國立北京大學校長蔡元培

中華民國十年十月二十二日

第二百二十號

梭学说，并以《关于卢梭古代教育起源理论之探讨》通过答辩，获得里昂大学文学院哲学博士学位。

法兰西于张竞生远不止是求学的地方。在张竞生的半自传体散文集《十年情场》《浮生漫谈》中，张竞生极其坦白地回忆了自己在欧洲的猎艳经历，咖啡店的女工、避难的女诗人、偶遇的瑞士女郎、研究卢梭的青年女子……在《美的人生观》中，张竞生提出，就美的观念看起来，灵肉不但是一致，而且是互相而至的因果。无肉即无灵，有灵也有肉。张竞生将美的性育与衣食住、科学、艺术等一同纳入研究范围。他认为，美的性育有二意义：“一是做极少的交媾，并且要使交媾时肉欲的快乐变为精神的受用”；“二是利用性欲的精力为一切思想上、艺术上，及行为上的发展”。韩山师范学院文学与新闻传播学院教授孔令彬认为，法国浪漫派对张竞生的影响深入骨髓，“张竞生的生活方式、价值观都受到浪漫派的影响，在他身上几乎看不到儒家的东西”。

《性史》风波

1920 年，时任粤军代表邹鲁邀请张竞生担任金山中学校长，张竞生从法国启程回国。因在金山中学的改革遭到阻碍，张竞生于 1921 年辞去校长一职，应蔡

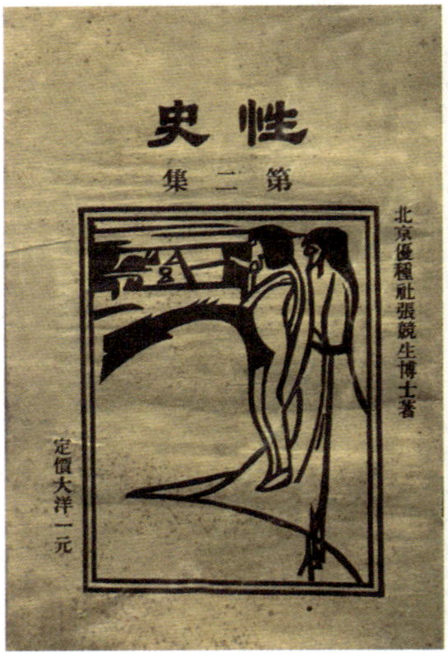

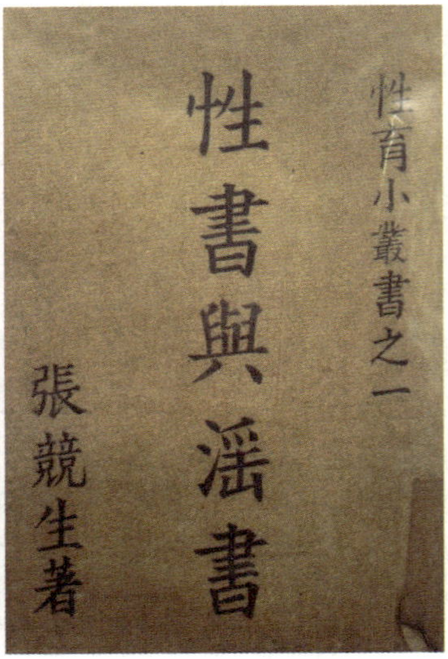

左 中 右

左：张竞生著的《性史》
中：张竞生著的《性书与淫书》
右：张竞生在《新文化》第四期发表的文章《哀女生张挹兰》和《晨报副刊》刊载的张竞生《答复“爱情定则的讨论”》一文

元培的邀请北上，在北京大学哲学系任教，主讲美学。1926 年，张竞生担任北大风俗调查学会主任委员，在调查表中编出 30 多项认为应该调查的事项，其中就有性史。

当时的张竞生受英国性学家蔼理士的影响，阅读了他的性心理丛书，注意到书中附上的个人性史，认为性要成为科学就要有性史做材料。另外，在习惯了法国性的解放与自由后，张竞生对国内旧礼教下性的拘束生起反抗态度，提倡性交自由，为他《美的社会组织法》中以情人制取代婚姻制的观点做补充。

“给我们一个详细且翔实的性史，我们就给您一个关于您一生性最幸福的答案。”1925 年，《京报副刊》登出张竞生征集性史的启事。1926 年 4 月，张竞生从 200 多篇征文中遴选 7 篇集结为《性史》，《性史》畅销一时并引起轩然大波。5 月 27 日，北京警察厅开始查禁《性史》。8 月底，张竞生前往上海，于 1927 年创《新文化》杂志，设立“社会建设栏”“性育栏”“美育栏”等 6 个项目。

当局认为这是淫书，而学界又如何看这本《性史》？

生物学家周建人发表《关于〈性史〉的几句话》，认为“一般人所需要的是由论料得来的结论，不是论料本身”。张竞生驳斥认为：“结论太过抽象，难免枯燥无味。”随后周建人又数次与已抵上海的张竞生展开论战，社会学家潘光旦、文学家梁实秋先后加入战局，在报纸上对张竞生的性学观点进行批驳。潘光旦质疑其开展性教育的资格，梁实秋认为，“学问浅隘只通科学的读者往往觉得博士言谈玄妙离奇，专习哲学的读者又觉得他平庸浅乏，独嗜艺术者又觉得他粗鄙不堪”。

性学专家刘达临谈及《性史》风波说：“张竞生经受了两种打击，一是传统的保守势力，一是借性学之名行淫秽之实的书商，而后者的打击是致命的。”《性史》出版后，假借张竞生之名出版的书籍如《性史》第二集、《性艺》、《欲情爱火》等劣质色情读物将张竞生的形象打入谷底。

北京大学博雅讲席教授陈平原认为，真正给予张竞生致命打击的，不是“传统的保守势力”，而是同样关注妇女问题及性道德的新文化人。因为他们特别担心，这位完全不顾中国国情的张竞生，将这个好题目给彻底糟蹋了，自己成烈士不说，还连累此话题也成了禁区。这就好像一头莽撞的大象，出于好奇，闯进了瓷器店，悠然转身离去时，留下了一地无法收拾的碎片。

张竞生文化园的讲解员张小寒遇到前来参观的游客提到“性博士”时，总是不厌其烦地解释，性学在张竞生的学术生涯中不过当了短短 3 年的主角，往后余生张竞生却都在与这个标签所带来的阴霾斗争。

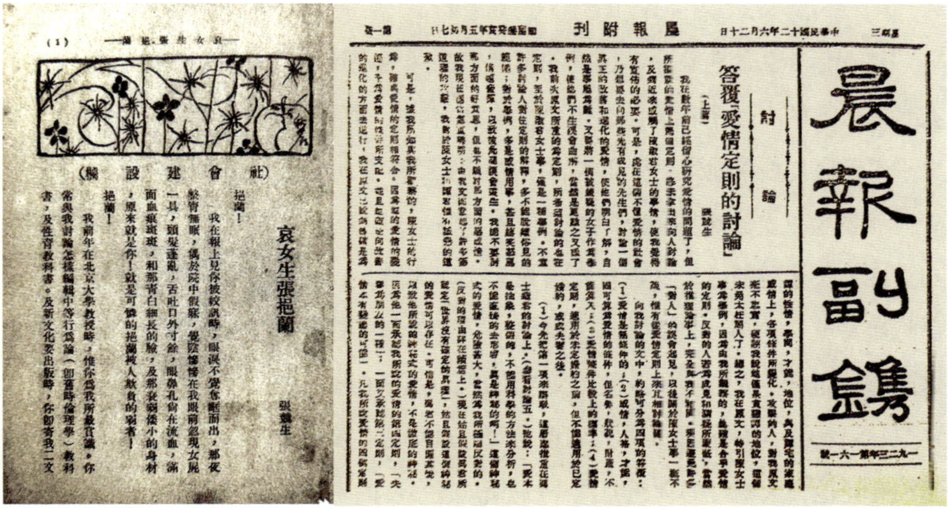

左
右

左：1922 年 4 月 19 日，美国节育专家桑格夫人（中间者）应邀到北京大学演讲，报告的题目是《生育制裁的什么与怎么》，由胡适（左者）任翻译，张竞生（右者）陪同
右：饶平县张竞生文化园内的张竞生雕像

1928 年，在当局的查禁、盗版书商的脏水、知识分子的笔伐下，张竞生陷入泥沼中，他选择再度前往法国。

山野间的救赎

清明后不久，张竞生墓前的花篮与祭品颜色都还鲜亮，启新中学、高塘村老人组等敬挽的十几个花篮摆在张竞生的墓前。当时间让风波与论战逐渐平息，在饶平，乡民们朴素地纪念张竞生在中年回乡后为家乡作出的贡献。

张竞生二次旅法将翻译国外著作为主要计划。短短两年内，张竞生翻译了《梦与放逐》《多惹情歌》《卢梭忏悔录》《印典娜》，还在吸收、消化欧洲浪漫派思想后写就文艺理论著作《伟大怪恶的艺术》与《烂漫派概论》。孔令彬认为，这两部作品对于介绍欧洲浪漫派文艺思想到中国作出较大贡献。

张竞生在引进浪漫派文艺思想的同时自身也在受其滋养，在国内的颠沛与遭遇没有让他失去浪漫的理想与实干的热情。1931 年，张竞生在《读书杂志》发表《归国后，到民间去的计划》一文，文中写道：“我极坚信这个从下头做起，乃今后救国的独一方法，因为若干年以来，从上头做起的试验，已经完全失败了。”“能把一县之事办得好，则我饶平有的是好山好水，将来把此县变成为一个‘小瑞士’也未可定。”

张竞生兴趣广泛，在法国时即关注到当地先进的园艺与农业。从马赛到巴黎的路上，张竞生看见一路所有山阜都种麦或葡萄，山顶稍高则养林木，无一空地。“他如农器的精良，种子及肥料的讲究，除虫及水利的研究，以及副产及果子、家畜等的调护，凡此都为我国农人所梦想不到者。”

1932年，张竞生回到家乡饶平，被委任为饶平县实业督办。回国后，张竞生将家乡的私塾改名为启新学校，在故乡旧寨园营造符合他美学理念的绿窝，实践他关于自然与耕作、居住结合的想法，组织苗圃、林场、茶园的建设，在实业方面提出诸多主张。

左
右

左：张竞生文化园内的图片厅
右：《浮生漫谈——张竞生随笔选》（张竞生著、张培忠辑）
和《文妖与先知——张竞生传》（张培忠著）

韩山师范学院文学与新闻传播学院副教授段平山在《张竞生“乡村建设”思想的特点及其当代意蕴》中总结，张竞生的乡村实践具有理想化的色彩，但这并不等于他是一个乌托邦主义者。张竞生极早意识到山村是都市繁荣盛况的供给场所，认为乡村是“人力的出产地、人种的供给场”，“复兴乡村便是复兴与救济城市”，提出“人尽其才、地尽其利、物尽其用、货畅其流——生极其趣”的发展思路，把复兴经济看作乡村振兴的首要问题。在《民智建设》中，从无线电波的使用谈起并强调启民智的重要性；在《民力建设》一书中，从工业、农林、渔利、艺术技能化等方面落实他对乡村的美好向往，提出培养领袖人才，要依靠“有效的组织”进行生产建设；在实践方面，教授农民生产劳作，自己研究土壤性质，试种果木造林——其推广新技术、培养新农业人才的主张在如今看亦是十分先进的。

孔令彬认为，张竞生在当时指导乡村建设的知识分子中是令人称奇的，“张竞生自己动手，晒得跟个农民一样，（知识分子里）没有像他这样彻底地返璞归真回到农村去的”。张竞生曾因同乡人诬陷而短暂离开饶平到广州，配合旧日同窗陈济棠进行新广东建设，主编《广东经济建设月刊》。抗日战争爆发后又携妻儿回到饶平继续他乡村建设的实践。

“余所编之《性史》，初亦仿效其例（然因出版法不善，如错将《性史》出单行本，最好只可附在正书后为参考材料，又未注明有大学毕业与年在三十以上者始许买读之类，欧人对此项书常有相当限制者），与社会之程度不齐，遂使美意变为恶意，余之懊悔，不堪名状。是以数年前再渡欧洲，潜心著述《民生建设》《民力建设》《民意建设》三部书，以赎前此提倡性学破坏社会之罪。又以为未足也，当二年前归国时，即往民间工作，对于筑路造林与夫各种实业，无不尽心努力，至于性学，绝口不谈，意为庶几可以赎前此之过失矣。”1934 年 2 月 14 日的《南洋商报》，张竞生登出《对〈性史〉之忏悔书》，反思此前过失的同时亦告诉世人，这位出身农村的博士，将带着毕生所学与往后精力于饶平山野间实践其对于美的主张，对于理想农村的设想，对于此前人生的自省与救赎。

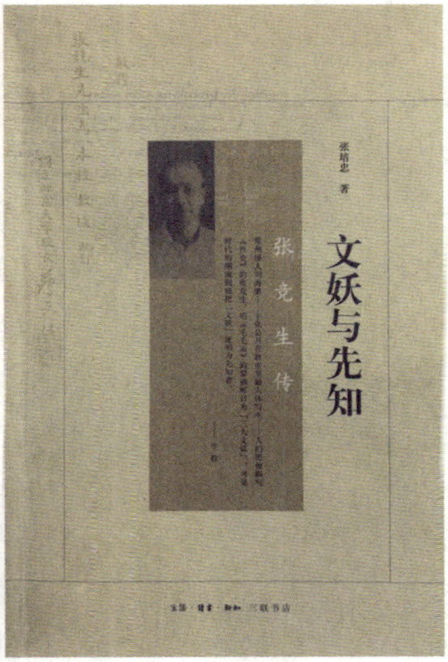

◆张竞生生平简编◆

1889年 2月8日，出生于广东省饶平县浮滨区桥头乡大榕铺村，名江流

1896年 在离旧寨园二公里外的宫下村读私塾

1905年 考入饶平县琴峰书院

1906年 年初考入由丘逢甲创办的汕头岭东同文学堂，8月考入广东黄埔陆军小学，与陈铭枢等同为第二期法文班学员

1907年 因带头整理伙食被学校开除，旋由该校副监督、地下革命党人赵声（百先）介绍赴新加坡谒见孙中山

1909年 考入京师大学堂法文科学习

1912年 获孙中山委任为南方议和团首席秘书。年底，成为中华民国首批稽勋留学生，公派赴法留学，考入法国巴黎大学哲学系学习

1915年 毕业于巴黎大学文学院，转往里昂大学哲学系读书

1919年 通过《关于卢梭古代教育起源理论之探讨》论文答辩，获里昂大学文学院哲学博士学位，其间曾到英、德、荷、比、瑞士等国游历

1921年 由邹鲁等潮属议员推荐出任潮州金山中学校长，大半年后，因厉行改革触动地方势力利益而被迫去职，年底被蔡元培聘任为北京大学哲学系教授

1923年 在《晨报副刊》发起中国“第一次爱情大讨论”，鲁迅、梁启超、周作人、许广平等均参与讨论

1924年 成立“审美学社”，出版《美的人生观》，以北京大学风俗调查会主席身份主持组织对妙峰山、白云观、东岳庙、财神殿等庙会的风俗调查

1925年 在《京报副刊》发出了征集性史的广告

1926年 出版《性史》，举国哗然，离开北大赴上海艺术大学任教务长

1927年 在上海创办《新文化》月刊，出版到第6期后以宣传性学罪名遭查封；与谢蕴如合股开办美的书店

1928年 9月，美的书店遭上海同业与警局的摧残而倒闭。张竞生因宣传性学罪名在杭州烟霞洞被浙江省教育厅厅长蒋梦麟派人拘捕，旋由张继所救。12月，张竞生再度赴法游历

1929年 译完《卢梭忏悔录》全十二书，共约17万字，出版《伟大怪恶的艺术》

1931年 离开巴黎踏上回国之旅，11月回到饶平，旋即赴上海接回儿子张应杰，与妻子储松雪离婚

1932年 积极从事地方建设，被委任为饶平县实业督办

1933年 被当地土豪劣绅诬陷，遭广东省民政厅通缉，被迫离开饶平，后赴上海

1935年 担任广东经济建设委员会广东分会会员、广东实业督办

1937年 配合陈济棠进行新广东建设，主编《广东经济建设》月刊

1938年 因抗日战争举家迁回饶平旧寨园，投身乡村建设十余年

1951年 离开饶平，赴南方大学政治研究院第四部学习

1953年 被聘任为广东省文史研究馆首批馆员。创作自传体散文《浮生漫谈》《十年情场》《爱的漩涡》，在香港、新加坡等地出版

1960年 自愿回饶平为省文史馆驻外馆员

1967年 撰写哲学著作《哲学系统》《记忆与意识》

1969年 作为战备疏散对象，被遣送到饶平县樟溪公社水乐大队厂埔村劳动改造

1970年 6月18日，读书到凌晨，因突发脑溢血遽然逝世

肆

艺韵

潮州工夫茶独步天下

“我们要结合当代、现代的需求推动现代潮州工夫茶文化的进程，把我们的文化推向全国、推向全世界。”2020 年 8 月 23 日，潮州市潮州工夫茶文化研究会成立，首任会长谢鸿洲如是说。“潮州工夫天下茶”，泰国正大集团副总裁李闻海写下的这 7 个字道出了很多茶人的心声，也道出了他们的愿望。

一片树叶，从中国走出，经大漠、海洋播撒到世界各地，并各自落地生根。全球范围内共有 150 个国家有饮茶的习惯，60 多个国家有自己的产业产区。在中国的茶叶版图上，杭州龙井、云南普洱、福建铁观音……各个产区皆有各自的名茶。潮州工夫茶“工夫”何在？又如何冠以“文化”之名，并走出潮州，行走天下？

工夫何在？

“潮州工夫茶，是茶，又不是茶。”谢鸿洲在退休的年龄担任会长，他认为成立潮州工夫茶文化研究会的首要任务是正本清源，

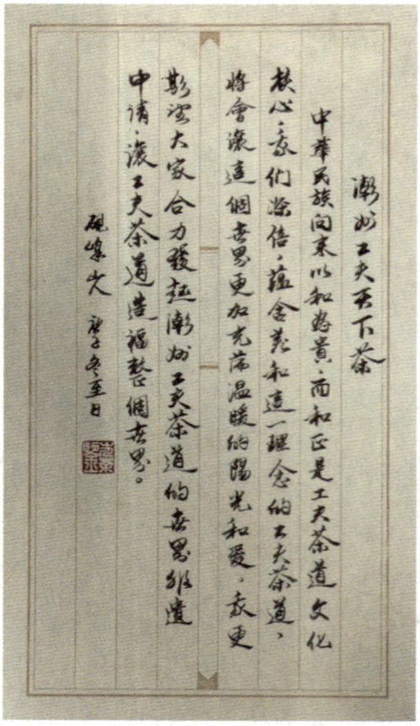

右
左

左：李闻海所写的“潮州工夫天下茶”
右：工夫茶茶席

要先把潮州工夫茶的基本概念厘清，“潮州工夫茶自成一个体系，这个是其他地方没有的。”

潮州文史专家曾楚楠和潮州工夫茶艺非遗传承人叶汉钟合著的《潮州工夫茶话》中记载，工夫茶多始于武夷茶。乾隆初年，彭光斗在《闽琐记》记载其喝到武夷茶的感受，“盏绝小，仅供一啜。然甫下肚咽，即沁透心脾”。这已然可见小壶小盏的配置。福建《龙溪县志》中也提到“近则远购武夷茶”，斗茶之时，“必以大彬之罐，必以若深之杯，必以大壮之炉，扇必以琯溪之箑”。这已具备工夫茶的程式。

叶汉钟认为，潮州工夫茶是先有“工夫茶”再有“工夫茶艺”。以武夷大红袍为代表的乌龙茶起源于福建，茶商往来于福建与潮州，将这种制作工艺讲究的乌龙茶及其品饮风尚带进潮州。“武夷大红袍、铁观音太贵了，我们这边的茶商就想能不能把师傅请过来我们这边做茶。后来发现我们的凤凰单丛也很好，那就再完善工夫茶泡法了。”茶农根据茶商的反馈来种植茶叶、改善质量，茶商在茶艺方面与茶农相互切磋交流，并把这种冲泡、品饮乌龙茶的技术教给茶客。“真正的‘工夫’是，各家茶行在烘焙、拼配上形成自己的风格，然后再教茶客泡。”

民间认为工夫茶有“三个半师傅”：一个制茶师傅、一个焙茶师傅、一个拼配师傅、半个冲泡师傅。外行看工夫茶多看“半个冲泡师傅”，认为工夫茶是以“二十一式”为表现形式的茶艺，但潮州工夫茶实际上是以凤凰单丛为主的乌龙茶的制作、加工、烹泡、品饮等一套流程，潮州工夫茶文化是在这一过程中诞生的。

曾楚楠曾对经常误用的“工夫茶”与“功夫茶”做过辨析。潮州方言中，“工”（gāng，读如“刚”）与“功”（gōng，读如“攻”），读音截然不同。“功夫”与“工夫”的含义亦不一样。“功夫”指本领、造诣，如唱功、扇子功。“工夫”则指精细，如说“某某人过工夫”，意思是某人为人处世十分精细、周到。以“精”为核心的潮文化体现在潮州工夫茶上，即为茶所耗的“工夫”。

“寻常饥渴外，多事养浮生。”这是清初诗人陈恭尹写下的关于潮州工夫茶的五律。如果说经济的发展与时代的变化让更多人能够在“寻常饥渴外”萌生“多事”的心思来滋养闲暇时光，那么人们对于工夫茶的理解与书写，也印证一个时代对于“浮生”的态度。喝茶不过拿起、放下，浮生也不过一杯茶。

右

左 中

左：在潮州的凤凰茶区，叶汉钟老师为学徒演示讲解摇青步骤的操作要点

中：山东济南，叶汉钟的学徒实践操作扇炉火

右：喝工夫茶是潮人的常态

“潮州是个大茶馆”

在潮州，愿意为一泡茶下“工夫”的人不在少数。漫步潮州，有人的地方就有工夫茶，过门即是客，请喝茶是礼。

“潮州是个大茶馆，每家每户就是一个包厢、一个摊位。”曾任潮州市旅游局局长的谢鸿洲认为，工夫茶文化是潮文化的核心。“工夫茶在潮州自然而然形成一种生活方式，可以让大家凝聚在一起，而且泡茶的过程具有仪式感，其中有分享、交流。”

潮文化以“精”闻名，有人认为是资源匮乏带来的“不得已而为之”，叶汉钟则认为精致是潮州人基因里自带的讲究。

“我觉得潮州人是贵族的后裔。对吃穿的讲究不是一代人就能构成的，原来那种对高品质生活的追求，它是一个系统，一代代地传承下来，刻在潮州人的遗传基因里。”叶汉钟从历史角度看潮州人的历史，以求工夫茶精致的源头，“宋代福建作为后方，承接中原的王亲贵族南渡，许多中原上层社会的生活方式在后方保留。福建与潮汕地区本身就在进行文化的交流、融合，明代又有大量移民过来，也是人文的迁移。”

作为茶叶的原乡，中国的茶文化有丰富的场景，由北至南，可以是荒蛮大漠上一口饱腹的奶茶，可以是西子湖边雨后缓慢舒展开来的绿茶叶。潮州工夫茶在世界茶文化最深远、饮茶场景最丰富的地方，提出“传承中国茶文化核心”这一概念，需要足够的底气。

曾楚楠提出“和、敬、精、乐”为工夫茶的核心。“和”“敬”是古今中外相通的茶德。“精”与“乐”则体现在工夫茶茶叶、茶具、茶艺三位一体的构成体系。

凤凰单丛以香气高扬、香型繁多、山韵悠长在众多茶叶中占有一席之地，枫溪陶瓷为工夫茶提供器皿，茶艺作为表现形式，与饮茶者进行最直接的互动。从茶叶到茶器再到茶艺，集中于一个城市，三位一体，全国鲜有。

烧杯热罐、高冲低洒、关公巡城、韩信点兵，一系列的烫罐、淋杯、壶外追热以及高冲低酌的程式，有效减少泡、斟过程中热量的散失，杯小如核桃则能避免茶汤冷热不均。外人看工夫茶茶艺觉得烦琐费时，但对潮州茶客而言，一切不

左|右

左：泡茶过程中的高冲低洒
右：敬茶的仪式

过“就是为了喝上一杯好茶”。

潮州工夫茶让人看到的是程式化的茶艺，但与日本茶道将哲理蕴于仪式之中不同，潮州工夫茶的精致与讲究，离不开真正要饮下的茶汤，离不开饮茶者。

明代之后，潮州耕地开发已至极限，同时人口急剧增加，以“精”为代表的潮文化，其内里是资源匮乏下“自娱自适自乐”的产物。工夫茶之乐，是潮州位于半封闭地理环境中的自得其乐，更是在困窘生活中饮茶以慰藉时光的乐观态度。

“凄惨作，快活食”，潮州工夫茶蕴含着极为东方式审美的生活理念，更为难得的是，工夫茶以一种活化的方式在潮州保存着。

夜晚的北堤边，独自一人或三五成群，摆上茶具，拿起放下，怡然趣意，自成一道潮州独有的风景线。

凤凰单丛可以远渡重洋，工夫茶“二十一式”可以被学习传播，但潮州工夫茶文化更重要的内核，却在潮州这一座24小时不打烊的茶馆和不论什么事都要“先喝杯茶”的潮州人的骨子里。

“离不开的潮州工夫”

“再好的茶叶也离不开潮州的工夫。”李闻海眼见世界各地高端人群用潮州工夫冲泡各种好茶，也见到泰国唐人街等地的潮人后裔生活中少不了潮州工夫茶。在他看来，这也正是“潮州工夫天下茶”的内涵所在——用潮州工夫茶的冲泡方式发挥各种好茶最优美的一面，也指潮州工夫茶走向更广阔的世界。

叶汉钟始终认为，工夫茶是自上而下的文化，“现在工夫茶的普及是一种贵族生活方式的平民化。我们的讲究，我们的文化是能够被全国、全世界仰慕的”。

离家万里，工夫茶往往是潮州人心中最纯正的家乡味。2015年，叶汉钟的女儿叶青青作为浙江农林大学文华学院茶文化巡礼团中国茶礼队的一员，到美国进行茶文化交流。让叶青青多年来忘不了的是，在费城向华侨老人社区演示潮州工夫茶时，坐在第一排的一名奶奶看到叶青青演示的手法时，一直对着临座老人说：“就是这样的，一样的。”当叶青青奉茶的时候，老奶奶喝完茶后，又说道：“今天我喝到了40多年前我妈妈泡的味道了。”没有更多的话语，老人在不断的感谢中，

左

2015年8月，意大利米兰世博会，中国茶馆，叶汉钟展示潮州工夫茶艺，邀请外国友人品茶

抹了抹眼角的泪。

潮州工夫茶成了海外潮人的乡愁，也成为潮州茶的机遇。从潮州凤凰山走向东南亚的文奕滨，早在2006年就将凤凰单丛和潮州工夫茶带去新加坡，尔后扩展到菲律宾、马来西亚等地。在马来西亚苏丹王母生日时，他递上凤凰单丛茶作为礼物。

有潮人远渡重洋借一口茶汤唤起家乡的记忆，也有人穿越时空，借工夫茶寻求东方美学的韵味。“读书、工作都是在西方的系统里，学茶则给了我一把打开传统文化的钥匙。潮州保持了传统的状态，跟书里的历史、生活都对得上。”1978年出生的设计师何建勋在杭州创办了见山茶室，以茶为媒介，金银器、石器、插花等立体的中国审美在空间中延展。用橄榄炭起炭炉子，用朱泥壶泡单丛，潮州工夫茶在他看来是爱茶、学茶之人一定要学的。

何建勋认为潮州工夫茶走出得还不够，这也是千庭茶业创始人林伟强转行做茶的原因。2014年，在评估了凤凰单丛当时的市场后，林伟强离开耕耘已久的电讯行业，去“做茶”。以“为梦想，下工夫”为口号，林伟强的梦想便是让凤凰单丛和潮州工夫茶文化走入万千家庭。

凤凰单丛在中国茶叶市场仍属于小众，林伟强抓住“潮州工夫茶”的文化价值，尝到了文化带来的甜头。“潮州工夫茶和凤凰单丛是相辅相戒的。我们出去分享都是借由工夫茶去吸引大家，然后再告诉他们工夫茶要用凤凰单丛泡。”千庭茶舍、茶文化之旅、工夫茶分享会……林伟强有着无数与工夫茶有关的想法，仅在2019年，他便出差了24个城市，收获了78个城市合伙人。

翁立平移民比利时约30年，与妻子、朋友在布鲁塞尔创办中国茶学社。对于潮州工夫茶的传播，翁立平有更冷静的态度：“潮州工夫茶整体的知名度有所提高，但仍然是小众。潮州工夫茶和单丛无须热门，但求知音。热门门会凉，知音天久长。”

当代，与潮州工夫茶有关的远不止潮人，越来越多的人书写潮州工夫茶的故事，有的向内，有的向外，有的向过去，有的向未来。谢鸿洲认为，当代茶人要有当代茶人的声音。潮州市潮州工夫茶文化研究会准备梳理已经写下的故事，引导即将发出的声音。工夫茶未来的故事将如何展开尚未清晰，但毋庸置疑的是，越来越多的人在不同维度发出他们对于潮州工夫茶的回响。

◆传承故事：行走的潮州工夫茶◆

在距离潮州约2500公里的呼和浩特市玉泉区文庙街77号，这间“舍一茶事客栈”是国家级非物质文化遗产项目潮州工夫茶艺（叶汉钟）内蒙古传承基地。事实上这样的传承基地，在南京、上海也有。叶汉钟这位省级非遗传承人，将潮州工夫茶系统性地带出潮州，系统培养了异地传承弟子19人，一年时间里又培训了约200人。

高标准收徒　异地系统传承

潮州工夫茶源于潮州，如今系统性的传承不仅潮州有，还走向了全国。这源于叶汉钟的执念。他说，《中华人民共和国非物质文化遗产法》做出了相应规定，必须开展传承活动，培养后继人才，作为传承人，自己有责任和义务把潮州工夫茶文化发扬光大。

2017年10月，在杭州国际博览中心，2017世界休闲博览会之“南方有嘉木”茶主题展现场，叶汉钟“潮州工夫茶艺”非遗传承人首届传承学徒师资班开班仪式在此举行。

然而，要成为叶汉钟的弟子并不容易。此前共45人报名，经过严格筛选，最终来自国内10个不同省（区、市）共18人通过了资格审核。蛟龙号深潜英雄付文韬也成了其门下弟子。

学员必须在30岁以上，有大学本科及以上学历，且为所在行业的精英骨干。“从高端层面传播潮州工夫茶艺更有利于推广茶文化和潮州文化。”叶汉钟如是解释招收学员的高要求。

入门门槛高，后续的教学培训同样要求高。首届学徒师资班共10期课程，每一期课程为期3—4天，上课地点为学员所在的不同城市。在学习的两年时间里，师资班课程先后在北京、杭州、呼和浩特、济南、南京、潮州、江门等地举行。

在内蒙古举办的实训课中，学员们要经过一周时间的系统学习，从理论到实操，包括潮州民俗文化、潮州工夫茶文化的历史与发展、潮州单丛茶与器、潮州朱泥壶的冲泡技艺以及六大茶类的风格鉴赏与审评，特别是凤凰单丛茶的品鉴等。

传承和培训得有标准。《潮州工夫茶艺技术规程》《潮州工夫茶冲泡技术规程》等，叶汉钟都是主要起草人。他主编的《中国（潮州）工夫茶艺师》由人社部等组织编写，

右
左

左：叶汉钟在北京传授学徒操练潮州工夫茶艺壶泡法
右：在内蒙古雪地里的工夫茶茶艺演示

成了我国首部工夫茶艺职业技能培训鉴定教材，用于示范性专业水平考试。这意味着，潮州工夫茶成为全国工夫茶艺职业培训的蓝本。

叶汉钟希望看到的是，传承基地能更好地发挥非遗的文化优势，通过系统传承，让国家级非遗“潮州工夫茶艺”在全国乃至世界开花结果。

“文化是流动的，传承需要活力。”江西省社会科学院首席研究员、《茶艺师国家职业标准》总主笔余悦说，潮州工夫茶艺的异地传承是潮州在非遗传承上的一种有益的探索，也是一种开放心态的体现，有助于“文化走出去”。

走出潮州　令人着迷

内蒙古远程继续教育学院管理学副教授韩高峰已经专业学茶10多年。他到过全

上

张秀如在上海演示潮州工夫茶冲泡技艺

国各茶区，了解不同的茶知识、茶文化。直至 2016 年，韩高峰在北京认识了叶汉钟，次年来潮州拜师，并见识了真正的潮州工夫茶之后，他最终选择专注于潮州工夫茶的传播，并决定将之“作为后半生非常重要的事情去做”。

“凡爱茶多年者，必有偏好。”韩高峰爱上潮州工夫茶，是因为其中的历史文化底蕴，其历史沿革和文化传承是一个完整的体系，脉络清晰。“潮州工夫茶是茶艺项目里唯一的国家级非遗项目，从这个角度说它是最正宗的流派。”

“潮州是中国茶文化的圣地。”2017 年韩高峰第一次来潮州时就被既带有烟火气又很高端的潮州工夫茶“震撼到了”。

他将潮州工夫茶带回内蒙古，将潮州文化嵌入他开设的舍一茶事客栈。这家客栈以潮州工夫茶为主要表现方式，他搜集了不少老的潮州茶器，以及许多木雕、画片、潮绣等，甚至门牌。在遥远的北方，他创建了一个小小的潮州，让人一进客栈便有代入感。

客栈里20多名员工每个人都会泡潮州工夫茶，即便是保洁员也会。前阵子，一批来自潮州的客人，看到客栈里的情景，十分诧异：“怎么这里有这么好的潮州工夫茶氛围，比潮州一点都不逊色。”客人甚至觉得客栈里的员工们泡得比不少潮州人还好，因为这些员工都不怕烫，直接用手滚杯，而不是拿夹子。

在韩高峰的推动下，内蒙古茶行业协会全力推崇、支持潮州工夫茶的异地传承。韩高峰介绍，这几年每年都在内蒙古举行潮州工夫茶的大活动，比如叶汉钟的弟子班收徒仪式、弟子班的研学等。

“我们客栈进门待客的是潮州单丛茶，首推的是单丛茶，冲泡的方法是潮州工夫茶，慢慢吸引身边不少人学茶。”韩高峰对于潮州工夫茶的异地传播充满信心，大家有学习的欲望，一传十、十传百，动态地影响了很多人。

几个基地之间互相配合。同样是叶汉钟弟子的评茶师张秀如也在上海努力传承、传播着。她从事茶行业已有10年。2020年初，她在徐汇区开的茶室成为潮州工夫茶艺（叶汉钟）上海传承基地。9月中旬，潮州工夫茶艺实训课终于要开班了，“报名的人很多，但我们实行小班制，已满员了。”张秀如介绍说。

张秀如对于招收的学员有一定要求，一种是有基础的茶艺师、评茶师等，另一种则是个人喜欢喝茶，为愉悦自己，为了更美好的生活品质。

“学了潮州工夫茶才真正会泡茶，工夫茶很有趣，可以有很多实验性的尝试，也真的是修身养性。”张秀如身边越来越多人迷上了潮州工夫茶。张秀如表示，将潮州工夫茶传承好，发扬好，这是他们的使命和责任，她会谨遵师教，全力以赴地做好这件事。

2020年10月，黄美玲的团队忙着为10月30日最后一期的全鹅宴教学做拍摄准备，潮州菜师傅方树光计划为潮州市意溪镇锡美村带去风味鹅肉饺、怪味炒鹅片和草菇凤带这三道菜的做法。村里大排档的厨师们已经准备好笔记本，对于他们来说，潮州菜是与家中收入直接相关的手艺。

“潮州菜是最好的中华料理”，这句对潮州菜的赞誉，从潮州传遍世界。而在盛名背后，是潮州菜和脚下的土地以及全球潮人，直接、持久而稳定的互动。

来自山川湖海

“鲎实如惠文，骨眼相负行。蠔相黏为山，百十各自生。蒲鱼尾如蛇，口眼不相营。蛤即是虾蟆，同实浪异名。”元和十四年（819年）正月，51岁的韩愈因上书《论佛骨表》被贬至八千里外任潮州刺史。从政治、文化中心的北方中原抵达潮州，韩愈对于潮州的生猛食材只感觉“莫不可叹惊”和“腥臊始发越”。并非老饕的韩愈没能感受到潮州区域因得天独厚的地理优势而形成的特色饮食文化。粤东的自然环境是当今潮州菜用料广泛、选料讲究的基础物质条件。

北回归线穿过潮汕大地，亚热带季风气候带来适应季节的降雨和热量。韩江在这里入海，形成冲积平原，背后是莲花山脉。从常见的水果蔬菜、家禽山珍，到各类的野生动植物与海产品，万物生长、蓬勃旺盛的粤东，为潮州菜独特的风味提供最直接的来源。苦刺、薄壳、鼠曲草、巴浪鱼、珠蚶……潮汕人拥有在山海之间寻觅一切食材，并将其变为风味的能力。

这样一块物产丰饶的宝地，在晚唐以前都是荒蛮之地。但省尾国角在战乱之时却成安居之所，历代中原的钟鸣鼎食之家颠沛流离到粤东后，保留了当时的语言、生活方式、民俗习惯，又与本土的文化交融，形成了古老、厚重、丰富的潮州文化。从潮语、潮剧到

右

潮汕人餐桌上的鱼生

工夫茶，都可以凭借这一脉络溯源，潮州菜也是如此。

《舌尖上的中国》总导演陈晓卿认为潮汕是中国美食的一座孤岛，各个朝代的饮食文化在这里保存下来。“谁要是没有到过潮汕，就不能称是美食家。”

晚上 9 时 40 分，官塘鱻鱻鱼生的老板吴东涛挂出剖好的鱼，“鱼雅雅（雅，潮语意为“美”）白白，夜宵安排”，对于潮州的食客，夜晚是另一场盛宴的开始。

“食不厌精，脍不厌细”中的“脍”指的便是切细的鱼或肉，吃生鱼肉在古代中国是普遍存在的习俗。“运肘风生看斫脍，随刀雪落惊飞缕。”著名的食客苏轼在《泛舟城南会者五人分韵赋诗得人皆若炎字四首》中描绘了运刀利落的鱼生师傅和如雪片一般晶莹薄透的鱼生。潮汕是我国目前少数保存吃生鱼片习惯的地区之一。中秋过后，秋风乍起，配上一壶酒，古老的饮食习惯隔着千年的时空在这里延续。

潮州文化里还有不应被忽略的畲族，他们在某种程度上根源性地影响了潮州文化，在饮食文化上则体现为稻文化中与水稻生产有关的各种祭祀活动的供品——由大米制成的各种粿品。

潮州菜的食材来自山川湖海。潮人所属的闽南民系，其先祖中原遗民同样跨越江河来到粤东，与闽越土著相互打量，在千年的历史中沉淀出潮州文化，凝结为精致与原始并存的饮食文化底色。

落脚酒家宴席

明清时期，潮州成为比肩广州的粤东经济、文化、政治中心，韩江流域经济兴起，消费市场的繁荣与饮食文化的发展息息相关。

晚清，潮州商帮崛起，成为四大商帮之一，“践履风波，上溯苏松津门，下至广府雷琼，南洋诸国”。潮商在各地设立会馆，作为潮人商业会谈场景的酒家自然偏好家乡的潮州味道。由此，潮州菜迎来从地方日常饮食进入酒家菜馆佳肴美馔的关键节点，潮州菜馆开始在通都大邑扎根。

1895 年，潘乃光在一首《海外竹枝词》中描写了他经过新加坡时的见闻：“买醉相邀上酒楼，唐人不与老番侔。开厅点菜须庖宰，半是潮州半广州。”汕头开埠后，近代潮汕地区经济活动到达一个顶峰，商业繁盛，内外贸易频繁，饮食行业随之

右
左

左：绉纱芋泥
右：老鸽花胶炖野山参

进入繁荣时期，汕头、潮州兴起一批颇具规模的高档酒楼，海外的潮州菜馆也声名渐长。韩山师范学院地理科学系副教授李坚诚在《“潮州佳肴甲天下”的地理学解释》中提到，据旅港潮州商会的估计，1951 年全港潮人所开的酒楼茶室约有 200 余家。

李坚诚认为，潮州菜的扩散和发展的关键节点是香港。“香港作为一个国际自由港，既是一个高端消费平台，又是一个东西方文化的大熔炉。潮商在香港的崛起、商业活动的需要和富足起来后对美食的追求促进了潮州菜的创新、融合、高端化与精美化，并由此推向国际市场。”

矜贵的海味诸如海参、鲍鱼、龙虾等凭借潮商消费者的偏好和潮州菜师傅的手艺进入潮州菜，成为干烧海参、焗鲜鲍、清蒸龙虾……1978 年，普宁籍泰国财阀黄子明家族在香港九龙开办金岛燕窝潮州酒楼，成为潮州菜成功高档化的重要标志。

改革开放后，广东作为排头兵最先接受处于黄金期的香港流行文化影响，人

左
中右

左：陈俊生在教学徒
中：鼠壳粿
右：土豆粿和芋头粿

们模仿着香港时兴的衣食住行、生活方式。潮州自也不会错过，高档潮州菜在香港潮商和经济活跃的双重助推下打开市场。

获得首届潮州菜国际大赛至尊金奖的潮州菜名厨、潮州市厨师协会会长孙文生出身潮州菜世家，父亲就曾在当时深圳沙湾关口的潮州菜馆担任厨师长。孙文生 15 岁的时候在那里做厨工，见证了潮州菜的鼎盛时期："当时生意很旺，可以看到香港的很多大老板过来。"

归于市井江湖

韩山师范学院烹饪与营养系专任教师陈俊生认为潮州菜的特点是用料广泛、

选料精巧、粗菜细做、调味科学、清淡巧雅、注重养生。李坚诚认为潮州菜的精髓为用料广博，大雅大俗；技艺超然，大精大拙；追求味蕴，大真大美；天人合一，大中大和；兼容并蓄，大新大异。

“最好的中华料理”，这一评价并非潮州菜的狂妄自大。潮州菜闻名天下是因其精细与气派，但在菜品背后，潮汕地区的饮食文化所代表的中国式生活观念是中华饮食文化的突出特点——苦中作乐、因时而食、开放包容。

汕头市美食学会主席、潮菜研究会会长张新民也思考过为什么潮州菜闻名天下这个问题。在所著的《潮菜天下》中，他写道：“饮食文化有着比风味菜肴更广的含义，如果将潮汕的饮食文化喻为海洋，那么潮菜只不过是漂浮在上面的一角冰山罢了。”

饮食文化是在特定的自然环境和历史人文环境的相互作用下，人们围绕饮食所产生的系列行为和规范。在潮汕地区，食物动态且积极地与人和时节发生关联。

“夏天喝莲叶水可以消暑，秋天就喝沙参玉竹水。”孙文生认为好的厨师也应该是一个好的医生。韩山师范学院潮菜学院烹饪与营养系主任黄武营也提到：“扬州大学教授路新国曾评价说潮州菜把饮食和养生很自然地融合了，而且能够走进千家万户。”

春节得备红桃粿、鼠壳粿，清明做朴枳粿，中秋节吃芋头……潮汕地区的人们在大大小小的时节当中纪念人与自然约定好的日子，也为神灵和祖宗奉上最应时的供品，借由食物实现虚实之间的沟通。

地方菜系综合反映一个地方的人地关系：物产与对物产的加工方式，最终形

成一个地方独特的风味。潮州文化本身就是一个多元文化层层叠加、交融而成的开放性系统。全球化背景下，物流与冷链、互联网与交通正在弱化区域对于食材的限制，也让潮州菜拥有更加丰富的风味层次和更加广阔的传承空间。从大洋洲到印度洋，全球的食材正进入潮州菜馆；从香港到东南亚到世界各地，潮州菜也在潮汕地区之外落地生根。

李坚诚认为虽然潮州菜也被列为非遗，但是实际上并不像其他非遗项目那样属于需要拯救的、有传承困难的。“从传承的角度看，潮菜的特殊性表现在民间的广泛性与专门人才培养双轨并进。潮州菜更加与时俱进，一直在发展，而且随着经济的发达有更好的发展机遇。”

深夜的潮州街头，白粥店开始亮灯。咸菜与海鲜并列，工人和老板同桌。

商贾巨鳄也好，风云人物也罢，终究也要吃饭，潮州菜在自身优势与历史的因缘际会作用下成为“高档”“精细”的代名词。但当饭局结束，宴席散去，一碗白粥，即潮州人所说的“糜”，水米融洽，柔腻如一，生津养胃。只要还有人在吃一碗糜，潮州菜的故事就永远还在继续。

右
左 中

左：西马路的春饼店在制作春饼
中：卤水明档里师傅在熟练斩卤鹅
右：令人垂涎欲滴的牛肉火锅备料

◆潮州味，忘不了的家乡味◆

凌晨 4 点，马来西亚柔佛州，新山市的大丰花园，人们大多还在睡梦中，亚坤纯正西刀鱼丸店的伙计刘金发已经打开拉闸门，一天的热闹又要开始了。从早上 6 点半直至深夜，不同籍贯的人来这里，尝一口鲜甜的肉汤，吃一份鱼丸，搭配潮州人最爱的配料冬菜、芫荽、鱼露。潮州味在唇齿间流淌，家乡味则留在潮人心间。

老板陈威群祖籍潮州彩塘。二十世纪五六十年代，父亲便已到马来西亚的新山打工，卖潮州鱼丸。1961 年出生在新山的陈威群，是在鱼丸香和打拼中长大的。陈威群记得，小学放学后便要帮家里做鱼丸。那时的鱼丸还全靠手工制作，捶、打、捏、刮……手指红肿发痛是常事。直至后来，有了制作鱼丸的机器。

在陈威群 26 岁那年，他将父亲的手推车鱼丸摊升级了，开了第一家亚坤纯正西刀鱼丸店。西刀鱼和黄尾鱼结合，潮州鱼丸带着异域的味道，在马来西亚有了更多的粉丝。

爱拼才会赢。陈威群带着潮州人的拼搏劲头，用潮州味闯出一片天地。当初一家店 5 张桌子，至今已有 10 多家分店分布在新山、吉隆坡，菜品从单一的潮州鱼丸粿条发展成有 10 多种面可选、30 多样菜可搭配。陈威群建了一个中央厨房式的制作工厂，每天供应 1 吨鱼丸。

陈威群的店开了三十多年，有不少马来西亚、新加坡的老顾客念念不忘这里的家

左：陈威群在马来西亚的鱼丸店
中：粿汁
右：牛杂粿条

乡味。不少人从小跟着父母来吃鱼丸，出国深造后，一回到马来西亚就到他店里来一碗鱼丸。

鱼丸只是当地受欢迎的潮州味之一，在陈威群看来，潮州菜在马来西亚、新加坡都很受欢迎，“红桃粿、糯米糕、笋粿……什么籍贯的人都爱吃”。潮州人爱吃的芋泥这里也有，加上白果、金瓜，还会淋上椰浆，带着东南亚的味道；白粥配杂咸；粿汁配卤鸭、卤鹅、卤猪肉，“到新山不吃粿条汁就不算来新山”；“五香要桔油，卤水要蒜泥醋”……陈威群对于家乡味，如数家珍。

陈威群的家乡味在潮州。潮州菜就是他维系原乡的纽带。每次回到潮州吃潮州菜，他就会觉得新山的潮州菜还差很远，家乡的味道更正宗，花样更多，就连蒜泥醋这样的配料，也是天差地别。

2017年，堂弟在潮州彩塘寻亲，一张老照片将陈威群与原乡彻底拉近了距离——照片上正是他的父亲和叔叔。回到彩塘认祖归宗之后，他才发现原来国家级文物保护单位从熙公祠就在离老家5分钟步行路程的地方。修建从熙公祠的陈旭年在新山可是赫赫有名，当地还有一条陈旭年街。

亲人回乡，大摆筵席是免不了的。跟着陈威群一道来潮州的还有一名梅州籍的好友，对正宗潮州菜的美味赞不绝口。他对陈威群说：“去你家乡吃的潮州菜，很特别，虽然是在家里煮的，但菜色都很好，很令人回味。”

带着家乡的潮州味和湘子桥灯光秀夜色的回忆，陈威群回到新山。他期待彩塘的亲戚们来新山走动，让他用新山的潮州味回请家乡人。从白天到深夜，他的鱼丸成了更多人的家乡味。

◆潮州菜“精细”名声背后新旧交织◆

选取鳗鱼中间肉质最好的一段切块，用料拌匀，先炸后焖，焖锅材料的汤汁用上南姜、虾米、芫荽，焖好的鳗鱼和肉臊、冬菇混合塞进大肠里扎紧，先煮后炸，最后放入汤汁中切块食用。这是美食家蔡澜心心念念的潮州菜龙穿虎肚，他从香港找到新加坡，最终在潮州师傅方树光这里尝到。

“因为做这道菜所花的工夫多，所用的材料却不贵，所以不能卖太高的价钱。这样一来，大家都不愿意做，慢慢地自然也就失传了。”蔡澜在《蔡澜叹名菜》中对这道粗菜细做的潮州菜充满惋惜之情，也揭开潮州菜“精细”“高档”背后所面临的窘境。

“潮州菜酒家很大程度上依靠传统宴席，现在传统宴席越来越少。”韩山师范学院烹饪与营养系主任黄武营认为潮州菜需要应对年轻人做出新的调整，“潮州菜大师很多，也有很多好的单品，现在缺乏的是能够把潮州菜这个瑰宝转变成能适应年轻人喜好的品牌。人均消费不要这么高，更靠近中端，价格上适应市场，口味上又能满足，让更多人接受潮州菜。”

方树光从15岁开始做菜，从父亲那里学来手艺，徒弟也已经到了在酒家担任主厨的年纪，现在他走进校园为韩山师范学院烹饪与营养教育专业的学生上实操课。从家传到师徒传承再到师生传承，方树光以不同的角色经历了这些传承方式，他认为厨艺的核心还是在于人：“现在的年轻厨师怕麻烦。”直到现在，方树光还是会在空闲的时候研究菜品，去郊外寻找新鲜的食材。

韩山师范学院烹饪与营养系专任教师陈俊生也是家传的老派潮州菜厨师，同样认为传承的关键取决于传承人：“关键在你有没有心在这个领域拓展你自己的东西，愿不愿意投身到这个行业里面去。一个厨师想要出品非常好、各方面非常优秀，起码得十年。”

将视野从厨房移到书店，从饮食文化角度看，李坚诚认为潮州菜还在发展期，不论是理论研究还是民间读物，数量和质量都还远远不够。她去广州的文化空间方所，看到饮食文化专区里面有介绍世界各地美食的书籍，从咖啡、茶到广府菜，但找了半天只找到一本介绍潮州菜的，“那一本还是比较陈旧的”。

1995年出生的黄美玲则从高中起就执着地想进入餐饮行业，2015年就读韩山师范

上

潮州菜经典手工菜“龙穿虎肚”

学院烹饪与营养教育专业。在潮州的四年养刁了她的口味，毕业后，黄美玲创立韩创文化教育服务有限公司，用新媒体传播潮州美食文化，曾经的老师方树光就是她最好的主角。抖音上，“潮州菜方师傅”的账号已经发表了上百个潮州菜的视频，“方树光潮州菜教程”合集累计播放量达到395万。“潮州菜方师傅”还进行潮州菜直播教学，直播后不断有人询问关于潮州菜的做法、定义。黄美玲建了两三个潮州菜的交流群，现在已经有1000多人入群，其中包括外地的厨师。

李坚诚说自己是个爱吃的人，不时自己下厨，她认为从电视台、电台、自媒体到社交平台，潮州菜传承的途径更加丰富了。“潮州菜传承的场景和途径是在变化的，其实只要你想学很容易就能学到了。”

潮州人口中的“老电影院”又回来了。曾经的潮州影剧院不仅有电影放映，更是潮剧演出的主要场所，光影与潮音交替是当时潮州人民的娱乐生活。

“场场爆满，一部戏可以演一个多月，每个团都有自己的一部戏。”潮州市潮剧团团长郭明城回忆起潮剧在20世纪70年代的辉煌。潮州已经入秋，影剧院门前，冠以“老电影院”招牌的果汁摊人流不减。夜色喧嚣着，潮州影剧院已经完成了大部分的修缮工作，静静等待最后的收尾。潮音响起，潮语声声，让人念念不忘的潮剧在古城将有正式的去处。

“当然是潮州话！”

“当然是潮州话！”当被问起“潮剧的核心特点是什么？”这一问题后，84岁的国家二级编剧李英群脱口而出。清初学者屈大均在《广东新语》记载：“潮人以土音唱南北曲，曰潮州戏。”

其中的土音自然指潮州方言，“南北曲”即为南曲和北曲的统称，南曲是宋元时期南方戏曲（长江以南，以温州、永嘉为中心）的统称，北曲则为北方戏曲、散曲所用各种曲调的统称。

潮剧接受温州杂剧的熏陶，吸收过弋阳腔、昆山腔，后又受西秦戏、汉剧（也称外江戏）等的影响，使潮剧声腔从早期的中州声韵、南北曲的官话说唱始，逐渐与潮州民间白字（即潮语）声腔的弹词（包括地方民歌、小调）结合。

艺术形式之间的相互影响往往发生在不知不觉间，但方言是本地文化最忠实的守护者和最有力的塑造者。宋元南戏由浙闽南下来到潮州，潮州化的基本要求即为用潮州话演绎。

明宣德六年（1431年），《刘希必金钗记》写成。戏曲理论家刘念兹在《南戏新证》中认为它“是一部早已失传的著名的宋元南戏剧本”，潮剧学者陈历明认为它是“一部完整的南戏剧本”。但

上
下

上：出土的明代戏文《蔡伯皆琵琶记》《刘希必金钗记》
下：在潮州美术馆展览的《剧透》潮剧题材艺术特展中展示的潮剧团后台道具

在《潮剧史》中，吴国钦认为《刘希必金钗记》既是一个南戏本子也是一个潮剧的改编本与演出本，《刘希必金钗记》中出现大量潮州方言、俗语，是适应在潮州演出而进行的改动与增添，他认为潮剧的历史可追溯至《刘希必金钗记》。

易语而念，易调而歌，南戏南下，终于成为以潮州方言演唱的地方戏曲剧种。

“我们为什么会一种戏曲搞得那么多分支，全部是因为方言的问题，各地方的方言都有他们的特点。”李英群常年在各个场合、媒体上强调潮州话的重要性，“所谓潮州文化博大精深，潮州方言不单是深刻，而且还有一点，潮州人离开了中原，山高皇帝远，所以在这里放得开，所以语言俏皮但是十分深刻。”

左

右

左：1955 年姚璇秋主演的潮剧《荔镜记》剧照
右：1979 年潮州市潮剧团演出的《三请樊梨花》剧照

以民间文化为底色，以潮州话为载体，以戏剧表演为形式，潮剧将潮州文化齐齐搬上戏棚。“工夫茶可以写在剧本里，铁枝木偶也可以融合到潮剧里，潮剧是一个综合性的艺术。”潮州市潮剧团副团长胡少彪说。

李英群认为：“潮剧是最大的一个文化品牌，集潮州文化之大成。假如你有潮剧，其他东西就都有了。”

“今冥（夜）元宵，满街人炒（吵）闹。门前火照火，结彩楼。”《荔镜记》中除了男女主角陈三与黄五娘的爱情故事，还充满了对当时潮地风俗的描绘。李英群认为，没有潮州话就没有潮州人，只有生活在潮州的人。潮剧舞台布景简约，但通过潮州话创作的戏文，我们可以看到在张灯结彩的元宵夜，潮州“满城王孙女士，都来游嬉”，说着婉转潮州话的姿娘、黄五娘大约也在里面。

潮剧春花色色香

“姚黄魏紫费评章，潮剧春花色色香。听得汕头一夕曲，青山碧海莫相忘。”作家老舍在 1962 年听过一出潮剧后赠诗广东潮剧院，著名戏曲理论巨擘张庚也写下“愿得此生潮汕老，好将良夜傍歌台”。

戏曲是"曲本位"的戏剧艺术，唱腔是判断地方戏曲剧种的重要标志。脱离潮州话及其所展示的潮汕风物，作为舞台表演艺术，潮剧依然能够给予人以艺术享受，这是五湖四海的名家都给予潮剧赞美的一个重要原因。

潮州音乐、潮州民歌与歌册、英歌舞、纸影戏这些民间艺术为潮剧的形成提供了充足的养分，地方文化与中原文化在潮剧上交融、互动。潮州音乐让南戏入潮后由潮腔变为潮调，也让潮剧之所以为潮剧而不是"潮语翻译的南戏"。

潮州音乐简言之就是在潮州方言地区所产生和形成的，并以潮州方言的声、韵、调作为其音乐语言基础的乐种。潮剧学者林淳钧认为："我们一般所说的潮州音乐，包括弦诗乐、细乐、大锣鼓乐和庙堂音乐。"

潮州音乐历史悠久，对潮剧音乐的形成和发展有深刻的影响，潮州音乐是水，潮剧则为鱼。《潮剧与潮州音乐》中提到，潮剧的伴奏音乐、过门音乐，基本上来自潮州音乐。如弦诗乐曲《粉蝶采花》《寒鸦戏水》《千家灯》、笛套《喜乐登楼》《万年欢》《万家春》等，潮剧的锣鼓科介、唢呐牌子不少也来自大锣鼓乐。潮州音乐的乐器，如管弦的琵琶、扬琴、笛子以及打击的木鱼、斗锣等也具有潮州特色。

左
右

左：2017 年，新加坡嘉龙剧场，潮州市潮剧团演出经典潮剧《宝莲灯》，配有中英文字幕，剧场 1600 多个座位场场爆满
右：潮州潮剧团出国表演资料

早在明清，就有戏曲研究者认为潮剧“其歌轻婉”。潮州方言本身有八个声调，发音时连续变调，潮剧演唱吐字行腔讲究“含、咬、吞、吐”，进而形成柔婉多变的唱腔。一腔多音，百转回肠，海棠花一般鲜艳娇美的乐声是潮剧“轻婉”的最好证明。

1957 年，广东省潮剧团首次赴京演出。座谈会上，中央民族音乐研究所所长杨荫浏认为，潮州音乐蕴蓄着非常丰富的传统，根基十分稳固，它不是一个短时间能产生和形成的，而是一个已经发展得相当成熟、传统深厚、源流久远的古老乐种。

除了器乐演奏外，潮州民歌与歌册也为潮剧提供了许多创作母本。潮州民歌包括歌仔、童谣、山歌、渔歌等，潮州歌册从弹词演化来，一般为描述性或叙事性较强的歌谣。潮州民歌与歌册是潮州民系族群“对于自己生成、繁衍、迁徙历史的集体无意识的有声记忆”。

无歌不欢，有戏皆唱，潮剧之美好，在视听感官上也已足够。林淳钧在《潮剧见闻录》中写：“居民嗜潮乐者众，工余雅集，一曲弦歌，足以消遣。每至夜阑灯灺，兴犹未央。这种自由集结而不须团体之设的现象，城区到处皆然。”

郭明城当时是被千挑万选进剧团的，之后与潮剧代表性传承人郑舜英结为夫妇。“我要陪着舜英走。”如今的郭明城把传承潮剧当成自己的事业，但最开始只是将其作为谋生的技能，直至几位研究潮剧唱腔的老师给予启蒙才真正爱上潮剧：“那一个拉腔，声音怎么收到那么小，讲究到——哇，就是享受。”

“艺术无国界，音乐不用翻译的啊。”李英群认为潮剧的魅力对不同年龄、理解水平的人都有其魅力，“音乐那种感觉微妙到你说不出来，有的人闭上眼睛他就听曲子，所有的艺术文化元素在里面都找得到。”

也宜墙角也宜盆

“蘅芷阶通萝薜门，也宜墙角也宜盆。”《红楼梦》里史湘云这样形容海棠，认为海棠既可以墙角生长也能在盆中被精细照顾。潮剧来自民间，长在民间，至今广场戏仍然是潮剧演出的重要组成，但依然不妨碍其赴京演出后让梅兰芳提笔写下“雅歌妙舞动京华”。

李英群 1961 年毕业于韩山师范学院大专中文系，他写散文，出版小说集，原本在中学教书，之后才来到潮剧团。最早写剧本的时候，改不了文艺青年爱摘抄漂亮句子的毛病，唐诗里面找来好诗句就写进潮剧剧本。“当时省戏剧家协会的主席就笑我，说你写农村姑娘‘长歌当哭’，这怎么会在农村姑娘口里唱出来？”

“我也很害羞，改了一下，从此以后就越来越土了。”现今，李英群的散文里也时常出现大量的潮州方言，“我觉得这才是高，这才是高雅，因为他表现力太强了，你怎么找都找不到一个普通话来代替。”

从为情气绝身亡的苏六娘到千里寻夫的王金真，从单身老汉李老三到入府磨镜的陈三，潮剧中的人物扎根于民间世俗生活，但总在寻求超脱与告慰，乐曲声中，潮剧对当时严密的封建制度发出叩问。《荔镜记》中，五娘对父母专制的婚姻安排，斩钉截铁说出“情愿剔毛做姑食斋”。《柴房会》中的李老三在当时的世俗标准中为失败者，但依然能说出“穷人自有撑腰骨，最恨贪财无义人”。

李老三作为市井小民的典型代表，是潮剧中丑行的代表——“为生计，走四方，肩膀作米瓮，两足走忙忙。专买胭脂膀美共水粉，赚些微利度三餐。”

潮州商贸发达，民间经济活跃，拥有相当数量的小市民阶层，生动鲜活的丑角是潮剧民间底色的象征。潮丑分十类，项衫丑、官袍丑、踢鞋丑、裘头丑、褛衣丑、长衫丑、老丑、小丑、武丑、女丑，为中国各类戏曲之绝，表演技巧纯熟，人物形象丰满且多类。作为最贴近大众的角色，潮丑精明、灵活、诡谲，又或是善良、活泼，尽致地宣泄民众的情感，戏剧戏曲学学者张长虹认为，潮丑是最具潮州气质的行当。

看过大量外国文学与戏剧，潮剧依然让李英群觉得美妙。“你看《柴房会》，太土了？他演的李老三就是我的邻居，但那么生动，那才是高雅。老是说意大利的《一仆二主》，莎士比亚的就比较高雅，没有那回事。只要人物写得很生动，就很高雅。”

左 右

左：《莫愁女》剧照
右：新编现代潮剧《韩江纸影人》剧照

国家级非物质文化遗产英歌市级代表性传承人李俊浩这几天在各个单位的英歌队教授英歌舞，用他自己的话说“休息时间都给了英歌”。

英歌舞又称“英歌”“秧歌”，是一种融舞蹈、南拳套路、戏曲演技于一体的民间广场舞蹈，参加英歌舞活动又称“唱英歌”“舞英歌”“跳英歌”，英歌舞流行于广东潮汕地区，尤其盛行于潮汕地区的普宁市、潮阳区、惠来县、潮安区以及邻近的汕尾市等。

2006年，英歌被国务院批准列入第一批国家级非物质文化遗产名录；2008年，英歌进京，在北京奥运会开幕式表演，后又在2010年上海世博会开幕式上表演。之后，英歌舞在各大文艺汇演上亮相，含蓄内敛的潮人展示出的阳刚英武、豪壮气势震撼人心。

英歌源流　走进潮汕的梁山好汉

英歌舞中，领头的两名舞槌者俗称“头槌”“二槌”。在队伍最前面探路的是鼓上蚤时迁，头槌是黑旋风李逵，二槌大刀关胜，三槌花和尚鲁智深，四槌行者武松，舞蹈表现的故事情节是梁山英雄攻打大名府——英歌舞与水浒英雄的关系似乎不言自明。英歌源于《水浒传》情节这一说法也成为英歌舞源流说中最广泛流传的一种。此外，还有祭孔仪式说、外省传入说、练武习艺说、游神赛会演变说等。

汕头大学教授隗芾提出“傩文化说”，认为英歌舞的源流更为久远。隗芾认为，现代英歌舞多附会为“水泊梁山一百零八将攻打大名府”的故事，其实这只是“流”，傩文化才是它的“源”。首先，英歌舞始终保持着“驱鬼逐疫”的实用功能，在过年或其他民俗节日里演出；其次，英歌舞不戴面具而画脸谱，这是傩面具的进化形式；其三，《水浒传》中并无英雄舞蛇，英歌队伍中探路的时迁舞蛇源自闽南民系对蛇的崇拜。

“傩”为原始氏族社会时兴起的驱鬼逐疫仪式，后来演变出各

上

手里拿着蛇的时迁表演者

种祭神娱神活动。中国的傩文化从殷周到明清盛传不衰，促进中国歌舞、戏剧、美术等多项技艺的起源和发展。隗芾认为，英歌舞是傩文化遗存，是傩文化在潮汕的变异形态。

从时间序列上看，在目前关于潮汕英歌源流的说法中，傩文化是最古老的。傩文化发源的时期，潮汕大地尚处于一片荒蛮，先民的神鬼意识和图腾崇拜是傩文化产生的基础。至唐代韩愈治潮，中原儒家文化进入潮州。后经宋、元、明，历代中原士族因躲避战乱、逃避天灾或是寻求生存空间逐步移民潮州。因此也有说法认为英歌舞是从山东鼓子秧歌、柳林花鼓以及凤阳花鼓脱胎而来，或认为英歌舞在宋元时期吸收了北方传来的鼓子秧歌元素。

目前在表象上最易被识别的水浒英雄元素，与其相关的说法则将时间之手指向了清朝。清代，外江戏（后称广东汉剧）传入广东，与本地戏种交融。外江戏源于清代雍正、乾隆之际在广东活动的徽班。道光初年，已融合变化了的外江戏传入潮汕地区，当时所演绎的故事内容就是梁山好汉经乔装打扮攻打大名府救卢俊义的故事。持“外江戏流入说”的学者认为，潮汕当地人民喜爱这一戏曲唱段，进而学习，边唱边舞，在演出过程中逐渐删去唱的部分，保留和发展舞的部分，而成为今日的英歌。

《水浒传》第六十六回《时迁火烧翠云楼　吴用智取大名府》，卢俊义、石秀二人被擒于梁中书手中。吴用生妙计：“早晚元宵节近，北京年例，大张灯火。我欲乘此机会，先令城中埋伏，外面驱兵大进，里应外合，可以破之。”吴用命时迁在十五元宵夜放火为号，安排李逵、关胜等人任分队头领，孙二娘、武松等人乔装打扮进城。

《水浒传》中对当时的元宵节场面做了具体描述：“北京三五风光好，膏雨初晴春意早。银花火树不夜城，陆地拥出蓬莱岛。烛龙衔照夜光寒，人民歌舞欣时安。五凤羽扶双贝阙，六鳌背驾三神山。”

十五元宵夜，夜如白昼，热闹非凡。潮汕地区有悠久的闹元宵传统，明嘉靖刻本潮剧《荔镜记》描绘潮州府城“闹元宵”的情景：“灯如星月似镜，火树银花不夜城。”“一轮明月挂高空，万盏花灯照眼红。街上行人如潮涌，鱼灯队队赛游龙。”元宵庙会上，英歌舞表演往往打头阵，鼓声、舞者呐喊声、鼓槌击打声齐声发出，粗犷奔放，气氛热烈。同是在十五元宵夜，《水浒传》中，英雄们战胜而返，潮汕百姓兴高采烈，欢欣鼓舞。

武舞同源　忠勇善战的反抗精神

韩山师范学院体育学院副教授柳剑文多年以来致力于潮汕英歌研究。他认为，英歌是男子群体武舞，与农事、婚恋无关，并非源自秧歌或花鼓；舞者手持尺余双棒或一手持棒一手握鼓，服装为武士装扮，头槌、二槌等主要演员按所扮人物画脸谱，其余演员泛指梁山好汉，动作带有明显的南拳武技特征，具有潮汕本地特色；而大型队舞、战阵具有军乐特征，其主要渊源在武舞，整体表演形式杂糅了戏剧和武术对打，是本土性与外源性盘根错节所成。

上

英歌舞把戏剧的舞蹈身段与南拳的武术套路揉合起来

西岐英歌创始人洪飞英，出生于南拳世家，自幼随父亲习拳。他回忆起幼年时潮汕农村习武风气浓厚，父亲的武馆颇有威望，村里很多小伙伴也到父亲开的武馆习武。洪飞英曾表示："武术是我掌握英歌舞的敲门砖。"

关于英歌源流的练武习艺说认为，明清两代的潮汕地区社会矛盾尖锐，乡社多设武馆，民众亦喜习武，但武馆常遭查禁，没收刀枪，农民唯有将长棒截短，结合南拳马步习武，后演变为英歌舞。

元末明初，元王朝失去对地方的控制能力，农民运动四起，畲人陈吊眼率畲兵攻下潮阳和揭阳。明朝，海禁政策未能压抑住潮汕的对外贸易，反倒让海商搏命抵抗，官方称之为海寇作乱。后凤凰山区又迎来流民大举进入，盗乱频生。16世纪中段的山海寇乱直接影响潮汕大村寨的建立与乡村军事化。潮学研究资深专家黄挺认为，16世纪后期，潮汕社会出现看似完全不同的两种场景，本地士大夫总是强调潮州是"邹鲁之邦"，地方官员则强调潮州是"难治之区"。到了清代，道光时期的粤东乡村初步形成了大乡与小乡、大姓与杂姓彼此对立、壁垒森严的格局。方耀在《照轩公牍拾遗》中记录，“潮郡民俗强悍，土匪众多，由来久矣”“其强横为一省之最”。

明末清初，明朝旧臣遗民和反清义士，为避祸躲进南少林，以佛门为掩护，保存实力，试图他日东山再起。清朝早期有严格的禁武禁私兵制度，禁止民间习武开设武馆，并限制每家每户刀枪的使用，不能设擂比武或者私自传授功夫。清康熙年间（1662—1722年），恐于南少林的武术势力，康熙命人火烧南少林，武僧出逃至民间，结会设教，顽强反抗。据普宁埠塘乡农民口述，当地英歌的创始人成枝撇曾到少林寺学武，后因政府管制不能开设武馆，便将武术编入舞蹈中传授于民。

民间习武在多大程度上影响了英歌舞尚未可知。但今天，可以明显看出武术元素在英歌舞中的存在。英歌全套分为前棚、中棚和后棚，前棚是现在常见的英

下

英歌队应邀参加表演，他们正在候场

歌舞队，中棚和后棚由小演唱、杂耍和武术队组成。英歌后棚表演为各个英歌队的武术表演，这其中既有个人技艺，又有双人、三人对打，刀枪棍棒皆有。英歌下肢步伐有踏步弓箭、点步、搓步、插秧步、提颠步、上山步、勾腿、吸腿跳等，带有浓重的武术特色，配合抡槌、甩槌、背槌、胯下槌、对槌等基本槌法，形成了多样的套路组合。

如今，潮汕英歌队训练仍然保留相当程度的习武传统。洪飞英的儿子洪少华承袭父亲的衣钵，如今为英歌省级代表性传承人，他表示，英歌队伍中如今以年轻人为主，“学习英歌舞比较苦，一开始要练武术的基本动作，比如马步等，体能训练一日重过一日。一场完整的英歌表演有 20 多套动作，又要走场，20 分钟的时间里都在高速运动”。

汕头大学体育部教师蚁哲芸认为，无论英歌舞源流如何，原始功能是什么，现实中的英歌舞熔戏剧、舞蹈、武术于一炉，具有很强的健身价值。这种从生产实践、战斗技能中转化出来的体育运动项目，充分体现了以增强自身体格体能、娱乐为主的体育精神。

娱神乐天　豪迈勇武的潮人风貌

“锣鼓响，心蓬浅”，这句俗语通常用来形容潮汕游神赛会时人们听到锣鼓声争相去看英歌表演的场景。

在潮汕地区，多神崇拜的信仰风俗有着极为广泛的群众基础和生命力。游神赛会作为多神崇拜信仰风俗的展演仪式，表现的是一种时间性的节庆活动，集中展示了潮州大锣鼓、英歌舞、动物舞等民间艺术形式，又与潮剧、潮绣等文化形式密切相关。

揭阳市潮汕历史文化研究会会长欧俊勇认为，英歌舞表演气势雄浑、粗犷奔放，这些特点与民众赋予民间信仰避鬼驱邪、禳灾祛祸的功能相吻合。同时，潮汕地区也有浓厚的游神传统，英歌舞的表演也能给游神活动增添气氛。所以英歌舞与潮汕民间信俗活动关系紧密，是不少地区游神活动中不可或缺的节目类型。

在“营老爷”（游神）队伍中，英歌队队员通常为所在村落的青壮年，英姿飒爽，动作矫健，伴随着铿锵有力的锣鼓声，变换队形，不断行进，以刚劲奔放的舞姿，生成磅礴豪迈的势头，有力塑造了游神队伍的气势和节庆的“闹热”气氛。

韩山师范学院体育学院教授陈福刁认为，潮汕英歌舞是一种区域性民俗体育活动，它既有悠久的历史传统，又充满鲜活的民间艺术形式。现实生活中的英歌舞表演是潮汕人民在劳作之余的休闲时间里，以自己所喜爱的、本能地感到有价值的方式，通过再现水浒英雄和弘扬水浒精神，所进行的发自内心向往的一种群体信仰活动。“英歌舞是游行队伍的前奏先锋，名为驱邪避鬼，营造气氛，实则体现了潮人的豪迈勇武。潮汕英歌舞表演时背靠背、肩并肩舞棒的阵势，充分体现了梁山好汉们团结战斗、生死与共的英雄气概。”

欧俊勇表示，英歌舞在潮汕地区分布比较广，比较有名的是揭阳普宁、汕头潮阳两个地方的英歌舞。此外在揭阳的揭西、惠来、揭东都有英歌舞，就地域特点而言，大南山山脉一带英歌舞较为盛行。

民国学者胡朴安的《中华全国风俗志》记载：“（潮汕）其风气近闽，习尚随之，不独言语相类矣。潮阳强悍负气，大类齐俗。士大夫有豪宕好义之风。惜多富不好礼。揭阳尚浮华，颇急公，间有健讼者。……澄海之士秀而文，糖蔗渔盐之利甲于其邑，但有力者皆可觅食，然多悍戾难驯。普宁颇类潮阳，然质实务本。”

柳剑文认为，上述文献说明，潮汕总体上风俗相似，但是潮阳人在潮汕人当

右
左

左：潮汕许多单位、学校设有英歌队。图为普宁青年富美英歌队
右：随着时代变化，潮汕英歌舞从广场走上舞台

中更强悍，富有反抗精神，而普宁与潮阳民风很相似。“很可能是因为潮阳人强悍好义，对水浒英雄有较高的认同感，原先便有习武之风，于是编排和演练英歌舞。”

在传统英歌表演的尾声，一人扮清廷官员，身前后扎着布马，似骑马状，两手持双锏，与手握木棍的徒步和尚激烈对打，英歌表演最后以官员被打败倒地而告终。隗芾提出，潮汕地区是南宋、明两个汉族正统政权最后坚守直至灭亡的地方，而与之对立的又是元、清两个非汉民族政权，因此民族反抗意识十分强烈。英歌表演中的“打布马”表露着强烈的反清意识，在明朝遗民看来，这正是爱国精神的表现。这种怀古颂英雄的英歌，起着向观众，特别是下一代，灌输爱国反抗意识的作用。

“英歌舞植根于潮汕大地。尽管各地英歌舞类型略有区别，但是英歌舞所蕴含的粗犷豪迈、英勇无畏跟潮汕文化开拓进取、顽强拼搏的文化特质具有一脉相承的特性。”欧俊勇说。

当代传承　英歌舞的青年力量

柳剑文曾在潮阳、普宁、惠来实地调查，一乡一村的英歌队都有队长或教练，一般师承严谨，程式稳定。潮汕区域内，潮阳英歌、普宁英歌、惠来英歌流派纷呈，

上

朱晓鹏的动画电影《英歌》海报

既有舞蹈速度快板、中板、慢板的区分，又有握槌和旋槌方式的不同。英歌在游神赛会中传衍，非师承的视觉和感觉误差是英歌槌长度不一和旋转速度、方式各异的主要原因。“不仅仅是师傅教徒弟式的个人传播或小规模人际传播，非师承的相互模仿借鉴、组织传播和一定程度的大众传播也是存在的。”

1990 年出生的李俊浩在 9 岁那一年主动报名加入村里的英歌队。李俊浩在元宵节的时候看过英歌表演，“感觉很好玩”，就主动去报名学习英歌舞。原本负责招生的工作人员看他太小不愿接收，但因李俊浩有武术基础，最终还是招收了他，并让他担任队伍中探路的时迁一角，自此李俊浩开始了与英歌舞的缘分。

洪少华与英歌舞的缘分从上一代就开始了。洪少华的父亲创办潮阳捷英英歌队（即西岐英歌队前身），借鉴南拳精华和戏曲拳法等手法，对英歌舞的舞蹈动作和套路变化进行较大的改进，熔舞蹈、戏剧、武术于一炉。在洪少华看来，英歌舞是舞者们“一路走来，边跳边改”的过程。二十世纪七八十年代，英歌舞的动作比较简单，化妆和服装也比较简单，没有现在这样精美的戏服和多样的动作。但上一辈因务农身体基础普遍较好，跳英歌的多为中年人，有的到 50 岁了还在跳英歌，现在则是年轻人跳英歌居多。

朱晓鹏于 1989 年出生于汕头达濠，14 岁时随家人定居深圳。2019 年，即将步入而立之年的朱晓鹏开始思考“归属感”这一问题，他回望家乡，了解达濠的历史以及潮汕人的过去，开始挖掘传统文化中的宝藏。或许是出于美学上的敏感以及气质上的相近，朱晓鹏决定创作一部以英歌舞为主题的电影，“英歌在我的童年中落下烙印，对于当时的我来说，那才算酷。”英歌舞给童年的朱晓鹏留下的印象是“有气势”“燃”。如今，他认为英歌舞体现了潮汕人的刚勇、魄力和团队凝聚力。

2020 年 4 月初，朱晓鹏独立制作的动画《英歌》先导片在网上放映，引发潮人圈关注。这部电影讲述英歌舞与舞者的故事，社会经济变化影响着英歌舞的传承，一位英歌舞教练在变与不变间挣扎，一步步坚持下去。

李俊浩曾有一段时间不跳英歌，那时候他在东莞工作，但后来还是选择回到普宁，找一份能够兼顾跳英歌的稳定工作。“英歌本身的魅力能够感染人。队伍之间的兄弟情、凝聚力、激情都感染着观众，他们再反馈给我们，我们就跳得更激动，跳英歌是会有自豪感的。”李俊浩目前带领的普宁富美青年英歌队有60多人，其中有高中生，也有电商、医药行业的从业者。许多年轻人一开始只是觉得好玩，之后慢慢被英歌的魅力打动，真正成为团队的一员。

在潮汕，许多学校、单位组织了自己的英歌队，进行日常的英歌训练和演出。李俊浩的闲暇时间往往在各个单位的英歌队间教学。李俊浩跳英歌已经有20年了，他说：“我会跳到老。”

洪少华从小开始跳英歌，扮过时迁，也扮过头槌李逵、二槌关胜以及击鼓的宋江。此后，洪少华接过了父亲手中的英歌槌，成为英歌省级代表性传承人、捷英艺术团艺术总监。洪少华曾坚定地表示，要把英歌一代代传下去：“英歌舞创作是我父亲一生的心血，我儿子也在跳英歌，我们当然要把英歌传下去。”

朱晓鹏的动画电影还在制作中，他希望再继续完善剧本，“要让电影在合适的时间推出”。许多外地的朋友通过《英歌》的先导片第一次知道了英歌舞，向朱晓鹏表示“这个很燃”。朱晓鹏认为，英歌舞是传统文化，有很强的生命力，吸引着对潮汕文化不熟悉的年轻人。

潮汕歌谣，乡土之声永流传

2022年1月，林朝虹与林伦伦团队主编的《潮人好家风》丛书（一套三册）正式出版，分册《潮语童谣》中收纳了《麻雀相拍跛落坑》《天顶一粒星》等经典潮汕歌谣，配合插画与视频呈现，为四海潮人带去来自家乡的淳美记忆。

生于大众，长在民间，口口相传，但却生生不息——潮汕歌谣为何能传承至今？

歌谣的本来面目

“心之忧矣，我歌且谣。”《诗经·魏风·园有桃》记载了中国古代对于歌谣的认知，将“歌”与“谣”分称。中国古代没有歌谣理论方面的专著，也无这方面的专论，采风这一古代收集和整理歌谣的文化行为最初是为了制作礼乐，因而当时的士人阶层普遍从音乐角度认识歌谣。但在广泛的民间，人们正是因“心之忧矣”时自然流露出的情感才歌唱，自然没有曲谱和配乐。“有章曲曰歌，无章曲曰谣”，这类观点认为，民间的谣没有可资凭借的章曲，因而为“谣”，这里的“谣”更接近现在我们所谈的民间歌谣。在广东省第六批省级非物质遗产代表性项目中，潮州歌谣所属的门类为民间文学。

在审美情趣与创作手法上，中国古代文人不论南北，均拥有相似的审美情趣与大致相似的价值体系，因而诗文少以地域论。但民间歌谣不用来登科入仕或博取名声，从黄沙大漠或江南水乡生长出来，自然有其生长环境的风土人情与地域特色。从名称上看，南朝梁元帝《纂要》中记载，“齐歌曰讴，吴歌曰歈，楚歌曰艳”。对于潮汕地区而言，在丘玉麟等学者于20世纪20年代考察民间歌谣的运动兴起前，潮汕地区的民间歌谣有更广泛的指代，即畲歌、畲歌仔。

潮籍学者萧遥天在《潮音戏的起源与沿革》提出，潮州的土著陆为畲民，水为疍民。畲歌本是潮音的老调，而疍歌却是最原始与最有影响的东西。畲歌、疍歌是最纯粹的地方性潮歌，也是潮歌的主流。明清时期，已有大量府志、县志中出现关于畲歌及潮汕民间歌谣的记录，“儿童以秋千为戏，斗畲歌焉善者为胜”“乡村架秋千为戏，斗畲歌，善者胜”“潮州灯节鱼龙之戏，又每夕各市场扮唱秧歌，与京师无异”。追溯潮汕歌谣的源头绕不开畲歌，若从畲族在粤东生活的历史看，在唐宋时期或已有畲歌。而宋代以后，大量中原移民及福建移民进入粤东，中原文化与本土的畲族文化融合碰撞，并强势占据主流。

清嘉庆十九年（1814年），李书吉等纂修的《澄海县志》卷六《风俗·声歌》条：“当春农时，夫男于田插秧，妇子馌饷，挝鼓踏歌相劝慰，是为秧歌。今俗正月，鸣钲击鼓，演于灯月之下，又谓之闹元宵。”在《风俗·声歌》条前面的说明写道：“粤人尚歌……澄邑好之，共矜新调，名曰畲歌”，并第一次以方志的形式记录

左
右

左：《潮人好家风》丛书
右：一个孩子在《潮人好家风》丛书发布会现场自行阅读

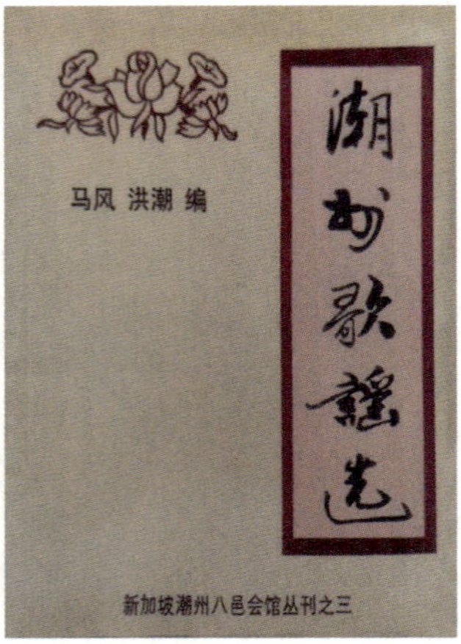

了几首歌谣。

潮州歌谣省级代表性传承人、韩山师范学院潮州师范分院教授林朝虹表示，輋同畲，輋歌即畲歌，所录歌谣用潮汕方言吟读，每一首每一章都是第 1、2、4 句押韵，已相当成熟。“这并非说潮汕歌谣到了清代嘉庆年间（1796—1821 年）才成熟，而是说潮汕方志第一次记录的歌谣已经相当成熟。”林朝虹认为，从文化上的交互规律看，潮汕汉人喜爱畲歌的某些表达形式，甚至把融合了某些畲歌特点的歌谣叫作畲歌，也不足为奇。但如今把潮汕歌谣叫作畲歌则不甚准确，容易与畲族自己的民间歌谣相混。

1918 年初，在蔡元培、沈尹默和刘复的倡导下，北京大学发起了在全国征集歌谣的号召。周作人、刘复等担任征集运动的领导者，以北京大学《歌谣》周刊为大本营。从 1918 年 2 月征集运动开始至 1936 年 6 月结束，征集到的歌谣总数达 1.6 万余首，为民俗学研究奠定重要基础，更让中国大江南北的民间文学与民间文艺进入学术视野中，大批在正史中处于边角料位置的歌谣获得了此前未有的关注，潮汕歌谣也是如此。

“悠悠溪水七丈深，七个鲤鱼头带金，七条丝线钓不起，钓鱼哥儿空有心。悠悠溪水七丈流，七个鲤鱼游过沟，七条丝线钓不起，钓鱼哥儿枉自劳。”这是在方志中第一次正式记载的潮汕歌谣，也是《歌谣》周刊在 1923 年第十一号刊登的内容。

潮人社会生活的面面观

“一个民族有一个民族的歌谣，一个地域有一个地域的歌谣，一个时代有一个时代的歌谣，故歌谣是历史的镜子，是社会生活的面面观。”马风在《潮州歌谣选》的代序中如是写道。

歌谣是“一人的机锋，大众的智慧”。没有人能探究是哪位潮汕妇女在劳作间隙唱出“我命生前就注定好，缀着鸡来赶鸡飞”，也无法得知“月娘月光光，秀才郎，骑白马，过阴塘”是家长的期许还是孩童的畅想。但不可否认的是，这些歌谣因“一人的机锋”被写就，但因“大众的智慧”而流传。

林朝虹、林伦伦主编的《全本潮汕方言歌谣评注》收集潮汕歌谣 1003 首，根据内容分为爱情之歌、时政之歌、生活之歌、生产劳动之歌、过番之歌、仪式之歌、滑稽之歌、儿童之歌、风物之歌。

中国早期民俗学者刘经庵总结，妇女是歌谣的母亲、歌谣的大师。在潮汕歌谣中，与爱情、生产生活、儿童、过番相关的题材中，都非常明显地展现了女性视角下的潮汕生活。例如《拖呀拖》：“拖呀拖，拖到东陇山；东陇姿娘会打扮，打扮郎君去做官；去时草鞋共雨伞，来时白马挂金鞍。”凸显出传统价值观下，潮汕传统妇女被赞扬的特质，即善于辅助丈夫成就事业。“兄当劝妹夹去食，今

左
右

左：潮汕歌谣的研究工作从 20 世纪 20 年代开始，并出版了一些歌谣选集

右：《全本潮汕方言歌谣评注》（林朝虹、林伦伦主编）和《潮汕歌谣新注》（林伦伦主编）

左|右

左：潮州市兰英第一幼儿园的小朋友在阅读童谣绘本《潮州姿娘好针工》
右：由指南礼出品的《潮州歌谣》台历配有二维码，可进行线上语音同步学习

夜合兄同心肝”展现小农社会下夫妻间的甜蜜恩爱。但在另一面，描写十八岁妙龄女子卖给三岁幼儿为妻的《等郎妹》，男子正月求亲不得而后杀死女子的《正月人营灯》等故事，亦反映了旧社会下妇女的凄惨命运。

时政之歌如“天顶一条虹，地下浮革命；革命铰掉辫，娘囝放脚缠”，以简洁利落的语言描绘了国民革命中潮汕百姓亲身经历的移风易俗的现象，具备史料价值。而“盗贼满天星，渔民惨过虾；爱去死家己，唔去死全家”“地主鱼肉胀一嘴，农民还租还到老”一类体现旧社会艰辛生活的歌谣，是那个时代百姓因“言之不足，故歌咏之”的悲戚合唱。

过番是潮人特殊的打拼经历，有艰辛困苦的故事，也有捞金传奇，因而产生许多与过番相关的作品。如今潮汕文化中的侨批、潮汕建筑都与潮人下南洋的历史分不开，在远渡重洋抵达家乡的侨批和金碧辉煌的建筑中，人们看到的是幸存者的成就，但在潮汕歌谣中，则是被隐蔽的多数人在发声。迫于生计，出海谋生，“一溪目汁一船人，一条浴布去过番”“收拾包裹过暹罗，来去暹罗牵猪哥”，是过番的男人；无可奈何，被动等待，“嫁着过番翁，夜夜守空房，望塌蜘蛛顶，不会得天曈昽”“天边丝丝月爱落，一年等了又一年”，是留守的女人。

《春秋公羊传·宣公十五年》写："饥者歌其食，劳者歌其事。"潮汕歌谣中，底层百姓以其亲身经历为样本，喜怒哀乐都在其中，因而感人至深。

林朝虹认为，潮汕方言歌谣具有明显的民系族群地域特征，反映了潮汕民系岁时节俗、生产习俗、饮食风俗、人生礼俗、价值观念、教育理念、民间文艺等方方面面。"在前辈传给下一代的口耳相授中，在朗朗上口的歌谣吟诵中，传递了潮人对自家孩子的某种期待或教育要求，基本上都是能够传递正能量的主流价值观：勤劳敬业是潮汕劳动歌谣的共同主题，友善和谐是潮汕歌谣蕴涵的教育理念。每一类别的潮汕歌谣都表达了潮人以读书为荣的文化心态以及读书成才的文化价值观。"

"沙溪一粒星，照耀千万家。桑浦山长秀，绿杨松常青。"在 2021 年 6 月的首届新编潮州歌谣创作比赛中，潮州市潮安区庵埠镇华侨中学的陈少鑫在原本潮汕歌谣"天顶一粒星，地下开书斋"的句式基础上进行创作。潮汕歌谣在讲述潮人故事、传递价值观之前，首先需要具备朗朗上口的地方方言韵律。"天顶一粒星"即为经典的数量短语起兴式，即"天顶一粒（只、条）×""门脚一丛（块）×""井底一个 ×"等。

林朝虹表示，叠章是潮汕歌谣中最具特色的结构形式。"潮州湘桥好风流，十八梭船廿四洲，廿四楼台廿四样，两只鉎牛一只溜"就是两章叠体歌谣。我国近现代各地的民间歌谣中，重章叠句、往复重沓的形式极为少见，而在潮汕歌谣中却非常普遍。歌谣的重章叠句可追溯到《诗经》，重章叠句、一唱三叹是《诗经》的章法特征。潮汕歌谣中，三章重叠的占叠体歌谣较少，绝大部分是一唱两叹。此外，朗朗上口的地方口语韵律、如"红花红""青花青"ABA 式的叠音词起兴式，都是潮汕歌谣在便于传播的偏向下形成的艺术特色。

乡土之声的叛逆与本真

潮汕文化因保留中原传统儒家文化中重礼法、重宗族的观念而被称为"中原文化的典橱"，以士人阶层为主导的儒家文化，凭借强大的思想教化功能深深影响着粤东这一衣冠南渡的族群。在潮汕歌谣中，我们难以忽视表现儒家传统中重视家风、强调家庭伦理的这一部分歌谣，但也能看到更为底层、淳朴的大众生活及其所思所想。

《全本潮汕方言歌谣评注》收集的1003首潮汕歌谣中，爱情之歌127首，不足13%。潮汕歌谣中，爱情歌并不是突出的部分。旧社会的潮汕妇女并无过多与青年男性接触的机会，因而也不具备产生爱情歌的土壤，但在许多潮汕歌谣集中，都记录了《摇鼓叮咚声》这首讲述禁锢在闺房中的旧时代农村女子与穿街过巷摇着拨浪鼓的卖货郎相恋、调情的歌谣：“摇鼓叮咚声，行到白灰堤；雅娘开门叫摇鼓，转嘴就叫摇鼓兄。”“你个白布做呢铰？”“雅娘生好又幼脚。”“你个丝线多少钱？”“雅娘生好免用钱。”

《揭阳县志·风俗志》记载，明朝大儒薛侃为家乡订立的《乡约》中规定“家中又不得搬演乡谭杂戏。荡情败俗莫此为甚，俱宜痛革”，其《家戒》中也有“俳优之事侏儒短人之属，皆非家所有也”。虽然薛侃主要针对“乡谭杂戏”，但潮汕歌谣是潮州戏曲的重要来源，从他制定的规例中可见儒家文艺观对于潮汕歌谣一类民间文学艺术的态度。

法国哲学家米歇尔·福柯认为，人文科学本身只是一种权力和知识相结合的产物，它只能是某一时期的人文科学，是这一时期权力话语控制的产物，同时也是这一时期思想控制的一部分。与所有的艺术形式一样，潮汕歌谣在其特定年代、特定地域下受到官方权力与意识形态的限制，但其真正的艺术魅力，正在于突破限制的尝试与打破禁忌的解构。

在《潮汕歌谣的审美文化解析》中，文艺学硕士欧俊勇用巴赫金的狂欢化理论认识潮汕歌谣。狂欢化理论认为，中世纪与文艺复兴时期的民间文化以广场语言和笑文化为主要表征形式，以一种错乱、颠倒、自我嘲弄、自我模仿的方式为芸芸众生绘制了生活世界的乌托邦。

欧俊勇认为古代潮汕人的生活与中世纪时期的社会生活一样带有双重性。一方面，官府的压制、森严的等级使潮汕人过着“充满恐惧、教条、崇敬、虔诚的生活”。另一方面，潮汕地区由于位于亚热带而形成的田地农耕经济、自给自足的生活方式又使人们过着“狂欢广场式的自由自在的生活”。在潮汕歌谣中，如“嬷嬷嬷，嬷是山中大老虎。又要头油抹鬃股，又要粥饭填屎肚”一类，出现了一些粗鄙但

右

丘玉麟选注的《潮汕歌谣集》

极具生活化的“广场语言”。《颠倒歌》中“猫鼠拖猫上竹竿，和尚相打相挽毛”通过对常理事物进行逆反叙述，引人发笑。“颠倒歌在对立、矛盾的双重性中讽刺和嘲笑了人们脱离实际、耽于幻想的生活态度，也肯定大胆开拓、打破常规的进取精神，认为那些表面上不可能的事物在特定的条件下也不是不可能发生，从而引发人们去感受狂欢化世界的美。”欧俊勇说。

“潮州歌谣第一人”丘玉麟在《潮州歌谣集》再版序言中写：“国内的爱读潮州歌谣的朋友，尤其是农工商界的朋友，我很诚恳地盼望你们各人有一册潮州歌谣。这册中的歌谣大部分是你们这平民阶级的产品。歌谣可承认为文学，编印成书，第一次到你们的手头，你们就能觉悟时代已变化了，这自来被贵族文学所摈弃的民间歌谣，已成为有价值的平民文学了！你们可以产生文学作品了，文学不仅是有暇阶级、豪富阶级之专有物，乃是各阶级的共有了。这次歌谣再版，册数增至3000份，目的正是要这平民文学作品普遍播流于各界，为各阶级的共有物。”

《澄海县志》载：“畲歌触物兴怀，连类见义，咏叹淫液，有使人情深而不能自已者，其词意雅俗非所论也。”当潮汕歌谣让人“情深而不能自已”时，规训被打破，关于艺术的革命即已达成，传承已经开始。

◆总有人在歌唱◆

高速变化的当下，潮汕歌谣应往何处去？

社会学家鲍曼提出“液态社会”这一概念，其主要特点为社会生产方式的流动性、思维方式的碎片化和行为方式失范化，随着交通、通信和传媒技术的迅速发展，人类原有的社会结构、组织模式和思想观念被不断溶解、重构。

与潮汕人、潮汕文化、潮汕方言一样，潮汕歌谣同样身处在这个信息高速流通、生活方式急剧变化的时代。丘玉麟在《潮州歌谣集》初版的序言中所担忧的是，“月明之夜，佳节良辰群集阶前树底，悠闲地曼吟低唱着儿歌小曲的妇女孩童们将被猛狮般的经济势力所驱迫而入工厂苦作”，而如今，与经济势力一同而来的还有更加迅猛的流行文化与大众娱乐。未来，潮汕歌谣传承的场景应该是怎样的？

野草寮乐队（原名懒猫乐队）成立于深圳，主唱林书盛是澄海人，使用潮汕话演唱民谣是野草寮乐队的一个特殊之处。林书盛最早在歌曲中放入的潮汕歌谣是《过暹罗》。练琴的时候，这段小时候听到的歌谣片段在林书盛耳中出现，他在网上找到全文，写成《过暹罗》。之后，林书盛在一个旧书店里看到了《全本潮汕方言歌谣评注》，觉得“捡到宝了”，开始有意识收集潮汕歌谣，顺着书中的指引到旧书网上买来更早出版的《潮州歌谣选》《潮州歌谣集》。通过潮汕歌谣，林书盛了解到许多纯正的潮汕方言用字、民间习俗以及方言，感受到方言独特的美感。林朝虹表示，潮汕歌谣是“有韵”的潮汕方言，保留了大量的古语词，古语词频频入歌，其语言价值不可忽视。

在谈到潮汕歌谣未来的传承场景时，林朝虹介绍了这些年做的活态保护工作，“我们做的不仅仅是‘从童谣到童谣’，而是‘从童谣到乡土’”。陈平原联合林伦伦、黄挺带领林朝虹团队编撰的《潮汕文化读本》，其一、二年级的教材引入童谣文体，以文本为中心，从童谣到乡土，通过童谣，把方言与乡土联结起来。《潮汕童谣绘本》则融合了潮汕童谣这种具有声律美感的文学艺术与具有视觉美感、以连续性图画为语言的绘画艺术，让潮汕童谣在图画与文字两种媒介的密切合作下，表达出更丰富的、更具乡土气息的意涵。当儿童能继续把歌谣唱下去，其中音韵的美感、乡土的记忆、艺术的本真，便也得到延续。

明代文学家冯梦龙是“真诗在民间”的支持者，他提出：“山歌虽俚甚矣，独非郑、

上

潮汕歌谣是野草寮乐队（原名懒猫乐队）创作的重要灵感

卫之遗欤？且今虽季世，而但有假诗文，无假山歌。则以山歌不与诗文争名，故不屑假。”真实与自然是歌谣的生命，即便过了千百年，总有人能够看到民间歌谣的宝贵。

“潮汕歌谣非常真挚，非常自然，不会装腔作势，就像在说话一样。”一开始，林书盛用潮语写歌还下意识地用普通话的思路，之后渐渐自然转为潮汕话。在野草寮乐队的作品中，《四惨歌》《过暹罗》《姥爷一出游》是直接在潮汕歌谣的基础上谱曲，《颠倒歌》虽然不是已有的潮汕歌谣，但其颠倒事理、违背事实的歌词，非常明显地借鉴了潮汕歌谣中颠倒歌这一类别。林书盛认为，自己之后写歌的方向应该会更靠近潮汕歌谣，“尽量写得自然一点，希望能够有潮汕歌谣的神韵”。

来自南澳岛的乐队玩具船长同样在音乐中使用了《铜山姿娘》《念螺歌》《刺阿花》等潮汕歌谣，其充满海洋风味的音乐为潮汕歌谣带去了更多当下与现代的气息。从潮州走出的说唱歌手Tizzy-T近年发表了一首与之前风格迥异的歌曲《天顶一粒星》，这位时尚而潮流的年轻歌手，又唱起了儿时那首最熟悉的歌谣。

总有人在歌唱，因而生生不息。

雕绘乾坤，潮州木雕的『倾国倾城』

2020年7月初，一则关于潮州木雕将在中国国家博物馆（简称"国博"）展出的预告展讯在潮州文博届激起千层浪。这是潮州木雕首次系统性地在国博展出。"向全国乃至全世界展示潮州文化的博大精深和潮州艺术家的精湛技艺。"潮州市博物馆馆长苏利民称，这是潮州木雕艺术界的一件幸事。

"除了精致的外观，除了震撼的感观，我们更想了解木雕背后到底想表达什么？"中国国家博物馆策展工作部主任、潮州木雕展策展人之一江琳说。

为何木雕技艺在潮州如此登峰造极？潮州木雕背后到底藏着怎样的潮州密码？

系统展出　160余件（套）展品走进国博

潮州木雕成系统地在国博展出，并不容易，单单展品来源便汇聚了三地力量。

展览由中国国家博物馆、广东省文物局、广东省博物馆联合主办，潮州市人民政府协办。展览共展出广东省博物馆、潮州市博物

右
左

左：中国国家博物馆的潮州木雕展
右：雕刻中的镂空蟹篓主题木雕

馆和中国国家博物馆收藏的160余件（套）展品，包括明代木雕府楼猴、金漆通雕“福禄寿”梳妆台圆肚，清代金漆木雕《柳金花赠火袍》纸媒筒、《李太白醉酒图》龛楣肚、彩绘铁线描漆画《郭子仪拜寿》小寿屏、金漆木雕《杨家将》小神龛、《井边会》炮斗，民国时期的金漆通雕蟹篓梁托、“童子戏鹤”穿枋，以及部分当代著名工艺大师的作品。

为何国博选择潮州木雕进行展览？这或许要从什么是潮州木雕说起。

何为潮州木雕？在第七版《辞海》里，“潮”字头下专门开列了“潮州木雕”条目（见“金漆木雕”），并释之为“中国民间雕刻工艺品。经上漆贴金，显出金碧辉煌、玲珑剔透的艺术效果，故名。主要产于广东潮州一带……故亦称‘潮州木雕’”，在介绍各种雕刻方法之后，特别写上“其中通雕一种，融合各种雕

二

在广东省档案馆国际会议中心的《南粤秋实》木浮雕壁画

法在一个画面上，可突破时空限制表现多层次的复杂内容”。

《辞海》中的“潮州”应指旧时潮州府管辖的大潮州概念，涉及今天的潮州、汕头、揭阳等多地。

事实上，潮州木雕与浙江东阳木雕、黄杨木雕及福建龙眼木雕并誉为“中国四大木雕”，其历史源远流长，造型丰富优美，地域特色鲜明，于 2006 年被列入第一批国家级非物质文化遗产名录。

中唐刘恂在《岭表录异》一书中记述：“枹木产江溪中，叶细如桐，身坚类柏，惟根软不胜刀锯。今潮、循人多用其根，刳而为履……”曾楚楠据此考据认为，其时潮州的雕刻工艺已达到相当高度。

金漆木雕是潮州木雕中最有特色、最具代表性的一个门类。曾楚楠判断，至迟在11世纪初年，潮州金漆木雕已正式定型并应用到精细、贵重的器物上。明代是潮州木雕趋于完美的时期，清代则是全盛时期。

1998年第4期《岭南文史》以“潮州文史专号”的形式对潮州进行全景式介绍，其中在《漫活潮州木雕》中有这样一段话：“潮州府城中的己略黄公祠和潮安彩塘金砂乡的从熙公祠，均建于光绪年间（1875—1908年），祠内的木雕华贵典雅，金碧辉煌。各种木雕的技法，应有尽有，真可谓是潮州木雕之集大成者，而工艺水平之高超更令人叹为观止。因而全国著名的古建筑专家郑孝燮、北京故宫博物院原副院长单士元先生等在参观以后，都赞不绝口，将其誉为‘潮州一绝’。”

正是因为如此具有地域文化特色，潮州木雕成了国博关注点。“希望地市的精品走到国家博物馆，通过这个平台，让更多人认识潮州木雕，了解中国优秀传统文化。”江琳认为，潮州木雕不仅精致，而且能较为完整地表现潮州的艺术特色、文化特点。

文化内涵　承载潮派建筑人文思想

江琳并未到过潮州，但在策展布展过程中，潮州木雕给了她许多启示。“刚开始的时候，觉得潮州木雕极尽精巧、令人赞叹，后来觉得其中的文化内涵更多。”

“潮州人比较重视生活，很讲究生活中的意趣。潮州木雕反映了潮州文化的个性。”江琳说，从潮州木雕展整个展纲的结构即可看出，除了历史源流和技艺特点，“我们在其中介绍了潮州木雕中蕴含的礼仪、求祥接福、多神信仰等当地文化。”

事实上，本次主题为“雕绘乾坤”的潮州木雕展展出的160多件（套）展品，既包含了潮州木雕，也包含了与之相关的反映潮州文化的物件，如潮绣、铁枝木偶、潮州窑瓷器等。

“潮州木雕并非孤立产生的。”时任潮州市博物馆副馆长黄舒泓介绍，潮州木雕是与众多潮州文化融汇在一起的。

世界著名建筑大师贝聿铭说：“建筑是有生命的，它虽然是凝固的，可在它上面蕴含着人文思想。”

潮州木雕正是承载潮派建筑人文思想的重要载体。

“世代相沿谓之风，群居相染谓之俗。”广东省博物馆原馆长萧洽龙认为，潮州木雕的题材反映了当地的民情风俗，其中包括表达吉祥、喜庆、富贵、福寿等美好愿望。譬如，木雕中常见的一路（鹭）连（莲）科，是对仕途升迁的期盼；松鼠葡萄、榴开百子则反映了潮州民间希望多子多福、子孙繁衍不断的传统生育观念。“数量可观的中国传统艺术题材出现在潮州木雕中，反映了植根于民间的深厚的中国传统文化思想。潮人大量来自中原，深受中原文化影响，这是经过千百年融会积淀而形成的。”

萧洽龙还发现，潮州木雕展现了发生在平民百姓身边的生活图景，例如树下弹唱、樵夫筏薪、耕田插秧、收割打粮等，还有潮州人的饮食、礼仪、家居装饰等，如工夫茶具、精美茶橱、博古柜。

此次从潮州市博物馆提借进京的展品中，一副清至民国时期高约 1 米的金漆

右
左 中

左：与潮汕祭祀和民间信仰相关的木雕
中：中国国家博物馆潮州木雕展中展出了与木雕主题息息相关的物件
右：潮州工夫茶担——崔福德善堂出游方厨

木雕茶担赫然在列。黄舒泓解释，这是逢当地民间举行游神赛会活动时，用来挑担茶水、茶具的，挑者随游神队伍巡游，负责向游行队伍人员提供茶水解渴。同时，茶担在巡游过程显示潮州金漆木雕气派，为活动增色生辉。

“作为一种区域民间工艺品，潮州木雕深深根植于潮人生活之中，备受喜爱。这些描绘平民百姓生活图景的题材，正是潮州木雕具有旺盛生命力的根源所在。”萧洽龙说。

而与潮人生活密切相关的江海水族，更是成了潮州木雕的代表性题材，如著名的虾蟹篓。让萧洽龙感叹不已的是，广东省博物馆收藏的一件高仅33厘米的木雕，竟集中了虾、蟹、螺、蚶、鲤鱼、墨鱼和数种水藻，“简直就是一个精彩的水族世界”。

左
右

左：李得浓金漆木雕作品《憩息之舟》
右：陈培臣的作品《渭水求贤》

此外，民间文艺、神话故事、古典文学故事等，都是潮州木雕艺人吸取文化营养和着力表现的题材内容。

雅俗共赏，潮州木雕正是这样一种民间工艺，不管是府城还是农村，从庙宇到民居，人们随处可以见到木雕艺术的存在。透过一件件玲珑剔透、金碧辉煌的潮州木雕作品，人们领略到潮州文化所独有的那种精致、典雅的内涵特质，感受到那具有浓郁地方色彩的潮州民俗意蕴之美。

孕育基础　潮文化两大属性滋养

潮人常自嘲“省尾国角”。为何在边陲之地，会孕育潮州木雕这种如此别具一格、带有地方特色的艺术并繁荣至今？

曾楚楠认为，这与潮州文化的两大属性密切相关，即农耕文化和海洋文化的融合，以及本土文化和移民文化的融合。在这种环境中产生的工艺，注定有自己

的特点，与众不同。

“儒雅、精致、圆融、开放。”曾楚楠如是概括潮州人的文化特性。其中，圆融是吸取、融合。“浙江是东阳木雕的诞生地，福建是龙眼木雕的诞生地。我们的先民从福建莆田和浙江温州、宁波等地迁徙而来，带来了当地的工艺，并在交流中取长补短，因此潮州木雕几乎是所有技法的大成。”从本源来讲，不能排除移民文化的功劳。

潮州是半盆地的地形，南北方向要越过五岭，东西方向则隔了莲花山脉，与中原、广州的联系都不容易。“这种自然环境，在古代交通极不便利的情况下，山高皇帝远，受到束缚少，政令管辖力小，好处就是本土的文化能够得到相对稳定的保留。”曾楚楠说。

从古至今，人类具有向外拓展的本能。潮州的南边是海，因此天生又具有海洋文化的特点。

“在中国传统文化中，士农工商，商人排在最后，但是在粤东地区，商人历来的社会地位并不低。”曾楚楠分析道，潮州商业文化带有浓厚的传统文化底蕴，潮商可用“儒商”两个字来概括，“潮商眼光比较开放，考虑问题更全面，得风气之先，立于不败之地。”

潮州市工艺美术协会会长李炳炎认为，大量的潮商外出归来后带来了新技术、新技法。特别是在建造宗祠、家庙等方面，“舍得花钱，工期越长越好”。李炳炎认为这并非攀比，而是潮人的感恩情结，是对祖先的感恩，对家乡的感恩。“不计成本来建造祖先的房子，要让祖先住的地方比我好。”

华侨建造豪宅，必建祠堂，也为光宗耀祖，显赫乡里，标榜孝义。位于潮安彩塘镇金砂一村的从熙公祠，是清末东南亚潮籍富商陈旭年历时14年耗巨资建造的大型民居群落“资政第”的中心建筑，如今是全国重点文物保护单位。其内的石雕、木雕都精美绝伦。

潮州还有工艺美术的土壤，从事手工业的艺人特别多，门类相对齐全，意味着不同的工艺品种将交流互鉴。“特别是潮州府城汇集了9个县的精英。”

曾楚楠和李炳炎等人都认为，促使潮州木雕艺术不断臻于完美的还有另一个因素，那就是斗艺。旧时，在营造祠堂或豪宅时，潮州民间有一个习俗，即一座

上

斗艺成就了己略黄公祠木雕的精湛

祠堂请两班师傅来做。匠师们为显示自己的本领，常常在祠堂的中间隔起一道不能互相窥视的屏障，然后各自施展浑身解数，待工成之日，拆去屏障，让人家来品评。从现存的建筑看，己略黄公祠、从熙公祠内的精致工艺均是斗艺产生的。

潮州木雕代表性传承人、中国工艺美术大师陈培臣如今已是古稀之龄，他犹记得 20 世纪 80 年代与父亲及家乡人到惠来，与其他师傅斗艺的经历。“每天早上 7 点 30 分开始，干到晚上 10 点，工资 2.8 元，持续做了 50 多天。”斗艺，就是为了增加雕刻的精细度，“按时间、按质量来比，才有手艺出来”。

“府城人见多识广，懂得鉴赏，说得还挺有道理。”李炳炎分析说，在潮文化的滋养下，特别是到了清朝晚期，社会上对工艺的要求越来越精致，潮州的木雕也因此登峰造极。

◆潮州木雕该往何处去？◆

“潮州木雕的市场份额很小，东阳、永春已实现家具产业化。”潮州市工艺美术协会会长李炳炎说，潮州木雕虽然与浙江东阳木雕、福建龙眼木雕齐名，但在市场份额上却远远落后于后二者。

以潮州木雕为代表的潮州工艺美术行业如何走向更广阔的市场，让传统文化实现创造性转换？

产业化发展应受重视

对于潮州而言，传统资源集聚、再生和整合是当务之急。

他山之石，或可攻玉。江西省鹰潭市余江区并非中国四大木雕之乡，但却走出一条雕刻产业化道路。早在2009年，余江便成立雕刻产业建设指挥部，加快产业平台建设，强化招商引资，创优投资创业环境，不断挖掘本土文化和包装民间艺人，积极打造木雕、根雕、铜雕、玉石雕四大特色雕刻产业集群，整个产业得到又好又快发展。2012年，余江又成立文化创意产业建设工作领导小组，精心策划和包装雕刻产业等文化创意产业。次年起，余江便创建雕刻创业示范街、雕刻创业示范园等雕刻产业平台，吸引一大批余江籍雕刻人才返乡创业。

产业化的道路并非只有一条。潮州木雕非遗项目代表性传承人郭少俊认为，应积极促进工艺美术产业同潮州文化、旅游产业相结合，以旅游景点的特色文化为主题，以传统工艺美术为基调，将潮州工艺美术融入旅游项目中，开发出有地方特色、主题鲜明，具有工艺美术特色的旅游产品。

经营与技艺人才并重

“20世纪80年代，潮州工艺美术非常发达，品种非常齐全，规模也很大，为什么？那是因为有一帮优秀的经营者，他们拿到大量订单，在生产中传承技艺，在经营中发展。”李炳炎认为，近代潮州工艺行业在潮商推动下得到快速发展，当代应重视工艺行业的经营人才与技艺人才的培养。

华南农业大学党委书记、南方科技大学全球城市文明典范研究院院长李凤亮说，文化要素的迁移转化是优秀传统文化创造性转化、创新性发展的一个重要途径，潮州要学会将潮绣、木雕这些优秀技艺的文化要素进行迁移。

潮州可搭建更大的平台，将潮州文化推广出去。位于上海的世界手工艺产业博览园内有座潮州馆，其负责人郭传秋期待通过扮演潮州文化“经纪人”的角色，在帮助非遗传人、工艺美术从业者销售作品的同时，推动研发创新，促使从业者更新图案设计，将传统的技艺与更多的现代元素相结合，跟上甚至引领时代潮流。

陈培臣的孙子陈湘学的是家居艺术设计，他期待将自己的所学用于潮州木雕的图案创新设计，加入现代的东西。

“文艺也好，工艺也好，最终取决于文学造诣。文学造诣体现了你的境界高低，你的境界高了，手下做出来的东西自然与众不同。”曾楚楠则对从业者提出了更高层次的要求。

『潮州厝，皇宫起』里窥探潮人民居生活

位于潮州古城中山路的李厝祠于2021年7月修缮竣工。作为黄埔军校首个分校所在地，李厝祠曾走出过一批革命志士，但如今，那些岁月的痕迹只剩下留在石廊柱上的标语。时代变换，建筑本身的语言比人要更持久：主祠二落一天井带两廊，布局中规中矩，对称庄严，主座潮式三载五木瓜抬梁式主木构架，前廊潮式“倒壳船”屋顶，屋面采用潮州五行厝头式样，李厝祠是清代潮汕地区祠堂的典型。

“潮州厝，皇宫起”这句话，有人认为是民间传说，说是潮籍妃子进京后向皇上讨得家乡按照皇宫式样修建府第的资格，也有人认为这句俗语是潮汕地区对少数豪宅大厝的夸耀之词。著名建筑史学家龙庆忠认为，建筑乃为容纳人类在其中经营其生活而设之营造物也。今天，我们可以从正统和精致两个关键词来探究潮汕传统建筑，在“潮州厝”背后，其实有着更深远的潮人历史与更丰富的潮人生活。

右
左

左：修缮后的李厝祠
右：俯瞰整齐布局的潮阳海门民居

衣冠入潮　用建筑致敬祖源地

提到“潮州厝，皇宫起”，华南理工大学建筑设计研究院高级工程师、广东省文物保护专家委员会专家李哲扬博士认为，这是因为潮汕民居里体现了正统规制。

中华民族，安土重迁。秦汉之前，如今的潮汕地区呈现出很浓的土著文化色彩，象山文化、陈桥文化、后山—浮滨文化、南越文化先后主导潮汕。至秦统一六国，汉揭阳建制，中原汉人与汉文化进入粤东。人们常说“潮州人，福建祖”，但从历史记载来看，在唐宋以前，粤东接受汉文化开发要早于福建。两汉时期，如今

广东境内共设 21 县，包括揭阳 1 县，而福建境内仅有闽江流域的治县 1 县，位于如今的福州而非作为闽南文化中心的泉州。从澄海龟山汉代建筑遗址出土的三合院式建筑构件可看出，潮汕地区当时已有中原风格建筑。

311 年，北方发生永嘉之乱，南方迎来大规模的北方汉民。《广东通志·舆地略》记载："自汉末建安至西晋永嘉之际，中国之人，避地者多入岭表，子孙往往家焉，其流风遗韵，衣冠习气，熏陶渐染，故习渐变，而俗庶几中州。"当时，南迁潮汕的中原人以士族为主体，在抵达潮汕之后，带来较发达的技术与文化，并继续以家族为核心，聚族而居。之后，唐安史之乱、宋靖康之难，移民浪潮让经济重心不断南移。

农耕社会下的北方汉民被动南迁，背井离乡，心念故土。"那么我们可以换位思考，当时中原大家氏族举家迁徙而来，自然带着一种对祖先的崇拜、对祖居

地的怀念。这种情感体现在建筑上，就是潮汕建筑带有强烈的中原风格。”潮州市历史文化名城保护专家委员会委员陈夏阳说。

潮州中山路葡萄巷东府埕4号，建于北宋英宗治平元年（1064年）的许驸马府至今乃保留着始建年代的平面布局及特点。广东省摄影家办会会员、韩山师范学院潮学研究院客座研究员蔡海松从20世纪90年代开始，抢救性拍摄大量潮汕民间建筑图照。在《潮汕民居》一书中，蔡海松介绍，许驸马府的屋顶为硬山顶，倾角小于20度，举折平缓、出檐深远；正脊两端从山尖伸出石质鳌尖，垂脊头开嘴甚长。屋面用蝴蝶瓦砌盖，与潮汕地区明清以来常用筒瓦屋面，有着明显差别。“许驸马府的平面就是一个小规模的故宫，形成由中央、中轴线四处铺开，左右对称的格局，体现了提倡中庸、讲究平和中正、崇尚仁礼完美统一的正统儒家思想。”蔡海松说。

《潮州传统建筑大木构架体系研究》一书比较了广府系建筑、潮州系建筑与客家系建筑，认为按照“层叠”来自北方、“穿插”源自南方本地的认识，可推导出潮州传统建筑大木构架在南北技术交融的态度上是最为保守的。它一直坚守着这种源自北方的建构原则，并不断强调“层叠”技术与形式的正统和高贵。所以在外在形态上，该系构架中的层叠关系是最纯粹的，也是应用最广的，不论是殿堂或厅堂，在重要的位置上皆采用“层叠”的构架形式。这是使得潮州传统大木构架外观可识别性极强的内在关键，它非常执着地保持着南下之前的技术原则，甚至面貌。“层叠”的构造方式并不是木构架合理技术的必然需要，与南

上

许驸马府至今仍保留着始建年代的平面布局及特点

方杉木材料的优点特性也不相符。

古代中国称如今的建筑为营造或土木，由土木一词可知早期建筑使用土、木材料以及夯土技术。夯土技术曾常见于黄河流域，但如今集中于潮汕地区、闽南地区，且保存了许多中原罕见的夯土高塔。“南方湿热，并不那么适合夯土技术发展，但是夯土在这些地方很顽强地保留了。这种技术、这种形式保留下来，很有可能不是因为它天然的适应，而是因为在主观上潮汕人非常希望它能够保留，所以不断地发展它。”李哲扬认为，在对文化正统的坚持和族群的自我认同上，潮汕人为之付出了很大的努力，花费了很多心力。

因地制宜　确立潮汕建筑自身特点

潮州被称为“中原文化的典橱”，但这不表示潮州仅仅将祖源地带来的文化封存为化石，置于橱窗中与外界隔绝。

宋元时期，潮州迎来潮州文化形成的重要阶段。“十相留声”牌坊的坊主中，多名宋代高官贬谪至潮州，很大程度上促进潮州的开化。北宋末年，福建经济文化已高度发展，泉州的人口密度高居闽粤沿海之首，已有“地狭人稠，为生艰难”之感，大量福建移民经漳州进入粤东，其中不乏官员、士人。闽南文化的强势进入在建筑上也有体现，同样是前埕后厝，坐北朝南，三或五开间加双护厝。到如今，亦可将潮州建筑放入广义闽南建筑体系中进行讨论。

许多受访者提到，用“皇宫起”来形容民居并非潮州独有，泉州、莆田民间亦有类似的说法。北宋末年，金兵南下中原，宋朝皇室被迫南迁，将负责管理皇室外居宗室的南外宗正司设立在泉州，所关联的宗室人员有2300余人。两宋时期的福建迎来大量中原贵族移民，经济高速发展，同时兴教重学，“闽风南渐”确立了中原传统儒家文化在潮州的主导地位。

李哲扬认为，潮州传统建筑与闽南地区的传统建筑不完全是核心区与受影响

左
右

左：黄尚书府
右：建于清光绪年间的己略黄公祠以精妙绝伦、风格迥异的潮州木雕装饰蜚声中外

亚区的关系，它们有着各自的发展背景和轨迹。

潮汕地区位于热带与亚热带之间，北回归线穿过，终年平均温高于10摄氏度，夏长冬短，处于赤道低气压带和副热带高气压带之间，夏季酷热。季风气候明显，雨热同期，雨量丰沛，一年的降水集中在4月至9月，且台风频发。陈夏阳认为，潮汕民居在承接中原传统文化的同时亦在适应自然地理环境的改变。

“考虑到潮汕多雨和日照强的情况，我们的天井不会像北京的四合院那么大。”陈夏阳说。此外，房屋采用一定的出檐，平面进深较大，外立面封闭，使用装卸开合自如的门窗引流等，都是为了防暑防晒。较之闽南民居，潮汕民居采用硬山顶多于悬山顶，抗风更好，且出椽不长，不易受雨淋腐烂，屋面多采用直线条，屋脊采用砖和瓦鱼鳞状相压砌筑而成，坚固防风。“潮汕民居在瓦片的砌法上更注重考虑牢固，女儿墙为了防强风而镂空，这都是先人在考虑实际气候条件下对建筑做出的总体改良。”陈夏阳说。

陈夏阳考据，“四点金”“下山虎”一类名词在明代出现，明代亦是潮州文化的成熟期与潮州建筑风格的成形期。嘉靖年间（1522—1566年），潮汕地区人口倍增，达50万之多，已是一个人口稠密的地区。在这期间营造的建筑现存的有：潮州城内被誉为“三达尊”的明南京礼部尚书黄锦的“黄尚书府”四朝元老家、磷溪的丁官大宗祠、庵埠的文祠、浮洋井里的大夫第、龙湖的许氏宗祠等。这一时期的建筑平面对称严谨，装饰简洁，施雕构件讲究与整体梁架和谐，同时大量采用石础木柱、硬山顶屋檐以抗震防风。蔡海松认为，明代是具有潮汕地域特色的民居建筑形成的时期。

善变有度　以自信开放融合中西

“从福州一路往南到潮州，可以看到装饰工艺越来越精细，到潮州则是精细到了极致，精细就是潮州的特色。”潮州历史文化名城保护专家委员会委员吴志敏认为，将潮汕建筑放在闽南建筑体系中更可进行参照，看到变化。陈夏阳以福州三坊七巷的民居为例：“三坊七巷的民居也有非常宽阔的格局，但是很明显没

有太多雕刻。从潮州传统民居中可以看到我们对中原传统文化的继承，但在装饰工艺上比其他地方技高一筹，体现潮汕地域特色。”

建于清光绪年间（1875—1908 年）的己略黄公祠以精妙绝伦、风格迥异的潮州木雕装饰蜚声中外，己略黄公祠将潮州工艺美术的顶尖成就搬上梁架。极尽精致的装饰与建筑的结合象征着潮汕民居建筑在清朝迎来另一个重要时期。

清代，潮州经济贸易繁荣，手工业日渐发达，陶瓷、潮绣、木雕全面发展，在建筑上则呈现为清代潮汕民居的精致装饰。“我们可以很明显地看到，明代的木雕跟清代的木雕有非常大的区别，清代木雕更加精细。清代木雕奠定了潮汕民居装饰的风格——精细。”陈夏阳说。

陈旭年，原名陈毓宜，又名从熙，1827 年生于潮州海阳县上莆都彩塘区金砂乡（今彩塘镇金砂一村），早年丧父，家境贫穷。为了生存，陈旭年被迫出洋谋生，被当“猪仔”卖到新加坡，又转到马来西亚彭亨州锡矿场开矿，回到新加坡后，先出卖苦力，后多年经营打拼，富甲一方。清同治九年（1870 年），陈旭年成为华人社会的最高领袖“侨长”，领资政衔，达到声望、财富的顶峰。在这一年，陈旭年在家乡兴建“资政第”，以从熙公祠为中心，修建左右两座“三座落”为主体的三壁联大府第。

左
右

左：从熙公祠内技艺精湛的石雕艺术，其中下方的镂空牛绳尤为有名
右：位于赤凤镇的书香第

资政第告竣于清光绪九年（1883年），历时14年，耗资26万银圆。蔡海松评价，门楼墙上的四幅石雕挂屏，不论是人物山水、花鸟虫鱼，都透出一种勃勃生机，其工艺的细腻精美，为晚清年间潮汕石雕艺术之极致。“士农工商”挂屏中的牧童牵牛，那根紧拉牛绳有10厘米长，直径只有4毫米，镂空雕刻，绳纹清晰，潮汕民间传说中“一条牛索（绳）激死（气死）三个师傅”的故事就出自这里。

晚清时期，大批潮人漂洋过海，谋求生存，开拓基业，低调进取的潮州商帮开始登上历史舞台，与其低调求财风格不同，在“起大厝”上，潮人有着基因里的执念。而辉煌精致、富丽堂皇的建筑风格，成为“潮州厝，皇宫起”这一说法的另一脉络。

澄海的陈慈黉故居是旅泰著名华侨实业家、金融家陈慈黉及其家族在家乡修建的大规模民居建筑群体，以传统的“驷马拖车”糅合西式洋楼，占地面积2.54万平方米，建筑面积1.68万平方米，共有厅室506间。陈慈黉故居大量采用外来的建筑形式及细部装修风格和建筑材料，但仍然遵循传统的宗法观念，通过中轴线强调主次、长幼和尊卑。“从陈慈黉故居

上

中西合璧的陈慈黉故居

我们可以看到非常有序的功能分区，外面是厨房、谷仓，再往里是培养学生子弟的书斋，慢慢地到接待客人的正厅。”李哲扬认为，陈慈黉故居中没有采用西方宗教建筑中盲目的高大的空间，即便是大规模的建筑，仍然在空间中体现注重人的尺度，强调人的尊严，人在空间中是非常自得的。李哲扬提到中国传统建筑的特点之一是“善变有度”，认为这同样适用于潮汕传统建筑。

这一时期的潮汕民居体现了潮人既接受传统又开拓融合创新的特质。建筑上的中西融合，是当时潮人的文化自信。“有这种文化自信之后，潮人接受外来的文化，会认为这是一种创新，而不会认为外来文化会覆盖我们自己的传统文化。”陈夏阳说。

◆分类处置，分类管理◆

蔡海松在20世纪90年代从外地回到汕头后发现许多传统建筑被拆除，倍感痛心，于是拿起相机，将镜头对准残破而精美的传统建筑，为其奔走潮汕乡野。在潮州牌坊街，南段传统民居聚集之处，传统民居改为客栈、茶馆。封存历史还是面向新生？这从来不是一个非此即彼的问题，立足当下，我们该如何对待传统建筑？

在复建、改造传统民居的问题上，陈夏阳提出“分类处置，分类管理”的思想，因为不同建筑价值不同，具有科学价值、文化价值、历史价值的文物建筑，肯定要按最小干预、可识别性、原真性的原则修缮，绝对不能拆除。古建筑比文物会稍微低一个等级，只要传统风貌不改，内部格局不改，基本能够体现出当时时代特征就可以。对于其他不属于文物建筑、古建筑的传统建筑，可以按传统风貌的大致形式去改造，同时兼顾现代居住生活的需求。

蔡海松的新书《潮汕乡土建筑装饰》第四部分“传承与创新”中举潮州饶宗颐学术馆颐园为例。“颐园在建筑造型上，用传统建筑的拜亭作为主体建筑展览大厅的主入口，既运用了传统建筑的构件元素，又丰富了建筑变化和美观度，采用灰瓦白墙，外观简朴，山墙则采用潮州传统的金式墙头，墙头下垂带和垂花采用简化了的浅绿与白色相间的卷草花纹，只是在脊饰上采用了有传统韵味又有新意的简洁彩色嵌瓷，既保留传统建筑的装饰韵味，又满足美观和使用功能。”

左

夜幕下的饶宗颐学术馆在灯光的加持下格局清晰

陈夏阳认为，新建的仿古建筑不需要完完全全去复建老民居，只要吸取它的格局特点或者是建筑元素，建符合当代需求的建筑就可以，要找到一种传统风韵与现代生活需求的平衡。而把视角放宽到城市规划，陈夏阳表示，每一片地被赋予的功能和要求是不同的，“像潮州古城区要尽量保护，让它成为集成和展示各个时代优秀建筑作品的集合。我们在潮州古城里面走，如果没有这些建筑，我们就找不到这个历史，找不回这个历史。古城区之外，不同范围内有不同要求”。

◆不要刻意区分古和今、新和旧◆

“四点金”与摩天大厦共存在城市空间中，未来还将有更多的建筑风格与建筑形态出现。如何对待传统建筑，要回答的不是如何对待过去的问题，而是在发展中，人类如何面对自身的问题。

“依我个人看，建筑就是建筑。当代建筑也是建筑，未来建筑它还是建筑，西方建筑也是建筑，东方建筑也是建筑。当我们不刻意区分古和今及新和旧的时候，我们才能够接触到建筑的本质。”李哲扬认为，把建筑割裂为传统和当代，已经剥夺了传统建筑的入场券。

聚落营造、选址，布局、群体组合，单体设计、造型、尺度……中国传统建筑走过几千年的时间，在千百种可能的组合方式中选择了如今呈现在人们面前的模样，其中有幽深的智慧与精妙的技巧，仍等待被完全理解与研究。

善变有度，执中守一。李哲扬认为，潮汕人或者说中华民族，从来都是开放的，但在开放的同时又一直能保留其最根本的价值观。所以虽然从汉代到清代、从南到北，每个朝代和每个地域都有它的特点，但是万变不离其宗，都在汉文化的大脉络中。

“我觉得最重要的可能不是传统建筑应该怎样与新生建筑共存，而是我们在目前这么好的时代，应该更多地投入到对传统建筑的保护、理解、学习研究中。然后从我们自身的文化底蕴里面创造出新的能够造福当代建筑和未来建筑的理念和技术手法，让建筑往前去发展。”李哲扬说。

画笔饱蘸韩江水，丹青妙手出岭东

“盘点当代广东美术的中坚力量可以发现，活跃在当代广东画坛的知名艺术家过半是潮汕籍，而且在全国范围内，像潮汕地区这样，高密度且持续性地诞生当代中国画家的现象是绝无仅有的。”美术学硕士研究生黄蕴心认为，当代潮汕籍中国画家无论是创作队伍，还是作品和影响，在当代广东画坛甚至整个中国画界都具有影响力。

启蒙于潮汕，成熟于广州，闻名于全国——纵观林丰俗、方楚雄、林墉、许钦松等如今岭南画坛的重要人物，皆可发现这样一条脉络。根深则叶茂，渊远而流长。画家手中的笔，是潮汕穿过百年时光的传承。

家乡风物与儒家底蕴

三月的潮州，雨雾弥漫，一切都朦胧模糊，唯有当季的木棉绽放出毫无保留的炙热火红，映着碧水韩江。当代潮籍画家林丰俗在童年时看过韩江堤边古庙旁的一株木棉，满树红花让他惊愕，他撒

左：佃介眉像
中：佃介眉的《湖山八咏湖心亭图》
右：佃介眉的《湖山八咏立石图》

娇让长辈捡了几朵完好的花，回家后放在枕边。多年后，林丰俗在肇庆怀集的江边看到一株残断后重生的木棉，回忆起童年初见木棉时的感动，画下了自己的代表作之一《木棉》。

所画即所见。潮汕地区的风物常常是创作者最早的美学启蒙。

荔枝、香蕉、枇杷、毛豆……民国时期的“凤城才子”佃介眉将日常所见景物入画，其《五十年手躁之作》《花果杂册页》描绘的蔬果、花卉多达 41 种，笔墨清劲，随意挥洒，日常意趣比比皆是。在《五十年手躁之作》中，佃介眉早年就读潮州中学堂（原金山书院）时的恩师王师愈为画册题字“活色生香”。

佃介眉一生未离开潮汕，他笔下的瓜果花卉、自然景物，是一个传统文人对潮汕最直接而真切的观照。

出生于潮州书香世家的佃介眉少年时期在家中接受了最为严苛与传统的国学

启蒙。四五岁开始读私塾，家学渊源深厚，与饶锷等时常往来。佃介眉诗书画印皆擅，一生淡泊名利。在民国长期的动荡不安中，佃介眉偏居岭东，坚守文人画传统。其孙佃锐东评价："公绘画纯属心意写成，丹青之术全靠潜心自学，得乡彦古贤名作之神韵。"

佃介眉非个例，民国时期新旧思潮碰撞，到处皆是"改革"与"变法"，但潮汕本土仍有一批坚守文人画传统的画家。他们多数承袭家学，诗书画皆通，重视文人画的写意本质。饶宗颐师古人、师造化、得心源，将其学识修养、人格性情融汇在其画中，是天才型的学者画家；郭笃士古文根基深厚，是诗画相结合的典范；郭餐雪擅长山水，书画均能，情韵俱佳。

这一批承袭文人传统的画家，吸收了潮汕地区作为"海滨邹鲁"的积累与底蕴。

纵观潮汕地区历史，一代代移民南下，一层层文化累积，潮汕在承接与强化儒家传统的同时，与周边地区的思潮、时代背景的变化积极互动。农耕文化与海洋文化在潮汕并行，到了清末民初，重儒重商、保守兼具开放的潮汕文化特质已然形成。

"展览就利用沿街商铺门前，两端搭起牌楼，露天处用布搭棚遮挡，称作'街路棚'，这个风俗一直延续到今天。贵屿商贾活跃，民间喜好收藏字画，往往不惜重金购买名家字画，以彰显门闾。可见潮汕书画沾溉之深。"《潮汕近现代美术史略》中关于"街路棚"的记录是当时潮汕地区美术发展基础的证明。

位居广东边陲而与福建接壤，潮汕地区文化上"近闽远粤"的特征在书画界体现为闽派画风在潮汕地区的传播以及闽籍画家的流入。康熙年间（1662—1722年），闽籍画家房修在潮州定居，设帐收徒，传授闽派画法，收徒陈琼、黄璧等人。清代画坛"闽西三杰"之一的上官周时常往返潮汕地区和福建两地。艺术学博士刘菲菲认为，闽派名画家在潮汕地区的创作，对潮汕地区的中国画家起了传授、示范的作用，推动了潮汕民国前期绘画的发展。

沪上求学的潮汕学子

沿着韩江水，可至长江口。

蔡梓源的桑浦美术馆坐落在上海静安区江宁路，他以海派和潮籍画家的书画为主项的收藏已略具规模。在蔡梓源看来，潮汕书画的发展壮大，与海派书画息息相关。

清末民国时期，潮商迎来财富积累的黄金期，除了南洋，上海便是他们最大的舞台。“上海财界的经济实力，除洋人外，江、浙二帮因天时地利，得天独厚，其实力最强。广东财界在上海也有一定的地位，他们能在上海与江浙帮争雄，其中潮州帮起着重要的作用。”潮汕本地文史研究者郑瑞庭表示。

上海的潮商势力以及在其基础上设立的潮州会馆、同乡会，为潮汕学子异地求学提供了便利条件。当时的上海有“远东第一大都市”之称，交通便利，商贸发达，成为中国的经济、文化中心。商贸的繁荣带来文化的发展，让上海成为各地画家的集散中心，大江南北的画家行至上海，当地蓬勃的美术社团机构以及外埠带有海派元素的美术机构也不断展开各种艺术活动，海派绘画蓬勃兴起。对于当时的潮汕学子而言，相比翻山越岭至广州，乘轮船一路到上海是更为自然的选择。

孙裴谷站在了潮汕书画转型的节点上。1892 年，孙裴谷出生在揭阳，随经商的父亲出入林亦华、杨柳芳等传统文人画家家中学画，后赴汕头岭东同文学堂读书，迁居汕头中山路后开设谷园画室。1929 年，上海举办全国美展，在当时已在上海美专学习的刘昌潮的邀请下，孙裴谷开启了四个月的沪上之行。其间，孙裴谷积极与潘天寿、王个簃、谢公展等海派名家交流，并学习当时上海画家的艺术交流活动形式、经营模式、美术教育等新理念，自身的绘画风格也汲取了海派养分。

刘菲菲认为，孙裴谷上则继承了潮汕本土传统文人的画法，又融进闽派、海派等其他风格；中则团结潮汕三地的画家一道探索潮州绘画发展之路，如举办展览、编辑和印制画册；下则推广时代流行的绘画风格，培养一批批年轻画家，积极为潮汕地区绘画艺术打开新的局面，其一生桃李满天下。“孙裴谷是民国时期潮汕地区国画艺术史上的一位重要人物，是民国时期潮州画坛承前启后的导师。”

除了画家群体自发的交游，赴沪求学是潮汕学子系统化进入海派美术教育体系的另一重要途径。

1912 年，乌始光、刘海粟等人创办上海图画美术院（后来改名为上海美术专科学校），掀开了中国现代艺术教育史上的第一页，标志着具有现代美术教育理念的新型学校正式诞生。上海美术专科学校构建了一个先进的美术教育体系，开海派美术教育之先河，随后各种艺校如雨后春笋般崛起，如上海新华艺专、上海昌明艺专。上海的美术教育迅速辐射到杭州、苏州、北京、南京、广州、重庆等地。

据《上海美术专科学校——25 周年纪念一览》载，当时在册粤东籍毕业生达 66 人，在校生 29 人。从 1912 年 11 月创立到 1952 年 9 月高校合并，上海美专一共存在 40 年，培育了各类新型美术人才 3000 人以上，其中出自潮汕地区的学子便有百余人。

归来后反哺潮汕美术教育

沪上归来后，大部分潮汕学子选择返回家乡执教。

出生在揭阳塘边乡“书斋围”的王兰若在家乡接受了国画基础的训练，少年时师从林芙初习画，继之师从孙裴谷学习花鸟，后在孙裴谷的介绍下先后进入上海美专、上海新华艺专学习。在沪期间，王兰若广泛地接触了海派几乎所有著名的画家，如黄宾虹、刘海粟、谢公展、诸闻韵等，其早期作品中兰、竹类题材，清逸优雅的线条风格受诸闻韵影响极大。

右
左

左：晚年创作中的王兰若
右：王兰若的“兰”主题作品

广州美术学院研究员李伟铭认为，王兰若正是通过书斋围、林芙初，继而通过孙裴谷和诸闻韵等知识和趣味承传的“驿站”，步进了海派和传统绘画的堂奥，并在长期的中西绘画知识和艺术趣味的融会贯通中，达到了自我的升华。

在前往上海求学前，王兰若已在揭阳担任小学校长，毕业回乡那一年，被聘为汕头友联中学、省立金山中学、东方艺术学院以及瀛寰艺术学校美术教员。

王兰若的创作生涯与其美术教育生涯是相伴的。回乡后，王兰若相继在揭阳、澄海、普宁、汕头各地执教。与其同一时期的刘昌潮、李开麟、林受益等人也基本有着相似的人生路径。刘昌潮以画竹名世，气势雄强，笔墨厚重；李开麟的花鸟画被同行称誉“赋予花鸟画的独特世界”；林受益笔墨深得海派精髓，黄独峰称誉其为“海派典型”。这些画家在沪上便是画家群体中的佼佼者，回乡后仍继续创作，同时为潮汕的美术教育作出卓越贡献。

左
右

左：林丰俗深受潮汕文化及岭南文化的影响，画中常用红绿两色。图为其代表作《公社假日》
右：广东画院副院长郑阿湃的作品《在河之洲》

广州美术学院教授方楚雄是当代中国画坛具有代表性的花鸟画大家，他 1950 年出生于汕头，直接受王兰若与刘昌潮教导。“我的启蒙老师是王兰若先生，他是一位非常优秀的美术家和教育家。很有幸，我五六岁就跟着王老师学画。他非常喜欢我，不厌其烦地问我喜欢什么，他就教我画什么，我看了老师的示范后就把画带回家里来临摹，第二个星期他又画新的东西给我看，再给我改画。这段时间我收获很大，从笔墨训练到审美情趣都有很大的进步，走上了一条美术学习的正道。”之后，方楚雄又跟随刘昌潮学画，“刘昌潮老师他的笔墨和格调，对我的影响很大。”

林丰俗在中学时期得到美术老师许良琨和李屏周的教导。前者毕业于上海美专，擅长海派风格的花鸟画；后者是黄宾虹的门生，熟习黄氏山水画笔法。林墉同样得到沪杭归来的郑茂熙等人的指导。“郑茂熙老师解决了我的水彩问题，我的水彩跟了他三年。”林墉回忆起少年时期在潮州学画的经历，万分感慨，“当时，这些老师很认真地教学，我们年纪也不大，十三四岁，跟着他们打了一个好基础。我印象很深，我们考上附中，老师们高兴得呀。当时的这批老师没想钱、不收钱，大家愿意在一起教一群孩子。那时候大家天天在谈论谁的画好。我们也到汕头去看画，当时可以看到曾松龄、罗宗海的画，他们比我大四五岁，（潮汕画家群体）就是这样叠上去的。”

一批出生二十世纪四五十年代的潮汕籍画家启蒙、成长于潮汕，吸收了民国时期潮汕画家群体累积出的养分，随后求学于广州，在广州美院等接受美术专业系统培养。

以杜应强、蔡仰颜、陈政明、陈骏为代表的画家坚守潮汕本地，以林丰俗、方楚雄、许钦松、林墉、庄小尖、方土等人为代表的群体在广州活动，成为广东画坛的中坚力量。

投入洪流　回望故乡

晨起坐车到白云山，在山上走一会儿，坐下来，摆起工夫茶具。这是已到杖朝之年林墉的日常。

“潮州古城的风情唤起了我童年的艺术饥渴。精巧明丽、秀美鲜艳本就在我的血中突突奔流。从来，我绝不敢评说别人的家乡不美，但我敢说，我的家乡是美极了，美得我直至如今还沉醉着，美得我直至如今还怀念着。十五年潮州生活，三十年珠江生涯，我的两脚陷在南国的水乡了。”在广州定居数十载，林墉仍然对家乡保留着很深的感情，“我很幸运地生在这个民间艺术传统深厚的潮州，老天有眼，我生在这里。”

“村子里的广场一到了晚上都会凉风习习，一帮年轻人就聚在一块吟唱歌册，我家有一间闲房子，大家以其学习潮州音乐，我就学会了二胡与笛子。”许钦松出生于澄海，成长于潮汕地区浓郁的文化和民间工艺美术氛围中，深受潮汕传统文化的熏陶，后进入广州美术学院学习。多年以来，林丰俗常听的仍是潮州戏曲、潮州音乐。当代潮汕籍中国画家建立了严谨的笔墨规范，同时保存了浓郁的潮汕文化特质和情感。

林墉的女儿林蓝是中国美术家协会副主席，在广州长大，但家中满是潮州传统工艺美术藏品。林蓝的祖母出身于潮州大姓黄氏，少时林蓝由长辈带着到潮州己略黄公祠拜祭。“一进门，扑面就是满目的金碧辉煌，屋里屋外，屋上屋下，梁枋斗拱门楣隔扇栏杆等全用的潮州金木雕作建筑构件，不同处木雕设计均工于匠心，既巧妙地适应着复杂的建筑部位，同时又是可独立观赏的单件工艺品，木雕上髹漆贴金，金得沉沉实实，密密麻麻。那一刹那，给我留下了深刻的视觉印象。”

广东画院副院长郑阿湃擅工笔画和写意画，步入画坛对于郑阿湃来说是件再自然不过的事情。郑阿湃的父亲郑百川是全国著名的灯谜大家，著有潮汕方言专著《潮话薮》。郑百川与林丰俗是同班同学，林丰俗回潮州老家探亲时便住在他家，顺便教郑阿湃画画。从初中开始，郑阿湃的暑假就在广州林丰俗家中度过，学习写意花鸟。之后，郑阿湃又跟随林墉、方楚雄两位潮籍前辈画家学习。“我的父辈和各位老师，潜移默化地让我走入了画画这个行当，在那种氛围下成长，很自然地觉得我以后也要跟他们一样画画。”

岭东岂无老天眼，韩水哗哗亦自豪！林墉在《细塑林丰俗》中论及林丰俗：“他是中国画中的中坚派 / 江河滔滔，潺潺不竭，尽管汪洋中难说他是哪一滴 / 但，有谁怀疑汪洋中没有长江水？！珠江水？！韩江水？！”

对于如今活跃在广州的新一代的潮籍画家而言，地理上的故乡已经远去，但其在审美、文化、记忆中对于潮汕的印象难以抹去，且在不知不觉间涵养其创作。饮过韩江水，便可投入时代洪流中。

“潮汕画家群体是岭南画派的重要组成部分。以水系作比，每一个艺术体系都有其主源，主源线体现的是这个艺术体系的主旋律，主源上的样式决定了整个体系的基调，同时主源会分出众多支流，支流上的样式总存有着或多或少的变奏，与主旋律相异相和，并使之丰富。”林蓝认为，岭南画学中的求实、求新特质，与岭东画派特有的唯真与唯美，相携相应，共构南粤丹青盛景。

右

林蓝作品《白昼》

◆“岭东画派”与潮汕地区绘画传统的当代传承◆

海派名家刘海粟最早提出“潮汕画派”。刘海粟评价潮汕画家时这样说道：“潮汕画家队伍不小，力量雄厚，要敢闯，要有自己的风格，形成潮汕画派。我反对搞宗派，但提倡画派。”

在刘海粟之前，“岭东画派”的概念早在20世纪30年代就被首次提出。当时作为潮汕画坛领军人物的孙裴谷、范昌乾等人联合诸多潮汕画家在汕头结成“艺涛画社”，这些潮汕画家长期进行艺术研讨，举办各类展览等艺术交流活动，在1931年时还将其中的精品力作编成合集《岭东名画集》，画集序言写道：“他日岭东画家作品，抗衡于域中。”

揭阳职业技术学院美术专业副教授谢伯开认为，总体而言，潮汕画家群体风格上缺乏一个统一的取向，没有表现出共同的鲜明的特点，更未提出同一的艺术审美理念和理论体系。因此，从历史角度来看，提出“潮汕画派”概念的依据当不充分。郑阿湃认为，画派是后人的总结，不该成为创作者的标榜：“广美出来的就是岭南画派，国美出来的就是海派吗？不应该这么划分。”

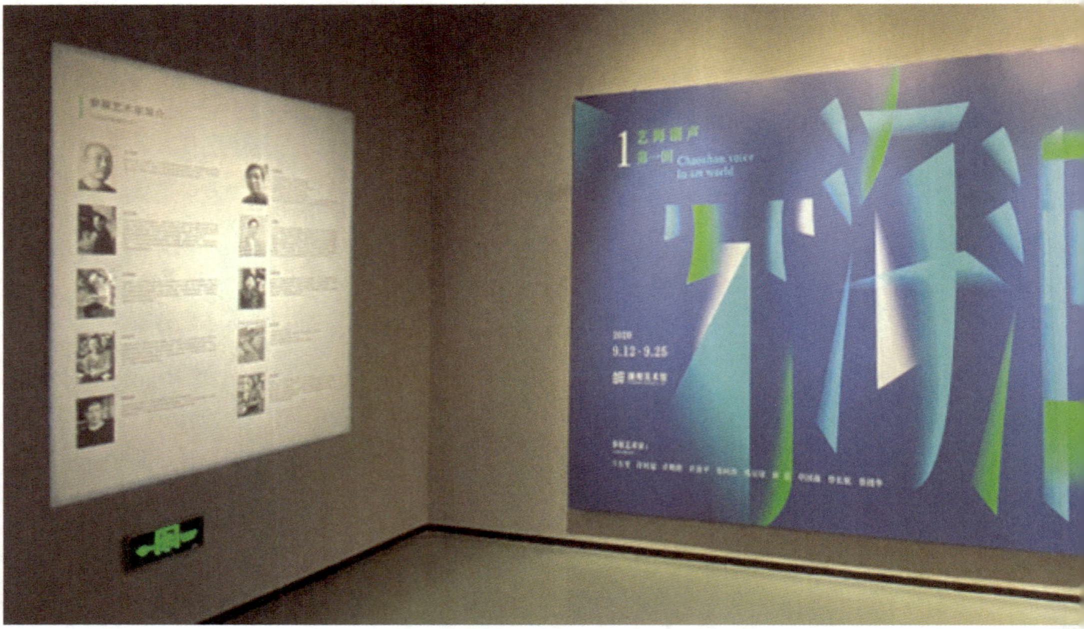

但在当今画坛，林墉、许钦松、方楚雄、杜应强、陈政明等大批潮汕地区画家成为广东美术界的中坚力量。他们或坚守潮汕地区，或在各地授业解惑，一代代延续下去，使得潮汕地区的绘画传统得以保留并硕果累累。

对于美术创作中如何处理好地域传统传承与时代风貌呈现的问题，林蓝认为，可看成纵的时间与横的空间的关系问题：从纵向看，地域绘画传统的技法、审美和精神品格从古至今始终延续；从横向看，只有敏锐地感知与表现每时每代的不同，才能不为以往所束缚，成为属于这一个时代的新鲜夺目的点。艺术始终从具体的生活中来，外在的时代、社会在变化，个体内在观察角度也在变化，客观与主观的种种变化必然引发视觉艺术表现形式的拓展与更新。

在北京的潮籍画家李文峰表示，潮汕地区的艺术文化大量吸收海派与岭南画派的艺术手法，一直延续至今。然而当下，艺术交流与互动范围扩大，人的流动频繁，原有的艺术创作手段受到很大的挑战，加之高新技术对于艺术的介入，架上绘画和传统水墨画都受到了极大的冲击。“这也不仅仅是潮汕地区的问题，运用传统意义手段创作的艺术是否有生命力，要看当代的艺术家们是否可以在各种夹缝中找到这种艺术创作存在的价值，并赋予它新的时代意义。”

蔡梓源认为，如今的潮汕画家应该把视野放在“大潮汕”，即放眼国内甚至国际，加强与外界的交流。韩山师范学院美术学院教师罗咏回乡已有数年：“刚回来的时候，感觉全国各地学艺的潮汕画家多不胜数，而选择返乡扎根的许多中青年画家，虽情系家乡风土人情，但艺术审美则与当地本土艺术群体氛围大相径庭，所以可能会导致许多青年画家缺乏归属感，有孤军奋战之感。但这两年，我能感受到潮州整个艺术创作形势在向好发展。”

下

2020 年 9 月，潮州美术馆举办“艺海潮声——广东省潮汕籍中青年艺术家美术作品邀请展”，展出 10 位潮汕籍艺术家的作品

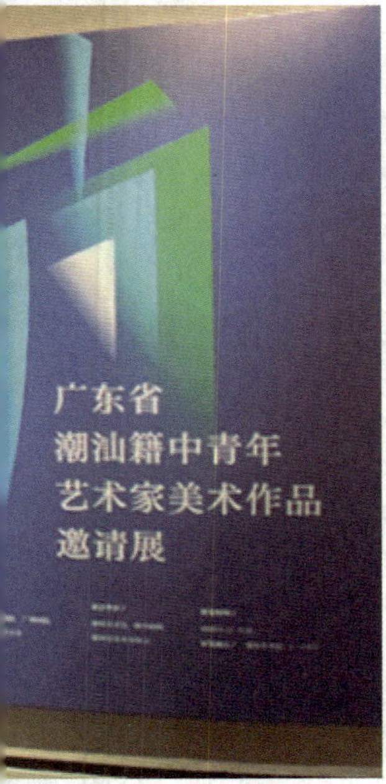

参考文献

1. 蔡海松：《潮汕民居》，广州：暨南大学出版社，2012 年。

2. 陈汉初：《周恩来与革命战争年代粤东秘密交通》，《党的文献》2016 年第 2 期。

3. 葛剑雄：《中国移民史》，福州：福建人民出版社，1997 年。

4. 黄挺：《潮汕史简编》，广州：暨南大学出版社，2017 年。

5. 黄晓坚:《广东潮汕地区海外移民形态的新变化》,《华侨华人历史研究》2013 年第 1 期。

6. 赖立钦：《中央红色交通线的特殊贡献》，《福建党史月刊》2012 年第 8 期。

7. 蓝松英、吴锡超：《周恩来与中央红色交通线》，《福建党史月刊》2016 年第 3 期。

8. 李霭华：《忆父亲李沛群》，《红广角》2005 年第 3 期。

9. 李煜群：《潮州古建筑样式与构件装饰内涵解析》，广州：花城出版社，2016 年。

10. 李哲扬:《潮州传统建筑大木构架体系研究》，广州：华南理工大学出版社，2017 年。

11. 林榕：《潮州古城景观风貌特征研究》，硕士学位论文，华南理工大学，2020 年。

12. 刘瑞瑾：《秘密交通站》，北京：中国长安出版社，2015 年。

13. 陆琦：《广东民居》，北京：中国建筑工业出版社，2008 年。

14. 卢青青:《潮州西湖造园历史与特色研究》，硕士学位论文，华南理工大学，2015 年。

15. 马大勇:《南中国士 岭海词宗:论詹安泰词——兼论“民国四大词人”》,《求是学刊》2015 年第 2 期。

16. 饶锷：《潮州西湖山志》，青年书店，1924 年。

17. 石恩宇:《区域治理视野下的潮府善堂》，深圳：深圳报业传媒集团出版社，2018 年。

18. 施议对：《民国四大词人》，北京：中华书局，2016 年。

19. 石中坚：《潮州善堂文化研究——〈大峰祖师经〉的引入与解读》，《人民论坛》2012 年第 17 期。

20. 谭若丽：《民国学人词研究》，博士学位论文，吉林大学，2015 年。

21. 王光远:《红色交通线——中国共产党早期的地下交通》,《党史博采》1994 年第 6 期。

22. 王宜强：《福建移民开发的历史进程及其经济、文化响应》，硕士学位论文，福建师范大学，2012 年。

23. 文娟：《潮汕族群和潮汕地区经济——一个历史比较制度分析视角》，硕士学位论文，广东商学院，2012年。
24. 吴榕青：《宋元之交东南沿海的海盗、山贼与地方政局——以潮漳陈五虎、陈吊眼集团为例》，《海交史研究》2016年第2期。
25. 夏延章：《文天祥年谱》，《井冈山师范学院学报》1995年第1期。
26. 谢杭锋：《当代海外潮人社团研究》，硕士学位论文，暨南大学，2016年。
27. 谢重光：《闽南对潮汕的人口和文化输出与潮汕地区的福佬化》，载《闽南文化的当代性与世界性论文集》，福州：海峡文艺出版社，2014年。
28. 杨豪：《“福佬人”考略——广东汉族来源考之二》，《广西民族大学学报：哲学社会科学版》 1996年第2期。
29. 俞兆鹏、俞晖：《文天祥研究（南宋人物）》，北京：人民出版社，2008年。
30. 张竞生：《张竞生集》（第九卷），北京：生活·读书·新知三联书店，2021年。
31. 张培忠：《文妖与先知：张竞生传》，北京：生活·读书·新知三联书店，2008年。
32. 章晓丹：《慈善与信仰的探索：以潮汕善堂为中心》，《潮学研究》2020年第2辑。
33. 赵长杰：《文天祥集杜诗研究》，硕士学位论文，西南大学，2011年。
34. 中共潮州市委党史研究室：《中共潮安党史·新民主主义革命时期》，1993年12月。
35. 中共潮州市湘桥区委党史研究室：《潮州市湘桥区革命老区发展史》，2021年1月。
36. 中共广东省委党史研究委员会、中共汕头市党史资料征集研究领导小组：《红色交通线》，1986年2月。
37. 中共饶平县委党史研究室、中共饶平县海山镇委员会：《长征干部李沛群纪念文集》，2004年12月。
38. 中国人民政治协商会议广东省委员会文史资料研究委员会：《广东文史资料（第九辑）》，1963年。
39. 《本路沿革史略》，《潮汕铁路季刊》1993年创刊号。
40. 纪录片《潮汕祠堂》。

后记

如何读懂潮州，读懂这座千年古城？

2020 年 10 月 12 日，习近平总书记视察潮州时指出："潮州文化具有鲜明的地域特色，是岭南文化的重要组成部分，是中华文化的重要支脉。以潮绣、潮瓷、潮雕、潮塑、潮剧和工夫茶、潮州菜等为代表的潮州非物质文化遗产，是中华文化的瑰宝。"

根源于中华传统文化的潮州文化有其独特的气质，在海外华侨华人社会中有强大影响力。近年来，中华民族的文化自信与文化自觉不断增强，潮州文化的魅力愈发受到人们关注，潮州文化研究的宏观环境越来越好。与潮州文化研究热度形成对比的是，在大众传媒领域，潮州文化相关报道总体呈现出庞杂与分散的特征。报道题材广泛，基本涉及潮州文化中各类现象与文化符号，但缺乏系统整理与高质量内容的稳定输出，缺乏具备标识性的栏目与品牌。此外，多数潮州文化报道将视角放在潮州或粤东，但潮州文化本身是岭南文化、中华文化的重要组成，也与海外有着诸多互动，这种互动及其背后的深层次发展脉络在大众传媒领域没有得到更深入的挖掘与呈现。

在潮州市委宣传部的大力支持下，《南方日报·潮州观察》自 2020 年 6 月创设以来，推出"潮州密码"专栏，立足潮州的历史、文化、风情等，并结合当下热点，通过文献研究、田野调查、深度访谈等方法，对潮州文化进行探索和打捞。系列文章对相关文化现象、主题的历史成因与源流进行分析，纵向梳理，横向对比，再勾连主题与潮州文化、潮人特质、中华文化之间的关系。在掌握大量史实的基础上，我们对潮州特有的文化现象进行具有"南方角度"的深加工，以"南方视野"尝试"媒体著史"，力求为大众了解潮州文化提供一个窗口，让潮州文化相关研究能够通过媒体笔法以更加亲和的面貌展现在读者面前。

报纸上的“潮州密码”栏目迄今已推出 40 余期。我们挑选其中 30 余篇文章，进行重新梳理，并分成“文脉”“地标”“英贤”“艺韵”四个篇章结集成《潮州密码》第一辑，期待通过系统性的集合展示，让大家可以更方便、更深入地了解潮州，也希望此专栏长期坚持，今后再出第二辑、第三辑。

无论是日常采访、成文刊印于报，还是将栏目文章集结付梓，我们都得到海内外诸多潮人潮裔、专家学者、报社领导等各界人士的热心帮助，他们为我们提供大量选题建议、文史资料、典型案例、珍贵图片，并答疑释惑、指点迷津。北京大学陈平原教授更是欣然应允作序，让人倍加感动，使我们深感传播潮州文化责任之重。本书出版计划也获潮州市社科联大力支持，入列潮州市哲学社会科学“十四五”规划项目，成为重点课题之一。于此，谨一并致以衷心感谢！

从专栏设立到本书出版历经四载，书中部分采访对象的职务或已变化，有未更新之处，敬请谅解。

潮州文化博大精深，内涵丰富，本书错漏之处在所难免，敬请广大读者、各位方家赐教指正，不胜感激！